权威·前沿·原创

皮书系列为
"十二五""十三五"国家重点图书出版规划项目

皮书系列
2017年

皮书出版20年
1997~2017

YEAR BOOKS

智库成果出版与传播平台

社会科学文献出版社
SOCIAL SCIENCES ACADEMIC PRESS (CHINA)

社长致辞

2017年正值皮书品牌专业化二十周年之际，世界每天都在发生着让人眼花缭乱的变化，而唯一不变的，是面向未来无数的可能性。作为个体，如何获取专业信息以备不时之需？作为行政主体或企事业主体，如何提高决策的科学性让这个世界变得更好而不是更糟？原创、实证、专业、前沿、及时、持续，这是1997年"皮书系列"品牌创立的初衷。

1997～2017，从最初一个出版社的学术产品名称到媒体和公众使用频率极高的热点词语，从专业术语到大众话语，从官方文件到独特的出版型态，作为重要的智库成果，"皮书"始终致力于成为海量信息时代的信息过滤器，成为经济社会发展的记录仪，成为政策制定、评估、调整的智力源，社会科学研究的资料集成库。"皮书"的概念不断延展，"皮书"的种类更加丰富，"皮书"的功能日渐完善。

1997～2017，皮书及皮书数据库已成为中国新型智库建设不可或缺的抓手与平台，成为政府、企业和各类社会组织决策的利器，成为人文社科研究最基本的资料库，成为世界系统完整及时认知当代中国的窗口和通道！"皮书"所具有的凝聚力正在形成一种无形的力量，吸引着社会各界关注中国的发展，参与中国的发展。

二十年的"皮书"正值青春，愿每一位皮书人付出的年华与智慧不辜负这个时代！

社会科学文献出版社社长
中国社会学会秘书长

2016年11月

社会科学文献出版社简介

社会科学文献出版社成立于1985年，是直属于中国社会科学院的人文社会科学学术出版机构。成立以来，社科文献出版社依托于中国社会科学院和国内外人文社会科学界丰厚的学术出版和专家学者资源，始终坚持"创社科经典，出传世文献"的出版理念、"权威、前沿、原创"的产品定位以及学术成果和智库成果出版的专业化、数字化、国际化、市场化的经营道路。

社科文献出版社是中国新闻出版业转型与文化体制改革的先行者。积极探索文化体制改革的先进方向和现代企业经营决策机制，社科文献出版社先后荣获"全国文化体制改革工作先进单位"、中国出版政府奖·先进出版单位奖，中国社会科学院先进集体、全国科普工作先进集体等荣誉称号。多人次荣获"第十届韬奋出版奖""全国新闻出版行业领军人才""数字出版先进人物""北京市新闻出版广电行业领军人才"等称号。

社科文献出版社是中国人文社会科学学术出版的大社名社，也是以皮书为代表的智库成果出版的专业强社。年出版图书2000余种，其中皮书350余种，出版新字字数5.5亿字，承印与发行中国社科院所属期刊72种，先后创立了皮书系列、列国志、中国史话、社科文献学术译库、社科文献学术文库、甲骨文书系等一大批既有学术影响又有市场价值的品牌，确立了在社会学、近代史、苏东问题研究等专业学科及领域出版的领先地位。图书多次荣获中国出版政府奖、"三个一百"原创图书出版工程、"五个'一'工程奖"、"大众喜爱的50种图书"等奖项，在中央国家机关"强素质·做表率"读书活动中，入选图书品种数位居各大出版社之首。

社科文献出版社是中国学术出版规范与标准的倡议者与制定者，代表全国50多家出版社发起实施学术著作出版规范的倡议，承担学术著作规范国家标准的起草工作，率先编撰完成《皮书手册》对皮书品牌进行规范化管理，并在此基础上推出中国版芝加哥手册——《SSAP学术出版手册》。

社科文献出版社是中国数字出版的引领者，拥有皮书数据库、列国志数据库、"一带一路"数据库、减贫数据库、集刊数据库等4大产品线11个数据库产品，机构用户达1300余家，海外用户百余家，荣获"数字出版转型示范单位""新闻出版标准化先进单位""专业数字内容资源知识服务模式试点企业标准化示范单位"等称号。

社科文献出版社是中国学术出版走出去的践行者。社科文献出版社海外图书出版与学术合作业务遍及全球40余个国家和地区并于2016年成立俄罗斯分社，累计输出图书500余种，涉及近20个语种，累计获得国家社科基金中华学术外译项目资助76种、"丝路书香工程"项目资助60种、中国图书对外推广计划项目资助71种以及经典中国国际出版工程资助28种，被商务部认定为"2015-2016年度国家文化出口重点企业"。

如今，社科文献出版社拥有固定资产3.6亿元，年收入近3亿元，设置了七大出版分社、六大专业部门，成立了皮书研究院和博士后科研工作站，培养了一支近400人的高素质与高效率的编辑、出版、营销和国际推广队伍，为未来成为学术出版的大社、名社、强社，成为文化体制改革与文化企业转型发展的排头兵奠定了坚实的基础。

 皮书系列
重点推荐

 经济类

经 济 类

经济类皮书涵盖宏观经济、城市经济、大区域经济，
提供权威、前沿的分析与预测

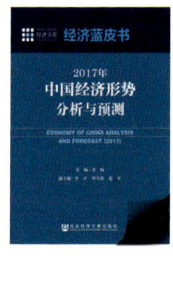

经济蓝皮书

2017 年中国经济形势分析与预测

李扬 / 主编　2017 年 1 月出版　定价：89.00 元

◆　本书为总理基金项目，由著名经济学家李扬领衔，联合中国社会科学院等数十家科研机构、国家部委和高等院校的专家共同撰写，系统分析了 2016 年的中国经济形势并预测 2017 年中国经济运行情况。

中国省域竞争力蓝皮书

中国省域经济综合竞争力发展报告（2015～2016）

李建平　李闽榕　高燕京 / 主编　2017 年 5 月出版　定价：198.00 元

◆　本书融多学科的理论为一体，深入追踪研究了省域经济发展与中国国家竞争力的内在关系，为提升中国省域经济综合竞争力提供有价值的决策依据。

城市蓝皮书

中国城市发展报告 No.10

潘家华　单菁菁 / 主编　2017 年 9 月出版　估价：89.00 元

◆　本书是由中国社会科学院城市发展与环境研究中心编著的，多角度、全方位地立体展示了中国城市的发展状况，并对中国城市的未来发展提出了许多建议。该书有强烈的时代感，对中国城市发展实践有重要的参考价值。

3

皮书系列
重点推荐　经济类

人口与劳动绿皮书
中国人口与劳动问题报告 No.18

蔡昉　张车伟／主编　2017年10月出版　估价：89.00元

◆　本书为中国社会科学院人口与劳动经济研究所主编的年度报告，对当前中国人口与劳动形势做了比较全面和系统的深入讨论，为研究中国人口与劳动问题提供了一个专业性的视角。

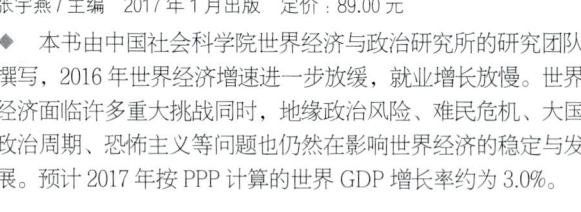
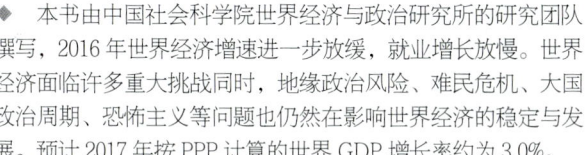

世界经济黄皮书
2017年世界经济形势分析与预测

张宇燕／主编　2017年1月出版　定价：89.00元

◆　本书由中国社会科学院世界经济与政治研究所的研究团队撰写，2016年世界经济增速进一步放缓，就业增长放慢。世界经济面临许多重大挑战同时，地缘政治风险、难民危机、大国政治周期、恐怖主义等问题也仍然在影响世界经济的稳定与发展。预计2017年按PPP计算的世界GDP增长率约为3.0%。

国际城市蓝皮书
国际城市发展报告（2017）

屠启宇／主编　2017年2月出版　定价：79.00元

◆　本书作者以上海社会科学院从事国际城市研究的学者团队为核心，汇集同济大学、华东师范大学、复旦大学、上海交通大学、南京大学、浙江大学相关城市研究专业学者。立足动态跟踪介绍国际城市发展时间中，最新出现的重大战略、重大理念、重大项目、重大报告和最佳案例。

金融蓝皮书
中国金融发展报告（2017）

王国刚／主编　2017年2月出版　定价：79.00元

◆　本书由中国社会科学院金融研究所组织编写，概括和分析了2016年中国金融发展和运行中的各方面情况，研讨和评论了2016年发生的主要金融事件，有利于读者了解掌握2016年中国的金融状况，把握2017年中国金融的走势。

经济类 | 皮书系列 重点推荐

农村绿皮书

中国农村经济形势分析与预测（2016～2017）

魏后凯　杜志雄　黄秉信/主编　2017年4月出版　估价：89.00元

◆　本书描述了2016年中国农业农村经济发展的一些主要指标和变化，并对2017年中国农业农村经济形势的一些展望和预测，提出相应的政策建议。

西部蓝皮书

中国西部发展报告（2017）

徐璋勇/主编　2017年7月出版　估价：89.00元

◆　本书由西北大学中国西部经济发展研究中心主编，汇集了源自西部本土以及国内研究西部问题的权威专家的第一手资料，对国家实施西部大开发战略进行年度动态跟踪，并对2017年西部经济、社会发展态势进行预测和展望。

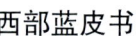

经济蓝皮书·夏季号

中国经济增长报告（2016～2017）

李扬/主编　2017年9月出版　估价：98.00元

◆　中国经济增长报告主要探讨2016~2017年中国经济增长问题，以专业视角解读中国经济增长，力求将其打造成一个研究中国经济增长、服务宏微观各级决策的周期性、权威性读物。

就业蓝皮书

2017年中国本科生就业报告

麦可思研究院/编著　2017年6月出版　估价：98.00元

◆　本书基于大量的数据和调研，内容翔实，调查独到，分析到位，用数据说话，对中国大学生就业及学校专业设置起到了很好的建言献策作用。

5

社会政治

社会政治关系本书籍重社会政治领域的热点、难点问题，
提供权威观点、前沿的资讯与观点。

社会蓝皮书

2017年中国社会形势分析与预测

李培林 陈光金 张翼/主编 2016年12月出版 定价：89.00元

◆ 本书由中国社会科学院社会学研究所组织研究机构的专家、
学者及中央部委和国家统计局的研究人员撰写，聚焦当下社会热点，对2016
年中国社会发展各个方面做出及时跟踪报道，回顾并对2017
年社会发展的趋势做出了预测。

法治蓝皮书

中国法治发展报告 No.15（2017）

李林/主编 2017年3月出版 定价：118.00元

◆ 本书系统全面地跟踪记录了2016年度中国法治发展取
得的成就和存在的不足，对中国政府性、公正、权力运行监督进行
了跟踪观测，并对2017年中国法治发展所面临的主要挑战和趋势。

社会体制蓝皮书

中国社会体制改革报告 No.5（2017）

龚维斌/主编 2017年3月出版 定价：89.00元

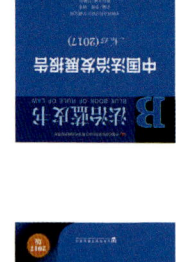

◆ 本书围绕国家行政学院社会治理研究中心和北京师范大学中
国社会管理研究院共同研究的问题，主要对2016年我国社会体制改
革情况进行了回顾和总结，对2017年的形势走向进行了分析，提
出相关改革建议。

社会心态蓝皮书

中国社会心态研究报告（2017）
王俊秀 杨宜音 / 主编　2017年12月出版　定价：89.00元

◆ 本书是中国社会科学院社会学研究所社会心理学研究中心"社会心态蓝皮书课题组"的有关成果，运用社会心理学、社会学、经济学、传播学等多种研究方法进行了测查和研究，对于目前中国社会心态状况有较好反映和概括的揭示。

城市竞争力蓝皮书

中国城市竞争力报告（2017）
倪鹏飞 沈立 / 主编　2017年7月出版　定价：118.00元

◆ 报告以诗的笔触，勾勒出宜居、宜商城市，民有、宜居为重点，以更加深入又简约、通俗又不失权威的讨论，并辅以工程示意，引领着各类受众再次共鸣。其图景描绘一幕具有中国特色的城市名片次第呈现的轮廓。

城市生活质量蓝皮书

中国城市生活质量报告（2017）
中国经济实验研究院 / 主编　2017年7月出版　定价：89.00元

◆ 本书为国内35个城市居民的主观满意度及对35个城市居民的客观条件的居住指数进行了计算，同时对35个城市居民的居住质量的提升，提出了针对性的政策建议。为中国城市居民生活质量的提升，提出了针对性的政策建议。

公共服务蓝皮书

中国城市基本公共服务力评价（2017）
钟君 刘志昌 吴正海 / 主编　2017年12月出版　定价：89.00元

◆ 中国社会科学院经济与社会建设研究室与中国国际城市测评组织联合开展调研，从2010年开始对基本公共服务力进行研究，他们广集众人之力推出的研究成果，为政府和相关公共服务与社会治理通过工作提供了理论支撑。

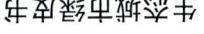
皮书系列
重点推荐

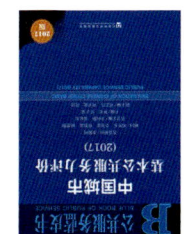

皮书系列
重点推荐　　　行业报告类

行业报告类

行业报告类皮书立足重点行业、新兴行业领域，
提供及时、前瞻的数据与信息

企业社会责任蓝皮书

中国企业社会责任研究报告（2017）

黄群慧　钟宏武　张蒽　翟利峰／著　2017年10月出版　估价：89.00元

◆　本书剖析了中国企业社会责任在2016～2017年度的最新发展特征，详细解读了省域国有企业在社会责任方面的阶段性特征，生动呈现了国内外优秀企业的社会责任实践。对了解中国企业社会责任履行现状、未来发展，以及推动社会责任建设有重要的参考价值。

新能源汽车蓝皮书

中国新能源汽车产业发展报告（2017）

中国汽车技术研究中心　　日产（中国）投资有限公司

东风汽车有限公司／编著　　2017年7月出版　　估价：98.00元

◆　本书对中国2016年新能源汽车产业发展进行了全面系统的分析，并介绍了国外的发展经验。有助于相关机构、行业和社会公众等了解中国新能源汽车产业发展的最新动态，为政府部门出台新能源汽车产业相关政策法规、企业制定相关战略规划，提供必要的借鉴和参考。

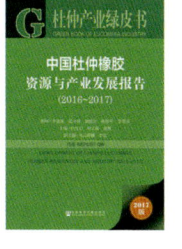

杜仲产业绿皮书

中国杜仲橡胶资源与产业发展报告（2016～2017）

杜红岩　胡文臻　俞锐／主编　　2017年4月出版　　估价：85.00元

◆　本书对2016年杜仲产业的发展情况、研究团队在杜仲研究方面取得的重要成果、部分地区杜仲产业发展的具体情况、杜仲新标准的制定情况等进行了较为详细的分析与介绍，使广大关心杜仲产业发展的读者能够及时跟踪产业最新进展。

8 权威·前沿·原创

飞迪皮书

中国北极蓝皮书 No.2（2017）

李玉玲 /米锋 /主编　　2017年8月出版　　估价：89.00元

◆ 本书深入分析中国北极生能源状况等，系源利用、绿色金融、绿色消费、绿色发展等进、传播化，各领域如能源交通建筑等各个行业绿色产业，并对目前存在的问题进行研究，剖析问题所在，提出相应的为中国未来绿色明确的路径提供了支撑。

中国上市公司蓝皮书

中国上市公司发展报告（2017）

张平 /王忠益 /主编　　2017年10月出版　　估价：98.00元

◆ 本书用具体科学方法上市公司的研究中心权威发布的，是为子集团、某某、多领域展示中国上市公司财务状况和价值创新能力报告。本书探讨分析了2016年中国上市公司的财务情况，特别首次选中的蓝筹股制度化，着眼其问题，并对发展中的未来指出了展望。

旅游景区蓝皮书

中国旅游景区运营行业发展报告（2017）

宋瑞 /主编 /编辑　　2017年6月出版　　估价：89.00元

◆ 中国旅游景区运营行业向网则关注，未来将成为中国各类城市的重要组成部分。本书主要分析了2016年度旅游景区运营行业的发展情况，同时对未来3~5年进行了初步发展未来趋势的预测。

体育蓝皮书

中国体育产业发展报告（2017）

陈林 /主编 /主编　　2017年12月出版　　估价：89.00元

◆ 本书定位为体育研究方面，在体育产业基础、体育产业内实力、体育产业综合等各种体产业，对具有综合性的研究的基础上，并对2016年体育各领域的投入生产状况运作在研究和精度，进一步预测了中国体育产业各领域的发展，提升了研究的高度，拓展了研究的深度。

重点推荐
皮书系列
扫码按名

国别问题类

国别问题类图书关注当年全球重点国家与地区，
提供全面思考、独特视角的解读，以及研究。

美国蓝皮书

美国研究报告（2017）

郑秉文 / 黄平 / 主编 2017年6月出版 书价：89.00元

◆ 本书是由中国社会科学院美国研究所主持完成的研究成果。它回顾了美国2016年的经济、政治形势与对外关系概貌，对2017年以来美国内政外交走势中的重大事件及重要挑战进行了系统分析思考的阐述和梳理。

日本蓝皮书

日本研究报告（2017）

杨伯江 / 主编 2017年5月出版 书价：89.00元

◆ 本书对2016年日本的政治、经济、社会、外交等方面的发展情况做了系统分析，对日本执政党及单项问题进行了较为翔实的跟踪研究，并在此基础上对该国2017年的发展态势做出预测。

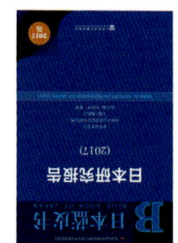

亚太蓝皮书

亚太地区发展报告（2017）

李向阳 / 主编 2017年4月出版 书价：89.00元

◆ 本书是中国社会科学院亚太与全球战略研究院的集体成研究成果。2017年的"亚太蓝皮书"继续关注亚太地区周边环境的变化，这本蓝皮书，2016年亚太地区的单点和热点问题，为深入了解2016年美中国与周边国家的战略与安全状况提供了重要参考。

国别与地区类　　皮书系列
重点推荐

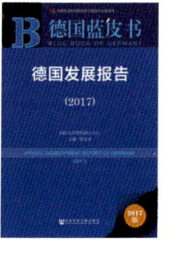

德国蓝皮书

德国发展报告（2017）

郑春荣／主编　2017年6月出版　估价：89.00元

◆　本报告由同济大学德国研究所组织编撰，由该领域的专家学者对德国的政治、经济、社会文化、外交等方面的形势发展情况，进行全面的阐述与分析。

日本经济蓝皮书

日本经济与中日经贸关系研究报告（2017）

张季风／编著　2017年5月出版　估价：89.00元

◆　本书系统、详细地介绍了2016年日本经济以及中日经贸关系发展情况，在进行了大量数据分析的基础上，对2017年日本经济以及中日经贸关系的大致发展趋势进行了分析与预测。

俄罗斯黄皮书

俄罗斯发展报告（2017）

李永全／编著　2017年7月出版　估价：89.00元

◆　本书系统介绍了2016年俄罗斯经济政治情况，并对2016年该地区发生的焦点、热点问题进行了分析与回顾；在此基础上，对该地区2017年的发展前景进行了预测。

非洲黄皮书

非洲发展报告No.19（2016～2017）

张宏明／主编　2017年8月出版　估价：89.00元

◆　本书是由中国社会科学院西亚非洲研究所组织编撰的非洲形势年度报告，比较全面、系统地分析了2016年非洲政治形势和热点问题，探讨了非洲经济形势和市场走向，剖析了大国对非洲关系的新动向；此外，还介绍了国内非洲研究的新成果。

**皮书系列
重点推荐** | 地方发展类

地方发展类

 地方发展类皮书关注中国各省份、经济区域，
提供科学、多元的预判与资政信息

北京蓝皮书

北京公共服务发展报告（2016~2017）

施昌奎／主编　2017年3月出版　定价：79.00元

◆　本书是由北京市政府职能部门的领导、首都著名高校的教授、知名研究机构的专家共同完成的关于北京市公共服务发展与创新的研究成果。

河南蓝皮书

河南经济发展报告（2017）

张占仓　完世伟／主编　2017年4月出版　估价：89.00元

◆　本书以国内外经济发展环境和走向为背景，主要分析当前河南经济形势，预测未来发展趋势，全面反映河南经济发展的最新动态、热点和问题，为地方经济发展和领导决策提供参考。

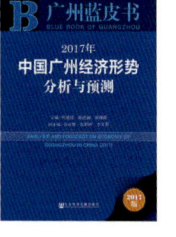

广州蓝皮书

2017年中国广州经济形势分析与预测

庾建设　陈浩钿　谢博能／主编　2017年7月出版　估价：85.00元

◆　本书由广州大学与广州市委政策研究室、广州市统计局联合主编，汇集了广州科研团体、高等院校和政府部门诸多经济问题研究专家、学者和实际部门工作者的最新研究成果，是关于广州经济运行情况和相关专题分析、预测的重要参考资料。

文化传媒类 皮书系列 重点推荐

文 化 传 媒 类

文化传媒类皮书透视文化领域、文化产业，
探索文化大繁荣、大发展的路径

新媒体蓝皮书

中国新媒体发展报告 No.8（2017）

唐绪军/主编　2017年6月出版　估价：89.00元

◆　本书是由中国社会科学院新闻与传播研究所组织编写的关于新媒体发展的最新年度报告，旨在全面分析中国新媒体的发展现状，解读新媒体的发展趋势，探析新媒体的深刻影响。

移动互联网蓝皮书

中国移动互联网发展报告（2017）

官建文/主编　　2017年6月出版　　估价：89.00元

◆　本书着眼于对2016年度中国移动互联网的发展情况做深入解析，对未来发展趋势进行预测，力求从不同视角、不同层面全面剖析中国移动互联网发展的现状、年度突破及热点趋势等。

传媒蓝皮书

中国传媒产业发展报告（2017）

崔保国/主编　2017年5月出版　估价：98.00元

◆　"传媒蓝皮书"连续十多年跟踪观察和系统研究中国传媒产业发展。本报告在对传媒产业总体以及各细分行业发展状况与趋势进行深入分析基础上，对年度发展热点进行跟踪，剖析新技术引领下的商业模式，对传媒各领域发展趋势、内体经营、传媒投资进行解析，为中国传媒产业正在发生的变革提供前瞻行参考。

13

经济类

"三农"互联网金融蓝皮书
中国"三农"互联网金融发展报告（2017）
著(编)者：李勇坚 王弢　2017年8月出版 / 估价：98.00元
PSN B-2016-561-1/1

G20国家创新竞争力黄皮书
二十国集团（G20）国家创新竞争力发展报告（2016~2017）
著(编)者：李建平 李闽榕 赵新力　周天勇
2017年8月出版 / 估价：158.00元
PSN Y-2011-229-1/1

产业蓝皮书
中国产业竞争力报告（2017）No.7
著(编)者：张其仔　2017年12月出版 / 估价：98.00元
PSN B-2010-175-1/1

城市创新蓝皮书
中国城市创新报告（2017）
著(编)者：周天勇 旷建伟　2017年11月出版 / 估价：89.00元
PSN B-2013-340-1/1

城市蓝皮书
中国城市发展报告 No.10
著(编)者：潘家华 单菁菁　2017年9月出版 / 估价：89.00元
PSN B-2007-091-1/1

城乡一体化蓝皮书
中国城乡一体化发展报告（2016～2017）
著(编)者：汝信 付崇兰　2017年7月出版 / 估价：85.00元
PSN B-2011-226-1/2

城镇化蓝皮书
中国新型城镇化健康发展报告（2017）
著(编)者：张占斌　2017年8月出版 / 估价：89.00元
PSN B-2014-396-1/1

创新蓝皮书
创新型国家建设报告（2016～2017）
著(编)者：詹正茂　2017年12月出版 / 估价：89.00元
PSN B-2009-140-1/1

创业蓝皮书
中国创业发展报告（2016～2017）
著(编)者：黄群慧 赵卫星 钟宏武等
2017年11月出版 / 估价：89.00元
PSN B-2016-578-1/1

低碳发展蓝皮书
中国低碳发展报告（2016~2017）
著(编)者：齐晔 张希良　2017年3月出版 / 估价：98.00元
PSN B-2011-223-1/1

低碳经济蓝皮书
中国低碳经济发展报告（2017）
著(编)者：薛进军 赵忠秀　2017年6月出版 / 估价：85.00元
PSN B-2011-194-1/1

东北蓝皮书
中国东北地区发展报告（2017）
著(编)者：姜晓秋　2017年2月出版 / 定价：79.00元
PSN B-2006-067-1/1

发展与改革蓝皮书
中国经济发展和体制改革报告No.8
著(编)者：邹东涛 王再文　2017年4月出版 / 估价：98.00元
PSN B-2008-122-1/1

工业化蓝皮书
中国工业化进程报告（2017）
著(编)者：黄群慧　2017年12月出版 / 估价：158.00元
PSN B-2007-095-1/1

管理蓝皮书
中国管理发展报告（2017）
著(编)者：张晓东　2017年10月出版 / 估价：98.00元
PSN B-2014-416-1/1

国际城市蓝皮书
国际城市发展报告（2017）
著(编)者：屠启宇　2017年2月出版 / 定价：79.00元
PSN B-2012-260-1/1

国家创新蓝皮书
中国创新发展报告（2017）
著(编)者：陈劲　2017年12月出版 / 估价：89.00元
PSN B-2014-370-1/1

金融蓝皮书
中国金融发展报告（2017）
著(编)者：王国刚　2017年2月出版 / 定价：79.00元
PSN B-2004-031-1/6

京津冀金融蓝皮书
京津冀金融发展报告（2017）
著(编)者：王爱俭 李向前
2017年4月出版 / 估价：89.00元
PSN B-2016-528-1/1

京津冀蓝皮书
京津冀发展报告（2017）
著(编)者：文魁 祝尔娟　2017年4月出版 / 估价：89.00元
PSN B-2012-262-1/1

经济蓝皮书
2017年中国经济形势分析与预测
著(编)者：李扬　2017年1月出版 / 定价：89.00元
PSN B-1996-001-1/1

经济蓝皮书·春季号
2017年中国经济前景分析
著(编)者：李扬　2017年6月出版 / 估价：89.00元
PSN B-1999-008-1/1

经济蓝皮书·夏季号
中国经济增长报告（2016～2017）
著(编)者：李扬　2017年9月出版 / 估价：98.00元
PSN B-2010-176-1/1

经济信息绿皮书
中国与世界经济发展报告（2017）
著(编)者：杜平　2017年12月出版 / 定价：89.00元
PSN G-2003-023-1/1

就业蓝皮书
2017年中国本科生就业报告
著(编)者：麦可思研究院　2017年6月出版 / 估价：98.00元
PSN B-2009-146-1/2

经济类　皮书系列 2017全品种

就业蓝皮书
2017年中国高职高专生就业报告
著(编)者：麦可思研究院　　2017年6月出版 / 估价：98.00元
PSN B-2015-472-2/2

科普能力蓝皮书
中国科普能力评价报告（2017）
著(编)者：李富 强李群　2017年8月出版 / 估价：89.00元
PSN B-2016-556-1/1

临空经济蓝皮书
中国临空经济发展报告（2017）
著(编)者：连玉明　2017年9月出版 / 估价：89.00元
PSN B-2014-421-1/1

农村绿皮书
中国农村经济形势分析与预测（2016~2017）
著(编)者：魏后凯 杜志雄 黄秉信
2017年4月出版 / 估价：89.00元
PSN G-1998-003-1/1

农业应对气候变化蓝皮书
气候变化对中国农业影响评估报告 No.3
著(编)者：矫梅燕　2017年8月出版 / 估价：98.00元
PSN B-2014-413-1/1

气候变化绿皮书
应对气候变化报告（2017）
著(编)者：王伟光 郑国光　2017年6月出版 / 估价：89.00元
PSN G-2009-144-1/1

区域蓝皮书
中国区域经济发展报告（2016~2017）
著(编)者：赵弘　2017年6月出版 / 估价：89.00元
PSN B-2004-034-1/1

全球环境竞争力绿皮书
全球环境竞争力报告（2017）
著(编)者：李建平 李闽榕 王金南
2017年12月出版 / 估价：198.00元
PSN G-2013-363-1/1

人口与劳动绿皮书
中国人口与劳动问题报告 No.18
著(编)者：蔡昉 张车伟　2017年11月出版 / 估价：89.00元
PSN G-2000-012-1/1

商务中心区蓝皮书
中国商务中心区发展报告 No.3（2016）
著(编)者：李国红 单菁菁　2017年4月出版 / 估价：89.00元
PSN B-2015-444-1/1

世界经济黄皮书
2017年世界经济形势分析与预测
著(编)者：张宇燕　2017年1月出版 / 定价：89.00元
PSN Y-1999-006-1/1

世界旅游城市绿皮书
世界旅游城市发展报告（2017）
著(编)者：宋宇　2017年4月出版 / 估价：128.00元
PSN B-2014-400-1/1

土地市场蓝皮书
中国农村土地市场发展报告（2016~2017）
著(编)者：李光荣　2017年4月出版 / 估价：89.00元
PSN B-2016-527-1/1

西北蓝皮书
中国西北发展报告（2017）
著(编)者：高建龙　2017年4月出版 / 估价：89.00元
PSN B-2012-261-1/1

西部蓝皮书
中国西部发展报告（2017）
著(编)者：徐璋勇　2017年7月出版 / 估价：89.00元
PSN B-2005-039-1/1

新型城镇化蓝皮书
新型城镇化发展报告（2017）
著(编)者：李伟 宋敏 沈体雁　2017年4月出版 / 估价：98.00元
PSN B-2014-431-1/1

新兴经济体蓝皮书
金砖国家发展报告（2017）
著(编)者：林跃勤 周文　2017年12月出版 / 估价：89.00元
PSN B-2011-195-1/1

长三角蓝皮书
2017年新常态下深化一体化的长三角
著(编)者：王庆五　2017年12月出版 / 估价：88.00元
PSN B-2005-038-1/1

中部竞争力蓝皮书
中国中部经济社会竞争力报告（2017）
著(编)者：　教育部人文社会科学重点研究基地
　　　　　南昌大学中国中部经济社会发展研究中心
2017年12月出版 / 估价：89.00元
PSN B-2012-276-1/1

中部蓝皮书
中国中部地区发展报告（2017）
著(编)者：宋亚平　2017年12月出版 / 估价：88.00元
PSN B-2007-089-1/1

中国省域竞争力蓝皮书
中国省域经济综合竞争力发展报告（2017）
著(编)者：李建平 李闽榕 高燕京
2017年2月出版 / 定价：198.00元
PSN B-2007-088-1/1

中三角蓝皮书
长江中游城市群发展报告（2017）
著(编)者：秦尊文　2017年9月出版 / 估价：89.00元
PSN B-2014-417-1/1

中小城市绿皮书
中国中小城市发展报告（2017）
著(编)者：中国城市经济学会中小城市经济发展委员会
　　　　　中国城镇化促进会中小城市发展委员会
　　　　　《中国中小城市发展报告》编纂委员会
　　　　　中小城市发展战略研究院
2017年11月出版 / 估价：128.00元
PSN G-2010-161-1/1

中原蓝皮书
中原经济区发展报告（2017）
著(编)者：李英杰　2017年6月出版 / 估价：88.00元
PSN B-2011-192-1/1

自贸区蓝皮书
中国自贸区发展报告（2017）
著(编)者：王力　2017年7月出版 / 估价：89.00元
PSN B-2016-559-1/1

社会政法类

北京蓝皮书
中国社区发展报告（2017）
著（编）者：于燕燕　2017年4月出版 / 估价：89.00元
PSN B-2007-083-5/8

殡葬绿皮书
中国殡葬事业发展报告（2017）
著（编）者：李伯森　2017年4月出版 / 估价：158.00元
PSN G-2010-180-1/1

城市管理蓝皮书
中国城市管理报告（2016~2017）
著（编）者：刘林　刘承水　2017年5月出版 / 估价：158.00元
PSN B-2013-336-1/1

城市生活质量蓝皮书
中国城市生活质量报告（2017）
著（编）者：中国经济实验研究院
2018年7月出版 / 估价：89.00元
PSN B-2013-326-1/1

城市政府能力蓝皮书
中国城市政府公共服务能力评估报告（2017）
著（编）者：何艳玲　2017年4月出版 / 估价：89.00元
PSN B-2013-338-1/1

慈善蓝皮书
中国慈善发展报告（2017）
著（编）者：杨团　2017年6月出版 / 估价：89.00元
PSN B-2009-142-1/1

党建蓝皮书
党的建设研究报告No.2（2017）
著（编）者：崔建民　陈东平　2017年4月出版 / 估价：89.00元
PSN B-2016-524-1/1

地方法治蓝皮书
中国地方法治发展报告No.3（2017）
著（编）者：李林　田禾　2017年4出版 / 估价：108.00元
PSN B-2015-442-1/1

法治蓝皮书
中国法治发展报告No.15（2017）
著（编）者：李林　田禾　2017年3月出版 / 定价：118.00元
PSN B-2004-027-1/1

法治政府蓝皮书
中国法治政府发展报告（2017）
著（编）者：中国政法大学法治政府研究院
2017年4月出版 / 估价：98.00元
PSN B-2015-502-1/2

法治政府蓝皮书
中国法治政府评估报告（2017）
著（编）者：中国政法大学法治政府研究院
2017年11月出版 / 估价：98.00元
PSN B-2016-577-2/2

法治蓝皮书
中国法院信息化发展报告No.1（2017）
著（编）者：李林　田禾　2017年2月出版 / 定价：108.00元
PSN B-2017-604-3/3

反腐倡廉蓝皮书
中国反腐倡廉建设报告No.7
著（编）者：张英伟　2017年12月出版 / 估价：89.00元
PSN B-2012-259-1/1

非传统安全蓝皮书
中国非传统安全研究报告（2016~2017）
著（编）者：余潇枫　魏志江　2017年6月出版 / 估价：89.00元
PSN B-2012-273-1/1

妇女发展蓝皮书
中国妇女发展报告No.7
著（编）者：王金玲　2017年9月出版 / 估价：148.00元
PSN B-2006-069-1/1

妇女教育蓝皮书
中国妇女教育发展报告No.4
著（编）者：张李玺　2017年10月出版 / 估价：78.00元
PSN B-2008-121-1/1

妇女绿皮书
中国性别平等与妇女发展报告（2017）
著（编）者：谭琳　2017年12月出版 / 估价：99.00元
PSN G-2006-073-1/1

公共服务蓝皮书
中国城市基本公共服务力评价（2017）
著（编）者：钟君　刘志昌　吴正杲　2017年12月出版 / 估价：89.00元
PSN B-2011-214-1/1

公民科学素质蓝皮书
中国公民科学素质报告（2016~2017）
著（编）者：李群　陈雄　马宗文
2017年4月出版 / 估价：89.00元
PSN B-2014-379-1/1

公共关系蓝皮书
中国公共关系发展报告（2017）
著（编）者：柳斌杰　2017年11月出版 / 估价：89.00元
PSN B-2016-580-1/1

公益蓝皮书
中国公益慈善发展报告（2017）
著（编）者：朱健刚　2018年4月出版 / 估价：118.00元
PSN B-2012-283-1/1

国际人才蓝皮书
中国国际移民报告（2017）
著（编）者：王辉耀　2017年4月出版 / 估价：89.00元
PSN B-2012-304-3/4

国际人才蓝皮书
中国留学发展报告（2017）No.5
著（编）者：王辉耀　苗绿　2017年10月出版 / 估价：89.00元
PSN B-2012-244-2/4

海洋社会蓝皮书
中国海洋社会发展报告（2017）
著（编）者：崔凤　宋宁而　2017年7月出版 / 估价：89.00元
PSN B-2015-478-1/1

社会政法类 皮书系列 2017全品种

行政改革蓝皮书
中国行政体制改革报告（2017）No.6
著(编)者：魏礼群　2017年5月出版 / 估价：98.00元
PSN B-2011-231-1/1

华侨华人蓝皮书
华侨华人研究报告（2017）
著(编)者：贾益民　2017年12月出版 / 估价：128.00元
PSN B-2011-204-1/1

环境竞争力绿皮书
中国省域环境竞争力发展报告（2017）
著(编)者：李建平 李闽榕 王金南
2017年11月出版 / 估价：198.00元
PSN G-2010-165-1/1

环境绿皮书
中国环境发展报告（2017）
著(编)者：刘鉴强　2017年4月出版 / 估价：89.00元
PSN G-2006-048-1/1

基金会蓝皮书
中国基金会发展报告（2016~2017）
著(编)者：中国基金会发展报告课题组
2017年4月出版 / 估价：85.00元
PSN B-2013-368-1/1

基金会绿皮书
中国基金会发展独立研究报告（2017）
著(编)者：基金会中心网 中央民族大学基金会研究中心
2017年6月出版 / 估价：88.00元
PSN G-2011-213-1/1

基金会透明度蓝皮书
中国基金会透明度发展研究报告（2017）
著(编)者：基金会中心网 清华大学廉政与治理研究中心
2017年12月出版 / 估价：89.00元
PSN B-2015-509-1/1

家庭蓝皮书
中国"创建幸福家庭活动"评估报告（2017）
国务院发展研究中心"创建幸福家庭活动评估"课题组著
2017年8月出版 / 估价：89.00元
PSN B-2015-508-1/1

健康城市蓝皮书
中国健康城市建设研究报告（2017）
著(编)者：王鸿春 解树江 盛继洪
2017年9月出版 / 估价：89.00元
PSN B-2016-565-2/2

教师蓝皮书
中国中小学教师发展报告（2017）
著(编)者：曾晓东 鱼霞　2017年6月出版 / 估价：89.00元
PSN B-2012-289-1/1

教育蓝皮书
中国教育发展报告（2017）
著(编)者：杨东平　2017年4月出版 / 估价：89.00元
PSN B-2006-047-1/1

科普蓝皮书
中国基层科普发展报告（2016~2017）
著(编)者：赵立 新陈玲　2017年9月出版 / 估价：89.00元
PSN B-2016-569-3/3

科普蓝皮书
中国科普基础设施发展报告（2017）
著(编)者：任福君　2017年6月出版 / 估价：89.00元
PSN B-2010-174-1/3

科普蓝皮书
中国科普人才发展报告（2017）
著(编)者：郑念 任嵘嵘　2017年4月出版 / 估价：98.00元
PSN B-2015-512-2/3

科学教育蓝皮书
中国科学教育发展报告（2017）
著(编)者：罗晖 王康友　2017年10月出版 / 估价：89.00元
PSN B-2015-487-1/1

劳动保障蓝皮书
中国劳动保障发展报告（2017）
著(编)者：刘燕斌　2017年9月出版 / 估价：188.00元
PSN B-2014-415-1/1

老龄蓝皮书
中国老年宜居环境发展报告（2017）
著(编)者：党俊武 周燕珉　2017年4月出版 / 估价：89.00元
PSN B-2013-320-1/1

连片特困区蓝皮书
中国连片特困区发展报告（2017）
著(编)者：游俊 冷志明 丁建军
2017年4月出版 / 估价：98.00元
PSN B-2013-321-1/1

流动儿童蓝皮书
中国流动儿童教育发展报告（2016）
著(编)者：杨东平　2017年1月出版 / 定价：79.00元
PSN B-2017-600-1/1

民调蓝皮书
中国民生调查报告（2017）
著(编)者：谢耘耕　2017年12月出版 / 估价：98.00元
PSN B-2014-398-1/1

民族发展蓝皮书
中国民族发展报告（2017）
著(编)者：郝时远 王延中 王希恩
2017年4月出版 / 估价：98.00元
PSN B-2006-070-1/1

女性生活蓝皮书
中国女性生活状况报告 No.11（2017）
著(编)者：韩湘景　2017年10月出版 / 估价：98.00元
PSN B-2006-071-1/1

汽车社会蓝皮书
中国汽车社会发展报告（2017）
著(编)者：王俊秀　2017年12月出版 / 估价：89.00元
PSN B-2011-224-1/1

17

皮书系列
2017全品种　　社会政法类

青年蓝皮书
中国青年发展报告（2017）No.3
著(编)者：廉思 等　2017年4月出版／估价：89.00元
PSN B-2013-333-1/1

青少年蓝皮书
中国未成年人互联网运用报告（2017）
著(编)者：李文革 沈洁 李为民
2017年11月出版／估价：89.00元
PSN B-2010-165-1/1

青少年体育蓝皮书
中国青少年体育发展报告（2017）
著(编)者：郭建军 杨桦　2017年9月出版／估价：89.00元
PSN B-2015-482-1/1

群众体育蓝皮书
中国群众体育发展报告（2017）
著(编)者：刘国永 杨桦　2017年12月出版／估价：89.00元
PSN B-2016-519-2/3

人权蓝皮书
中国人权事业发展报告No.7（2017）
著(编)者：李君如　2017年9月出版／估价：98.00元
PSN B-2011-215-1/1

社会保障绿皮书
中国社会保障发展报告（2017）No.8
著(编)者：王延中　2017年1月出版／估价：98.00元
PSN G-2001-014-1/1

社会风险评估蓝皮书
风险评估与危机预警评估报告（2017）
著(编)者：唐钧　2017年8月出版／估价：85.00元
PSN B-2016-521-1/1

社会管理蓝皮书
中国社会管理创新报告No.5
著(编)者：连玉明　2017年11月出版／估价：89.00元
PSN B-2012-300-1/1

社会蓝皮书
2017年中国社会形势分析与预测
著(编)者：李培林 陈光金 张翼
2016年12月出版／定价：89.00元
PSN B-1998-002-1/1

社会体制蓝皮书
中国社会体制改革报告No.5（2017）
著(编)者：龚维斌　2017年3月出版／定价：89.00元
PSN B-2013-330-1/1

社会心态蓝皮书
中国社会心态研究报告（2017）
著(编)者：王俊秀 杨宜音　2017年12月出版／估价：89.00元
PSN B-2011-199-1/1

社会组织蓝皮书
中国社会组织发展报告（2016~2017）
著(编)者：黄晓勇　2017年1月出版／定价：89.00元
PSN B-2008-118-1/2

社会组织蓝皮书
中国社会组织评估发展报告（2017）
著(编)者：徐家良 廖鸿　2017年12月出版／估价：89.00元
PSN B-2013-366-1/1

生态城市绿皮书
中国生态城市建设发展报告（2017）
著(编)者：刘举科 孙伟平 胡文臻
2017年9月出版／估价：118.00元
PSN G-2012-269-1/1

生态文明绿皮书
中国省域生态文明建设评价报告（ECI 2017）
著(编)者：严耕　2017年12月出版／估价：98.00元
PSN G-2010-170-1/1

土地整治蓝皮书
中国土地整治发展研究报告No.4
著(编)者：国土资源部土地整治中心
2017年7月出版／估价：89.00元
PSN B-2014-401-1/1

土地政策蓝皮书
中国土地政策研究报告（2017）
著(编)者：高延利 李宪文
2017年12月出版／定价：89.00元
PSN B-2015-506-1/1

医改蓝皮书
中国医药卫生体制改革报告（2017）
著(编)者：文学国 房志武　2017年11月出版／估价：98.00元
PSN B-2014-432-1/1

医疗卫生绿皮书
中国医疗卫生发展报告No.7（2017）
著(编)者：申宝忠 韩玉珍　2017年4月出版／估价：85.00元
PSN G-2004-033-1/1

应急管理蓝皮书
中国应急管理报告（2017）
著(编)者：宋英华　2017年9月出版／估价：98.00元
PSN B-2016-563-1/1

政治参与蓝皮书
中国政治参与报告（2017）
著(编)者：房宁　2017年9月出版／估价：118.00元
PSN B-2011-200-1/1

宗教蓝皮书
中国宗教报告（2016）
著(编)者：邱永辉　2017年4月出版／估价：89.00元
PSN B-2008-117-1/1

 行业报告类 | 皮书系列 2017全品种

行业报告类

SUV蓝皮书
中国SUV市场发展报告（2016~2017）
著/编者：靳军　2017年9月出版 / 估价：89.00元
PSN B-2016-572-1/1

保健蓝皮书
中国保健服务产业发展报告 No.2
著(编)者：中国保健协会 中共中央党校
2017年7月出版 / 估价：198.00元
PSN B-2012-272-3/3

保健蓝皮书
中国保健食品产业发展报告 No.2
著(编)者：中国保健协会
　　　　中国社会科学院食品药品产业发展与监管研究中心
2017年7月出版 / 估价：198.00元
PSN B-2012-271-2/3

保健蓝皮书
中国保健用品产业发展报告 No.2
著(编)者：中国保健协会
　　　　国务院国有资产监督管理委员会研究中心
2017年4月出版 / 估价：198.00元
PSN B-2012-270-1/3

保险蓝皮书
中国保险业竞争力报告（2017）
著/编者：项俊波　2017年12月出版 / 估价：99.00元
PSN B-2013-311-1/1

冰雪蓝皮书
中国滑雪产业发展报告（2017）
著(编)者：孙承华 伍斌 魏庆华 张鸿俊
2017年8月出版 / 估价：89.00元
PSN B-2016-560-1/1

彩票蓝皮书
中国彩票发展报告（2017）
著/编者：益彩基金　2017年4月出版 / 估价：98.00元
PSN B-2015-462-1/1

餐饮产业蓝皮书
中国餐饮产业发展报告（2017）
著/编者：邢颖　2017年6月出版 / 估价：98.00元
PSN B-2009-151-1/1

测绘地理信息蓝皮书
新常态下的测绘地理信息研究报告（2017）
著/编者：库热西·买合苏提
2017年12月出版 / 估价：118.00元
PSN B-2009-145-1/1

茶业蓝皮书
中国茶产业发展报告（2017）
著/编者：杨江帆 李闽榕　2017年10月出版 / 估价：88.00元
PSN B-2010-164-1/1

产权市场蓝皮书
中国产权市场发展报告（2016~2017）
著/编者：曹和平　2017年5月出版 / 估价：89.00元
PSN B-2009-147-1/1

产业安全蓝皮书
中国出版传媒产业安全报告（2016~2017）
著/编者：北京印刷学院文化产业安全研究院
2017年4月出版 / 估价：89.00元
PSN B-2014-384-13/14

产业安全蓝皮书
中国文化产业安全报告（2017）
著(编)者：北京印刷学院文化产业安全研究院
2017年12月出版 / 估价：89.00元
PSN B-2014-378-12/14

产业安全蓝皮书
中国新媒体产业安全报告（2017）
著(编)者：北京印刷学院文化产业安全研究院
2017年12月出版 / 估价：89.00元
PSN B-2015-500-14/14

城投蓝皮书
中国城投行业发展报告（2017）
著/编者：王晨艳 丁伯康　2017年11月出版 / 估价：300.00元
PSN B-2016-514-1/1

电子政务蓝皮书
中国电子政务发展报告（2016~2017）
著(编)者：李季 杜平　2017年7月出版 / 估价：89.00元
PSN B-2003-022-1/1

杜仲产业绿皮书
中国杜仲橡胶资源与产业发展报告（2016~2017）
著(编)者：杜红岩 胡文臻 俞锐
2017年4月出版 / 估价：85.00元
PSN G-2013-350-1/1

房地产蓝皮书
中国房地产发展报告 No.14（2017）
著(编)者：李春华 王业强　2017年5月出版 / 估价：89.00元
PSN B-2004-028-1/1

服务外包蓝皮书
中国服务外包产业发展报告（2017）
著(编)者：王晓红 刘德军
2017年6月出版 / 估价：89.00元
PSN B-2013-331-2/2

服务外包蓝皮书
中国服务外包竞争力报告（2017）
著(编)者：王力 刘春生 黄育华
2017年11月出版 / 估价：85.00元
PSN B-2011-216-1/2

工业和信息化蓝皮书
世界网络安全发展报告（2016~2017）
著(编)者：洪京一　2017年4月出版 / 估价：89.00元
PSN B-2015-452-5/5

工业和信息化蓝皮书
世界信息化发展报告（2016~2017）
著(编)者：洪京一　2017年4月出版 / 估价：89.00元
PSN B-2015-451-4/5

皮书系列
2017全品种　　行业报告类

工业和信息化蓝皮书
世界信息技术产业发展报告（2016~2017）
著（编）者：洪京一　2017年4月出版 / 估价：89.00元
PSN B-2015-449-2/5

工业和信息化蓝皮书
移动互联网产业发展报告（2016~2017）
著（编）者：洪京一　2017年4月出版 / 估价：89.00元
PSN B-2015-448-1/5

工业和信息化蓝皮书
战略性新兴产业发展报告（2016~2017）
著（编）者：洪京一　2017年4月出版 / 估价：89.00元
PSN B-2015-450-3/5

工业设计蓝皮书
中国工业设计发展报告（2017）
著（编）者：王晓红　于炜　张立群
2017年9月出版 / 估价：138.00元
PSN B-2014-420-1/1

黄金市场蓝皮书
中国商业银行黄金业务发展报告（2016~2017）
著（编）者：平安银行　2017年4月出版 / 估价：98.00元
PSN B-2016-525-1/1

互联网金融蓝皮书
中国互联网金融发展报告（2017）
著（编）者：李东荣　2017年9月出版 / 估价：128.00元
PSN B-2014-374-1/1

互联网医疗蓝皮书
中国互联网医疗发展报告（2017）
著（编）者：宫晓东　2017年9月出版 / 估价：89.00元
PSN B-2016-568-1/1

会展蓝皮书
中外会展业动态评估年度报告（2017）
著（编）者：张敏　2017年4月出版 / 估价：88.00元
PSN B-2013-327-1/1

金融监管蓝皮书
中国金融监管报告（2017）
著（编）者：胡滨　2017年6月出版 / 估价：89.00元
PSN B-2012-281-1/1

金融蓝皮书
中国金融中心发展报告（2017）
著（编）者：王力　黄育华　2017年11月出版 / 估价：85.00元
PSN B-2011-186-6/6

建筑装饰蓝皮书
中国建筑装饰行业发展报告（2017）
著（编）者：刘晓一　葛道顺　2017年7月出版 / 估价：198.00元
PSN B-2016-554-1/1

客车蓝皮书
中国客车产业发展报告（2016~2017）
著（编）者：姚蔚　2017年10月出版 / 估价：85.00元
PSN B-2013-361-1/1

旅游安全蓝皮书
中国旅游安全报告（2017）
著（编）者：郑向敏　谢朝武　2017年5月出版 / 估价：128.00元
PSN B-2012-280-1/1

旅游绿皮书
2016~2017年中国旅游发展分析与预测
著（编）者：宋瑞　2017年2月出版 / 定价：89.00元
PSN G-2002-018-1/1

煤炭蓝皮书
中国煤炭工业发展报告（2017）
著（编）者：岳福斌　2017年12月出版 / 估价：85.00元
PSN B-2008-123-1/1

民营企业社会责任蓝皮书
中国民营企业社会责任报告（2017）
著（编）者：中华全国工商业联合会
2017年12月出版 / 估价：89.00元
PSN B-2015-510-1/1

民营医院蓝皮书
中国民营医院发展报告（2017）
著（编）者：庄一强　2017年10月出版 / 估价：85.00元
PSN B-2012-299-1/1

闽商蓝皮书
闽商发展报告（2017）
著（编）者：李闽榕　王日根　林琛
2017年12月出版 / 估价：89.00元
PSN B-2012-298-1/1

能源蓝皮书
中国能源发展报告（2017）
著（编）者：崔民选　王军生　陈义和
2017年10月出版 / 估价：98.00元
PSN B-2006-049-1/1

农产品流通蓝皮书
中国农产品流通产业发展报告（2017）
著（编）者：贾敬敦　张东科　张玉玺　张鹏毅　周伟
2017年4月出版 / 估价：89.00元
PSN B-2012-288-1/1

企业公益蓝皮书
中国企业公益研究报告（2017）
著（编）者：钟宏武　汪杰　顾一　黄晓娟　等
2017年12月出版 / 估价：89.00元
PSN B-2015-501-1/1

企业国际化蓝皮书
中国企业国际化报告（2017）
著（编）者：王辉耀　2017年11月出版 / 估价：98.00元
PSN B-2014-427-1/1

企业蓝皮书
中国企业绿色发展报告No.2（2017）
著（编）者：李红玉　朱光辉　2017年8月出版 / 估价：89.00元
PSN B-2015-481-2/2

企业社会责任蓝皮书
中国企业社会责任研究报告（2017）
著（编）者：黄群慧　钟宏武　张蒽　翟利峰
2017年11月出版 / 估价：89.00元
PSN B-2009-149-1/1

企业社会责任蓝皮书
中资企业海外社会责任研究报告（2016~2017）
著（编）者：钟宏武　叶柳红　张蒽
2017年1月出版 / 定价：79.00元
PSN B-2017-603-2/2

20 权威·前沿·原创

行业报告类

皮书系列 2017全品种

汽车安全蓝皮书
中国汽车安全发展报告（2017）
著(编)者：中国汽车技术研究中心
2017年7月出版 / 估价：89.00元
PSN B-2014-385-1/1

汽车电子商务蓝皮书
中国汽车电子商务发展报告（2017）
著(编)者：中华全国工商业联合会汽车经销商商会
　　　　北京易观智库网络科技有限公司
2017年10月出版 / 估价：128.00元
PSN B-2015-485-1/1

汽车工业蓝皮书
中国汽车工业发展年度报告（2017）
著(编)者：中国汽车工业协会 中国汽车技术研究中心
　　　　丰田汽车（中国）投资有限公司
2017年4月出版 / 估价：128.00元
PSN B-2015-463-1/2

汽车工业蓝皮书
中国汽车零部件产业发展报告（2017）
著(编)者：中国汽车工业协会 中国汽车工程研究院
2017年10月出版 / 估价：98.00元
PSN B-2016-515-2/2

汽车蓝皮书
中国汽车产业发展报告（2017）
著(编)者：国务院发展研究中心产业经济研究部
　　　　中国汽车工程学会 大众汽车集团（中国）
2017年8月出版 / 估价：98.00元
PSN B-2008-124-1/1

人力资源蓝皮书
中国人力资源发展报告（2017）
著(编)者：余兴安 2017年11月出版 / 估价：89.00元
PSN B-2012-287-1/1

融资租赁蓝皮书
中国融资租赁业发展报告（2016~2017）
著(编)者：李光荣 王力 2017年8月出版 / 估价：89.00元
PSN B-2015-443-1/1

商会蓝皮书
中国商会发展报告No.5（2017）
著(编)者：王钦敏 2017年7月出版 / 估价：89.00元
PSN B-2008-125-1/1

输血服务蓝皮书
中国输血行业发展报告（2017）
著(编)者：朱永明 耿鸿武 2016年8月出版 / 估价：89.00元
PSN B-2016-583-1/1

社会责任管理蓝皮书
中国上市公司社会责任能力成熟度报告（2017）No.2
著(编)者：肖红军 王晓光 李伟阳
2017年12月出版 / 估价：98.00元
PSN B-2015-507-2/2

社会责任管理蓝皮书
中国企业公众透明度报告(2017)No.3
著(编)者：黄速建 熊梦 王晓光 肖红军
2017年4月出版 / 估价：98.00元
PSN B-2015-440-1/2

食品药品蓝皮书
食品药品安全与监管政策研究报告（2016~2017）
著(编)者：唐民皓 2017年6月出版 / 估价：89.00元
PSN B-2009-129-1/1

世界能源蓝皮书
世界能源发展报告（2017）
著(编)者：黄晓勇 2017年6月出版 / 估价：99.00元
PSN B-2013-349-1/1

水利风景区蓝皮书
中国水利风景区发展报告（2017）
著(编)者：谢婵才 兰思仁 2017年5月出版 / 估价：89.00元
PSN B-2015-480-1/1

碳市场蓝皮书
中国碳市场报告（2017）
著(编)者：定金彪 2017年11月出版 / 估价：89.00元
PSN B-2014-430-1/1

体育蓝皮书
中国体育产业发展报告（2017）
著(编)者：阮伟 钟秉枢 2017年12月出版 / 估价：89.00元
PSN B-2010-179-1/4

网络空间安全蓝皮书
中国网络空间安全发展报告（2017）
著(编)者：惠志斌 唐涛 2017年4月出版 / 估价：89.00元
PSN B-2015-466-1/1

西部金融蓝皮书
中国西部金融发展报告（2017）
著(编)者：李忠民 2017年8月出版 / 估价：85.00元
PSN B-2010-160-1/1

协会商会蓝皮书
中国行业协会商会发展报告（2017）
著(编)者：景朝阳 李勇 2017年4月出版 / 估价：99.00元
PSN B-2015-461-1/1

新能源汽车蓝皮书
中国新能源汽车产业发展报告（2017）
著(编)者：中国汽车技术研究中心
　　　　日产（中国）投资有限公司 东风汽车有限公司
2017年7月出版 / 估价：98.00元
PSN B-2013-347-1/1

新三板蓝皮书
中国新三板市场发展报告（2017）
著(编)者：王力 2017年6月出版 / 估价：89.00元
PSN B-2016-534-1/1

信托市场蓝皮书
中国信托业市场报告（2016~2017）
著(编)者：用益信托研究院
2017年1月出版 / 定价：198.00元
PSN B-2014-371-1/1

信息化蓝皮书
中国信息化形势分析与预测（2016~2017）
著(编)者：周宏仁 2017年8月出版 / 估价：98.00元
PSN B-2010-168-1/1

21

皮书系列
2017全品种　　行业报告类

信用蓝皮书
中国信用发展报告（2017）
著(编)者：章政　田侃　　2017年4月出版 / 估价：99.00元
PSN B-2013-328-1/1

休闲绿皮书
2017年中国休闲发展报告
著(编)者：宋瑞　　2017年10月出版 / 估价：89.00元
PSN G-2010-158-1/1

休闲体育蓝皮书
中国休闲体育发展报告（2016~2017）
著(编)者：李相如　钟炳枢　　2017年10月出版 / 估价：89.00元
PSN G-2016-516-1/1

养老金融蓝皮书
中国养老金融发展报告（2017）
著(编)者：董克用　姚余栋
2017年8月出版 / 估价：89.00元
PSN B-2016-584-1/1

药品流通蓝皮书
中国药品流通行业发展报告（2017）
著(编)者：佘鲁林　温再兴　　2017年8月出版 / 估价：158.00元
PSN B-2014-429-1/1

医院蓝皮书
中国医院竞争力报告（2017）
著(编)者：庄一强　曾益新　　2017年3月出版 / 定价：108.00元
PSN B-2016-529-1/1

邮轮绿皮书
中国邮轮产业发展报告（2017）
著(编)者：汪泓　　2017年10月出版 / 估价：89.00元
PSN G-2014-419-1/1

智能养老蓝皮书
中国智能养老产业发展报告（2017）
著(编)者：朱勇　　2017年10月出版 / 估价：89.00元
PSN B-2015-488-1/1

债券市场蓝皮书
中国债券市场发展报告（2016~2017）
著(编)者：杨农　　2017年10月出版 / 估价：89.00元
PSN B-2016-573-1/1

中国节能汽车蓝皮书
中国节能汽车发展报告（2016~2017）
著(编)者：中国汽车工程研究院股份有限公司
2017年9月出版 / 估价：98.00元
PSN B-2016-566-1/1

中国上市公司蓝皮书
中国上市公司发展报告（2017）
著(编)者：张平　王宏淼
2017年10月出版 / 估价：98.00元
PSN B-2014-414-1/1

中国陶瓷产业蓝皮书
中国陶瓷产业发展报告（2017）
著(编)者：左和平　黄速建　　2017年10月出版 / 估价：98.00元
PSN B-2016-574-1/1

中国总部经济蓝皮书
中国总部经济发展报告（2016~2017）
著(编)者：赵弘　　2017年9月出版 / 估价：89.00元
PSN B-2005-036-1/1

中医文化蓝皮书
中国中医药文化传播发展报告（2017）
著(编)者：毛嘉陵　　2017年7月出版 / 估价：89.00元
PSN B-2015-468-1/1

装备制造业蓝皮书
中国装备制造业发展报告（2017）
著(编)者：徐东华　　2017年12月出版 / 估价：148.00元
PSN B-2015-505-1/1

资本市场蓝皮书
中国场外交易市场发展报告（2016~2017）
著(编)者：高峦　　2017年4月出版 / 估价：89.00元
PSN B-2009-153-1/1

资产管理蓝皮书
中国资产管理行业发展报告（2017）
著(编)者：智信资产管理研究院
2017年6月出版 / 估价：89.00元
PSN B-2014-407-2/2

 文化传媒类　皮书系列 2017全品种

文化传媒类

传媒竞争力蓝皮书
中国传媒国际竞争力研究报告（2017）
著(编)者：李本乾 刘强
2017年11月出版 / 估价：148.00元
PSN B-2013-356-1/1

传媒蓝皮书
中国传媒产业发展报告（2017）
著(编)者：崔保国　2017年5月出版 / 估价：98.00元
PSN B-2005-035-1/1

传媒投资蓝皮书
中国传媒投资发展报告（2017）
著(编)者：张向东 谭云明
2017年6月出版 / 估价：128.00元
PSN B-2015-474-1/1

动漫蓝皮书
中国动漫产业发展报告（2017）
著(编)者：卢斌 郑玉明 牛兴侦
2017年9月出版 / 估价：89.00元
PSN B-2011-198-1/1

非物质文化遗产蓝皮书
中国非物质文化遗产发展报告（2017）
著(编)者：陈平　2017年5月出版 / 估价：98.00元
PSN B-2015-469-1/1

广电蓝皮书
中国广播电影电视发展报告（2017）
著(编)者：国家新闻出版广电总局发展研究中心
2017年7月出版 / 估价：98.00元
PSN B-2006-072-1/1

广告主蓝皮书
中国广告主营销传播趋势报告 No.9
著(编)者：黄升民 杜国清 邵华冬 等
2017年10月出版 / 估价：148.00元
PSN B-2005-041-1/1

国际传播蓝皮书
中国国际传播发展报告（2017）
著(编)者：胡正荣 李继东 姬德强
2017年11月出版 / 估价：89.00元
PSN B-2014-408-1/1

国家形象蓝皮书
中国国家形象传播报告（2016）
著(编)者：张昆　2017年3月出版 / 定价：98.00元
PSN B-2017-605-1/1

纪录片蓝皮书
中国纪录片发展报告（2017）
著(编)者：何苏六　2017年9月出版 / 估价：89.00元
PSN B-2011-222-1/1

科学传播蓝皮书
中国科学传播报告（2017）
著(编)者：詹正茂　2017年7月出版 / 估价：89.00元
PSN B-2008-120-1/1

两岸创意经济蓝皮书
两岸创意经济研究报告（2017）
著(编)者：罗昌智 林咏能
2017年10月出版 / 估价：98.00元
PSN B-2014-437-1/1

媒介与女性蓝皮书
中国媒介与女性发展报告(2016~2017)
著(编)者：刘利群　2017年9月出版 / 估价：118.00元
PSN B-2013-345-1/1

媒体融合蓝皮书
中国媒体融合发展报告（2017）
著(编)者：梅宁华 宋建武　2017年7月出版 / 估价：89.00元
PSN B-2015-479-1/1

全球传媒蓝皮书
全球传媒发展报告（2017）
著(编)者：胡正荣 李继东 唐晓芬
2017年11月出版 / 估价：89.00元
PSN B-2012-237-1/1

少数民族非遗蓝皮书
中国少数民族非物质文化遗产发展报告（2017）
著(编)者：肖远平（彝） 柴立（满）
2017年8月出版 / 估价：98.00元
PSN B-2015-467-1/1

视听新媒体蓝皮书
中国视听新媒体发展报告（2017）
著(编)者：国家新闻出版广电总局发展研究中心
2017年7月出版 / 估价：98.00元
PSN B-2011-184-1/1

文化创新蓝皮书
中国文化创新报告（2017）No.7
著(编)者：于平 傅才武　2017年7月出版 / 估价：98.00元
PSN B-2009-143-1/1

文化建设蓝皮书
中国文化发展报告（2016~2017）
著(编)者：江畅 孙伟平 戴茂堂
2017年6月出版 / 估价：116.00元
PSN B-2014-392-1/1

文化科技蓝皮书
文化科技创新发展报告（2017）
著(编)者：于平 李凤亮　2017年11月出版 / 估价：89.00元
PSN B-2013-342-1/1

文化蓝皮书
中国公共文化服务发展报告（2017）
著(编)者：刘新成 张永新 张旭
2017年12月出版 / 估价：98.00元
PSN B-2007-093-2/10

文化蓝皮书
中国公共文化投入增长测评报告（2017）
著(编)者：王亚南　2017年2月出版 / 定价：79.00元
PSN B-2014-435-10/10

23

皮书系列
2017全品种

文化传媒类·地方发展类

文化蓝皮书
中国少数民族文化发展报告（2016~2017）
著(编)者: 武翠英 张晓明 任乌晶
2017年9月出版 / 估价: 89.00元
PSN B-2013-369-9/10

文化蓝皮书
中国文化产业发展报告（2016~2017）
著(编)者: 张晓明 王家新 章建刚
2017年4月出版 / 估价: 89.00元
PSN B-2002-019-1/10

文化蓝皮书
中国文化产业供需协调检测报告（2017）
著(编)者: 王亚南 2017年2月出版 / 定价: 79.00元
PSN B-2013-323-8/10

文化蓝皮书
中国文化消费需求景气评价报告（2017）
著(编)者: 王亚南 2017年2月出版 / 定价: 79.00元
PSN B-2011-236-4/10

文化品牌蓝皮书
中国文化品牌发展报告（2017）
著(编)者: 欧阳友权 2017年5月出版 / 估价: 98.00元
PSN B-2012-277-1/1

文化遗产蓝皮书
中国文化遗产事业发展报告（2017）
著(编)者: 苏杨 张颖岚 王宇飞
2017年8月出版 / 估价: 98.00元
PSN B-2008-119-1/1

文学蓝皮书
中国文情报告（2016~2017）
著(编)者: 白烨 2017年5月出版 / 估价: 49.00元
PSN B-2011-221-1/1

新媒体蓝皮书
中国新媒体发展报告No.8（2017）
著(编)者: 唐绪军 2017年6月出版 / 估价: 89.00元
PSN B-2010-169-1/1

新媒体社会责任蓝皮书
中国新媒体社会责任研究报告（2017）
著(编)者: 钟瑛 2017年11月出版 / 估价: 89.00元
PSN B-2014-423-1/1

移动互联网蓝皮书
中国移动互联网发展报告（2017）
著(编)者: 官建文 2017年6月出版 / 估价: 89.00元
PSN B-2012-282-1/1

舆情蓝皮书
中国社会舆情与危机管理报告（2017）
著(编)者: 谢耘耕 2017年9月出版 / 估价: 128.00元
PSN B-2011-235-1/1

影视蓝皮书
中国影视产业发展报告（2017）
著(编)者: 司若 2017年4月出版 / 估价: 138.00元
PSN B-2016-530-1/1

地方发展类

安徽经济蓝皮书
合芜蚌国家自主创新综合示范区研究报告（2016~2017）
著(编)者: 黄家海 王开玉 蔡宪
2017年7月出版 / 估价: 89.00元
PSN B-2014-383-1/1

安徽蓝皮书
安徽社会发展报告（2017）
著(编)者: 程桦 2017年4月出版 / 估价: 89.00元
PSN B-2013-325-1/1

澳门蓝皮书
澳门经济社会发展报告（2016~2017）
著(编)者: 吴志良 郝雨凡 2017年6月出版 / 估价: 98.00元
PSN B-2009-138-1/1

北京蓝皮书
北京公共服务发展报告（2016~2017）
著(编)者: 施昌奎 2017年3月出版 / 定价: 79.00元
PSN B-2008-103-7/8

北京蓝皮书
北京经济发展报告（2016~2017）
著(编)者: 杨松 2017年6月出版 / 估价: 89.00元
PSN B-2006-054-2/8

北京蓝皮书
北京社会发展报告（2016~2017）
著(编)者: 李伟东 2017年6月出版 / 估价: 89.00元
PSN B-2006-055-3/8

北京蓝皮书
北京社会治理发展报告（2016~2017）
著(编)者: 殷星辰 2017年5月出版 / 估价: 89.00元
PSN B-2014-391-8/8

北京蓝皮书
北京文化发展报告（2016~2017）
著(编)者: 李建盛 2017年4月出版 / 估价: 89.00元
PSN B-2007-082-4/8

北京律师绿皮书
北京律师发展报告No.3（2017）
著(编)者: 王隽 2017年7月出版 / 估价: 88.00元
PSN G-2012-301-1/1

北京旅游蓝皮书
北京旅游发展报告（2017）
著(编)者: 北京旅游学会 2017年4月出版 / 估价: 88.00元
PSN B-2011-217-1/1

24 权威·前沿·原创

地方发展类　　皮书系列 2017全品种

北京人才蓝皮书
北京人才发展报告（2017）
著(编)者：于淼　2017年12月出版 / 估价：128.00元
PSN B-2011-201-1/1

北京社会心态蓝皮书
北京社会心态分析报告（2016～2017）
著(编)者：北京社会心理研究所
2017年8月出版 / 估价：89.00元
PSN B-2014-422-1/1

北京社会组织管理蓝皮书
北京社会组织发展与管理（2016～2017）
著(编)者：黄江松　2017年4月出版 / 估价：88.00元
PSN B-2015-446-1/1

北京体育蓝皮书
北京体育产业发展报告（2016～2017）
著(编)者：钟秉枢 陈杰 杨铁黎
2017年9月出版 / 估价：89.00元
PSN B-2015-475-1/1

北京养老产业蓝皮书
北京养老产业发展报告（2017）
著(编)者：周明明 冯喜良　2017年8月出版 / 估价：89.00元
PSN B-2015-465-1/1

滨海金融蓝皮书
滨海新区金融发展报告（2017）
著(编)者：王爱俭 张锐钢　2017年12月出版 / 估价：89.00元
PSN B-2014-424-1/1

城乡一体化蓝皮书
中国城乡一体化发展报告·北京卷（2016～2017）
著(编)者：张宝秀 黄序　2017年5月出版 / 估价：89.00元
PSN B-2012-258-2/2

创意城市蓝皮书
北京文化创意产业发展报告（2017）
著(编)者：张京成 王国华　2017年10月出版 / 估价：89.00元
PSN B-2012-263-1/7

创意城市蓝皮书
天津文化创意产业发展报告（2016～2017）
著(编)者：谢思全　2017年6月出版 / 估价：89.00元
PSN B-2016-537-7/7

创意城市蓝皮书
武汉文化创意产业发展报告（2017）
著(编)者：黄永林 陈汉桥　2017年9月出版 / 估价：99.00元
PSN B-2013-354-4/7

创意上海蓝皮书
上海文化创意产业发展报告（2016～2017）
著(编)者：王慧敏 王兴全　2017年8月出版 / 估价：89.00元
PSN B-2016-562-1/1

福建妇女发展蓝皮书
福建省妇女发展报告（2017）
著(编)者：刘群英　2017年11月出版 / 估价：88.00元
PSN B-2011-220-1/1

福建自贸区蓝皮书
中国（福建）自由贸易实验区发展报告（2016～2017）
著(编)者：黄茂兴　2017年4月出版 / 估价：108.00元
PSN B-2017-532-1/1

甘肃蓝皮书
甘肃经济发展分析与预测（2017）
著(编)者：安文华 罗哲　2017年1月出版 / 定价：79.00元
PSN B-2013-312-1/6

甘肃蓝皮书
甘肃社会发展分析与预测（2017）
著(编)者：安文华 包晓霞 谢增虎
2017年1月出版 / 定价：79.00元
PSN B-2013-313-2/6

甘肃蓝皮书
甘肃文化发展分析与预测（2017）
著(编)者：王俊莲 周小华　2017年1月出版 / 定价：79.00元
PSN B-2013-314-3/6

甘肃蓝皮书
甘肃县域和农村发展报告（2017）
著(编)者：朱智文 包东红 王建兵
2017年1月出版 / 定价：79.00元
PSN B-2013-316-5/6

甘肃蓝皮书
甘肃舆情分析与预测（2017）
著(编)者：陈双梅 张谦元　2017年1月出版 / 定价：79.00元
PSN B-2013-315-4/6

甘肃蓝皮书
甘肃商贸流通发展报告（2017）
著(编)者：张应华 王福生 王晓芳
2017年1月出版 / 定价：79.00元
PSN B-2016-523-6/6

广东蓝皮书
广东全面深化改革发展报告（2017）
著(编)者：周林生 涂成林　2017年12月出版 / 估价：89.00元
PSN B-2015-504-3/3

广东蓝皮书
广东社会工作发展报告（2017）
著(编)者：罗观翠　2017年6月出版 / 估价：89.00元
PSN B-2014-402-2/3

广东外经贸蓝皮书
广东对外经济贸易发展研究报告（2016~2017）
著(编)者：陈万灵　2017年8月出版 / 估价：98.00元
PSN B-2012-286-1/1

广西北部湾经济区蓝皮书
广西北部湾经济区开放开发报告（2017）
著(编)者：广西北部湾经济区规划建设管理委员会办公室
　　　　　广西社会科学院广西北部湾发展研究院
2017年4月出版 / 估价：89.00元
PSN B-2010-181-1/1

巩义蓝皮书
巩义经济社会发展报告（2017）
著(编)者：丁同民 朱军　2017年4月出版 / 估价：58.00元
PSN B-2016-533-1/1

广州蓝皮书
2017年中国广州经济形势分析与预测
著(编)者：庾建设 陈浩钿 谢博能
2017年7月出版 / 估价：85.00元
PSN B-2011-185-9/14

25

皮书系列
2017全品种　地方发展类

广州蓝皮书
2017年中国广州社会形势分析与预测
著(编)者：张强 陈怡霓 杨秦　2017年6月出版 / 估价：85.00元
PSN B-2008-110-5/14

广州蓝皮书
广州城市国际化发展报告（2017）
著(编)者：朱名宏　2017年8月出版 / 估价：79.00元
PSN B-2012-246-11/14

广州蓝皮书
广州创新型城市发展报告（2017）
著(编)者：尹涛　2017年7月出版 / 估价：79.00元
PSN B-2012-247-12/14

广州蓝皮书
广州经济发展报告（2017）
著(编)者：朱名宏　2017年7月出版 / 估价：79.00元
PSN B-2005-040-1/14

广州蓝皮书
广州农村发展报告（2017）
著(编)者：朱名宏　2017年8月出版 / 估价：79.00元
PSN B-2010-167-8/14

广州蓝皮书
广州汽车产业发展报告（2017）
著(编)者：杨再高 冯兴亚　2017年7月出版 / 估价：79.00元
PSN B-2006-066-3/14

广州蓝皮书
广州青年发展报告（2016~2017）
著(编)者：徐柳 张强　2017年9月出版 / 估价：79.00元
PSN B-2013-352-13/14

广州蓝皮书
广州商贸业发展报告（2017）
著(编)者：李江涛 肖振宇 荀振英
2017年7月出版 / 估价：79.00元
PSN B-2012-245-10/14

广州蓝皮书
广州社会保障发展报告（2017）
著(编)者：蔡国萱　2017年8月出版 / 估价：79.00元
PSN B-2014-425-14/14

广州蓝皮书
广州文化创意产业发展报告（2017）
著(编)者：徐咏虹　2017年7月出版 / 估价：79.00元
PSN B-2008-111-6/14

广州蓝皮书
中国广州城市建设与管理发展报告（2017）
著(编)者：董皞 陈小钢 李江涛
2017年7月出版 / 估价：85.00元
PSN B-2007-087-4/14

广州蓝皮书
中国广州科技创新发展报告（2017）
著(编)者：邹采荣 马正勇 陈爽
2017年7月出版 / 估价：79.00元
PSN B-2006-065-2/14

广州蓝皮书
中国广州文化发展报告（2017）
著(编)者：徐俊忠 陆志强 顾涧清
2017年7月出版 / 估价：79.00元
PSN B-2009-134-7/14

贵阳蓝皮书
贵阳城市创新发展报告No.2（白云篇）
著(编)者：连玉明　2017年10月出版 / 估价：89.00元
PSN B-2015-491-3/10

贵阳蓝皮书
贵阳城市创新发展报告No.2（观山湖篇）
著(编)者：连玉明　2017年10月出版 / 估价：89.00元
PSN B-2011-235-1/1

贵阳蓝皮书
贵阳城市创新发展报告No.2（花溪篇）
著(编)者：连玉明　2017年10月出版 / 估价：89.00元
PSN B-2015-490-2/10

贵阳蓝皮书
贵阳城市创新发展报告No.2（开阳篇）
著(编)者：连玉明　2017年10月出版 / 估价：89.00元
PSN B-2015-492-4/10

贵阳蓝皮书
贵阳城市创新发展报告No.2（南明篇）
著(编)者：连玉明　2017年10月出版 / 估价：89.00元
PSN B-2015-496-8/10

贵阳蓝皮书
贵阳城市创新发展报告No.2（清镇篇）
著(编)者：连玉明　2017年10月出版 / 估价：89.00元
PSN B-2015-489-1/10

贵阳蓝皮书
贵阳城市创新发展报告No.2（乌当篇）
著(编)者：连玉明　2017年10月出版 / 估价：89.00元
PSN B-2015-495-7/10

贵阳蓝皮书
贵阳城市创新发展报告No.2（息烽篇）
著(编)者：连玉明　2017年10月出版 / 估价：89.00元
PSN B-2015-493-5/10

贵阳蓝皮书
贵阳城市创新发展报告No.2（修文篇）
著(编)者：连玉明　2017年10月出版 / 估价：89.00元
PSN B-2015-494-6/10

贵阳蓝皮书
贵阳城市创新发展报告No.2（云岩篇）
著(编)者：连玉明　2017年10月出版 / 估价：89.00元
PSN B-2015-498-10/10

贵州房地产蓝皮书
贵州房地产发展报告No.4（2017）
著(编)者：武廷方　2017年7月出版 / 估价：89.00元
PSN B-2014-426-1/1

贵州蓝皮书
贵州册享经济社会发展报告 (2017)
著(编)者：黄德林　2017年3月出版 / 估价：89.00元
PSN B-2016-526-8/9

26 | 权威·前沿·原创

地方发展类　　　皮书系列
2017全品种

贵州蓝皮书
贵安新区发展报告（2016~2017）
著(编)者：马长青 吴大华　2017年6月出版 / 估价：89.00元
PSN B-2015-459-4/9

贵州蓝皮书
贵州法治发展报告（2017）
著(编)者：吴大华　2017年5月出版 / 估价：89.00元
PSN B-2012-254-2/9

贵州蓝皮书
贵州国有企业社会责任发展报告（2016~2017）
著(编)者：郭丽 周航 万强
2017年12月出版 / 估价：89.00元
PSN B-2015-511-6/9

贵州蓝皮书
贵州民航业发展报告（2017）
著(编)者：申振东 吴大华　2017年10月出版 / 估价：89.00元
PSN B-2015-471-5/9

贵州蓝皮书
贵州民营经济发展报告（2017）
著(编)者：杨静 吴大华　2017年4月出版 / 估价：89.00元
PSN B-2016-531-9/9

贵州蓝皮书
贵州人才发展报告（2017）
著(编)者：于杰 吴大华　2017年9月出版 / 估价：89.00元
PSN B-2014-382-3/9

贵州蓝皮书
贵州社会发展报告（2017）
著(编)者：王兴骥　2017年6月出版 / 估价：89.00元
PSN B-2010-166-1/9

贵州蓝皮书
贵州国家级开放创新平台发展报告（2017）
著(编)者：申晓庆 吴大华 李泓
2017年6月出版 / 估价：89.00元
PSN B-2016-518-1/9

海淀蓝皮书
海淀区文化和科技融合发展报告（2017）
著(编)者：陈名杰 孟景伟　2017年5月出版 / 估价：85.00元
PSN B-2013-329-1/1

杭州都市圈蓝皮书
杭州都市圈发展报告（2017）
著(编)者：沈翔 戚建国　2017年5月出版 / 估价：128.00元
PSN B-2012-302-1/1

杭州蓝皮书
杭州妇女发展报告（2017）
著(编)者：魏颖　2017年6月出版 / 估价：89.00元
PSN B-2014-403-1/1

河北经济蓝皮书
河北省经济发展报告（2017）
著(编)者：马树强 金浩 张贵
2017年4月出版 / 估价：89.00元
PSN B-2014-380-1/1

河北蓝皮书
河北经济社会发展报告（2017）
著(编)者：郭金平　2017年1月出版 / 定价：79.00元
PSN B-2014-372-1/2

河北蓝皮书
京津冀协同发展报告（2017）
著(编)者：陈路　2017年1月出版 / 定价：79.00元
PSN B-2017-601-2/2

河北食品药品安全蓝皮书
河北食品药品安全研究报告（2017）
著(编)者：丁锦霞　2017年6月出版 / 估价：89.00元
PSN B-2015-473-1/1

河南经济蓝皮书
2017年河南经济形势分析与预测
著(编)者：王世炎　2017年3月出版 / 定价：79.00元
PSN B-2007-086-1/1

河南蓝皮书
2017年河南社会形势分析与预测
著(编)者：刘道兴 牛苏林　2017年4月出版 / 估价89.00元
PSN B-2005-043-1/8

河南蓝皮书
河南城市发展报告（2017）
著(编)者：张占仓 王建国　2017年5月出版 / 估价：89.00元
PSN B-2009-131-3/8

河南蓝皮书
河南法治发展报告（2017）
著(编)者：丁同民 张林海　2017年5月出版 / 估价：89.00元
PSN B-2014-376-6/8

河南蓝皮书
河南工业发展报告（2017）
著(编)者：张占仓 丁同民　2017年5月出版 / 估价：89.00元
PSN B-2013-317-5/8

河南蓝皮书
河南金融发展报告（2017）
著(编)者：河南省社会科学院
2017年6月出版 / 估价：89.00元
PSN B-2014-390-1/8

河南蓝皮书
河南经济发展报告（2017）
著(编)者：张占仓 完世伟　2017年4月出版 / 估价：89.00元
PSN B-2010-157-4/8

河南蓝皮书
河南农业农村发展报告（2017）
著(编)者：吴海峰　2017年4月出版 / 估价：89.00元
PSN B-2015-445-8/8

河南蓝皮书
河南文化发展报告（2017）
著(编)者：卫绍生　2017年4月出版 / 估价：88.00元
PSN B-2008-106-2/8

河南商务蓝皮书
河南商务发展报告（2017）
著(编)者：焦锦淼 穆荣国　2017年6月出版 / 估价：88.00元
PSN B-2014-399-1/1

黑龙江蓝皮书
黑龙江经济发展报告（2017）
著(编)者：朱宇　2017年1月出版 / 定价：79.00元
PSN B-2011-190-2/2

27

皮书系列 重点推荐　地方发展类

黑龙江蓝皮书
黑龙江社会发展报告（2017）
著(编)者：谢宝禄　2017年1月出版 / 定价：79.00元
PSN B-2011-189-1/2

湖北文化蓝皮书
湖北文化发展报告（2017）
著(编)者：吴成国　2017年10月出版 / 估价：95.00元
PSN B-2016-567-1/1

湖南城市蓝皮书
区域城市群整合
著(编)者：童中贤　韩未名
2017年12月出版 / 估价：89.00元
PSN B-2006-064-1/1

湖南蓝皮书
2017年湖南产业发展报告
著(编)者：梁志峰　2017年5月出版 / 估价：128.00元
PSN B-2011-207-2/8

湖南蓝皮书
2017年湖南电子政务发展报告
著(编)者：梁志峰　2017年5月出版 / 估价：128.00元
PSN B-2014-394-6/8

湖南蓝皮书
2017年湖南经济展望
著(编)者：梁志峰　2017年5月出版 / 估价：128.00元
PSN B-2011-206-1/8

湖南蓝皮书
2017年湖南两型社会与生态文明发展报告
著(编)者：梁志峰　2017年5月出版 / 估价：128.00元
PSN B-2011-208-3/8

湖南蓝皮书
2017年湖南社会发展报告
著(编)者：梁志峰　2017年5月出版 / 估价：128.00元
PSN B-2014-393-5/8

湖南蓝皮书
2017年湖南县域经济社会发展报告
著(编)者：梁志峰　2017年5月出版 / 估价：128.00元
PSN B-2014-395-7/8

湖南蓝皮书
湖南城乡一体化发展报告（2017）
著(编)者：陈文胜　王文强　陆福兴　邝奕轩
2017年6月出版 / 估价：89.00元
PSN B-2015-477-8/8

湖南县域绿皮书
湖南县域发展报告 No.3
著(编)者：袁准　周小毛　黎仁寅
2017年3月出版 / 定价：79.00元
PSN G-2012-274-1/1

沪港蓝皮书
沪港发展报告（2017）
著(编)者：尤安山　2017年9月出版 / 估价：89.00元
PSN B-2013-362-1/1

吉林蓝皮书
2017年吉林经济社会形势分析与预测
著(编)者：邵汉明　2016年12月出版 / 定价：79.00元
PSN B-2013-319-1/1

吉林省城市竞争力蓝皮书
吉林省城市竞争力报告（2016~2017）
著(编)者：崔岳春　张磊　2016年12月出版 / 定价：79.00元
PSN B-2015-513-1/1

济源蓝皮书
济源经济社会发展报告（2017）
著(编)者：喻新安　2017年4月出版 / 估价：89.00元
PSN B-2014-387-1/1

健康城市蓝皮书
北京健康城市建设研究报告（2017）
著(编)者：王鸿春　2017年8月出版 / 估价：89.00元
PSN B-2015-460-1/2

江苏法治蓝皮书
江苏法治发展报告 No.6（2017）
著(编)者：蔡道通　龚廷泰　2017年8月出版 / 估价：98.00元
PSN B-2012-290-1/1

江西蓝皮书
江西经济社会发展报告（2017）
著(编)者：张勇　姜玮　梁勇　2017年10月出版 / 估价：89.00元
PSN B-2015-484-1/2

江西蓝皮书
江西设区市发展报告（2017）
著(编)者：姜玮　梁勇　2017年10月出版 / 估价：79.00元
PSN B-2016-517-2/2

江西文化蓝皮书
江西文化产业发展报告（2017）
著(编)者：张圣才　汪春翔
2017年10月出版 / 估价：128.00元
PSN B-2015-499-1/1

街道蓝皮书
北京街道发展报告No.2（白纸坊篇）
著(编)者：连玉明　2017年8月出版 / 估价：98.00元
PSN B-2016-544-7/15

街道蓝皮书
北京街道发展报告No.2（椿树篇）
著(编)者：连玉明　2017年8月出版 / 估价：98.00元
PSN B-2016-548-11/15

街道蓝皮书
北京街道发展报告No.2（大栅栏篇）
著(编)者：连玉明　2017年8月出版 / 估价：98.00元
PSN B-2016-552-15/15

街道蓝皮书
北京街道发展报告No.2（德胜篇）
著(编)者：连玉明　2017年8月出版 / 估价：98.00元
PSN B-2016-551-14/15

街道蓝皮书
北京街道发展报告No.2（广安门内篇）
著(编)者：连玉明　2017年8月出版 / 估价：98.00元
PSN B-2016-540-3/15

地方发展类　皮书系列 重点推荐

街道蓝皮书
北京街道发展报告No.2（广安门外篇）
著(编)者：连玉明　2017年8月出版 / 估价：98.00元
PSN B-2016-547-10/15

街道蓝皮书
北京街道发展报告No.2（金融街篇）
著(编)者：连玉明　2017年8月出版 / 估价：98.00元
PSN B-2016-538-1/15

街道蓝皮书
北京街道发展报告No.2（牛街篇）
著(编)者：连玉明　2017年8月出版 / 估价：98.00元
PSN B-2016-545-8/15

街道蓝皮书
北京街道发展报告No.2（什刹海篇）
著(编)者：连玉明　2017年8月出版 / 估价：98.00元
PSN B-2016-546-9/15

街道蓝皮书
北京街道发展报告No.2（陶然亭篇）
著(编)者：连玉明　2017年8月出版 / 估价：98.00元
PSN B-2016-542-5/15

街道蓝皮书
北京街道发展报告No.2（天桥篇）
著(编)者：连玉明　2017年8月出版 / 估价：98.00元
PSN B-2016-549-12/15

街道蓝皮书
北京街道发展报告No.2（西长安街篇）
著(编)者：连玉明　2017年8月出版 / 估价：98.00元
PSN B-2016-543-6/15

街道蓝皮书
北京街道发展报告No.2（新街口篇）
著(编)者：连玉明　2017年8月出版 / 估价：98.00元
PSN B-2016-541-4/15

街道蓝皮书
北京街道发展报告No.2（月坛篇）
著(编)者：连玉明　2017年8月出版 / 估价：98.00元
PSN B-2016-539-2/15

街道蓝皮书
北京街道发展报告No.2（展览路篇）
著(编)者：连玉明　2017年8月出版 / 估价：98.00元
PSN B-2016-550-13/15

经济特区蓝皮书
中国经济特区发展报告（2017）
著(编)者：陶一桃　2017年12月出版 / 估价：98.00元
PSN B-2009-139-1/1

辽宁蓝皮书
2017年辽宁经济社会形势分析与预测
著(编)者：曹晓峰　梁启东
2017年4月出版 / 估价：79.00元
PSN B-2006-053-1/1

洛阳蓝皮书
洛阳文化发展报告（2017）
著(编)者：刘福兴　陈启明　2017年7月出版 / 估价：89.00元
PSN B-2015-476-1/1

南京蓝皮书
南京文化发展报告（2017）
著(编)者：徐宁　2017年10月出版 / 估价：89.00元
PSN B-2014-439-1/1

南宁蓝皮书
南宁法治发展报告（2017）
著(编)者：杨维超　2017年12月出版 / 估价：79.00元
PSN B-2015-509-1/3

南宁蓝皮书
南宁经济发展报告（2017）
著(编)者：胡建华　2017年9月出版 / 估价：79.00元
PSN B-2015-570-2/3

南宁蓝皮书
南宁社会发展报告（2017）
著(编)者：胡建华　2017年9月出版 / 估价：79.00元
PSN B-2016-571-3/3

内蒙古蓝皮书
内蒙古反腐倡廉建设报告 No.2
著(编)者：张志华 无极　2017年12月出版 / 估价：79.00元
PSN B-2013-365-1/1

浦东新区蓝皮书
上海浦东经济发展报告（2017）
著(编)者：沈开艳 周奇　2017年2月出版 / 定价：79.00元
PSN B-2011-225-1/1

青海蓝皮书
2017年青海经济社会形势分析与预测
著(编)者：陈玮　2016年12月出版 / 定价：79.00元
PSN B-2012-275-1/1

人口与健康蓝皮书
深圳人口与健康发展报告（2017）
著(编)者：陆杰华 罗乐宣 苏杨
2017年11月出版 / 估价：89.00元
PSN B-2011-228-1/1

山东蓝皮书
山东经济形势分析与预测（2017）
著(编)者：李广杰　2017年7月出版 / 估价：89.00元
PSN B-2014-404-1/4

山东蓝皮书
山东社会形势分析与预测（2017）
著(编)者：张华 唐洲雁　2017年6月出版 / 估价：89.00元
PSN B-2014-405-2/4

山东蓝皮书
山东文化发展报告（2017）
著(编)者：涂可国　2017年11月出版 / 估价：98.00元
PSN B-2014-406-3/4

山西蓝皮书
山西资源型经济转型发展报告（2017）
著(编)者：李志强　2017年7月出版 / 估价：89.00元
PSN B-2011-197-1/1

皮书系列 重点推荐　地方发展类

陕西蓝皮书
陕西经济发展报告（2017）
著(编)者：任宗哲 白宽犁 裴成荣
2017年1月出版 / 定价：69.00元
PSN B-2009-135-1/5

陕西蓝皮书
陕西社会发展报告（2017）
著(编)者：任宗哲 白宽犁 牛昉
2017年1月出版 / 定价：69.00元
PSN B-2009-136-2/5

陕西蓝皮书
陕西文化发展报告（2017）
著(编)者：任宗哲 白宽犁 王长寿
2017年1月出版 / 定价：69.00元
PSN B-2009-137-3/5

上海蓝皮书
上海传媒发展报告（2017）
著(编)者：强荧 焦雨虹　2017年2月出版 / 定价：79.00元
PSN B-2012-295-5/7

上海蓝皮书
上海法治发展报告（2017）
著(编)者：叶青　2017年6月出版 / 估价：89.00元
PSN B-2012-296-6/7

上海蓝皮书
上海经济发展报告（2017）
著(编)者：沈开艳　2017年2月出版 / 定价：79.00元
PSN B-2006-057-1/7

上海蓝皮书
上海社会发展报告（2017）
著(编)者：杨雄 周海旺　2017年2月出版 / 定价：79.00元
PSN B-2006-058-2/7

上海蓝皮书
上海文化发展报告（2017）
著(编)者：荣跃明　2017年2月出版 / 定价：79.00元
PSN B-2006-059-3/7

上海蓝皮书
上海文学发展报告（2017）
著(编)者：陈圣来　2017年6月出版 / 估价：89.00元
PSN B-2012-297-7/7

上海蓝皮书
上海资源环境发展报告（2017）
著(编)者：周冯琦 汤庆合
2017年2月出版 / 定价：79.00元
PSN B-2006-060-4/7

社会建设蓝皮书
2017年北京社会建设分析报告
著(编)者：宋贵伦 冯虹　2017年10月出版 / 估价：89.00元
PSN B-2010-173-1/1

深圳蓝皮书
深圳法治发展报告（2017）
著(编)者：张骁儒　2017年6月出版 / 估价：89.00元
PSN B-2015-470-6/7

深圳蓝皮书
深圳经济发展报告（2017）
著(编)者：张骁儒　2017年7月出版 / 估价：89.00元
PSN B-2008-112-3/7

深圳蓝皮书
深圳劳动关系发展报告（2017）
著(编)者：汤庭芬　2017年6月出版 / 估价：89.00元
PSN B-2007-097-2/7

深圳蓝皮书
深圳社会建设与发展报告（2017）
著(编)者：张骁儒 陈东平　2017年7月出版 / 估价：89.00元
PSN B-2008-113-4/7

深圳蓝皮书
深圳文化发展报告(2017)
著(编)者：张骁儒　2017年7月出版 / 估价：89.00元
PSN B-2016-555-7/7

丝绸之路蓝皮书
丝绸之路经济带发展报告（2017）
著(编)者：任宗哲 白宽犁 谷孟宾
2017年1月出版 / 定价：75.00元
PSN B-2014-410-1/1

法治蓝皮书
四川依法治省年度报告No.3（2017）
著(编)者：李林 杨天宗 田禾
2017年3月出版 / 定价：118.00元
PSN B-2015-447-1/1

四川蓝皮书
2017年四川经济形势分析与预测
著(编)者：杨钢　2017年1月出版 / 定价：98.00元
PSN B-2007-098-2/7

四川蓝皮书
四川城镇化发展报告（2017）
著(编)者：侯水平 陈炜　2017年4月出版 / 估价：85.00元
PSN B-2015-456-7/7

四川蓝皮书
四川法治发展报告（2017）
著(编)者：郑泰安　2017年4月出版 / 估价：89.00元
PSN B-2015-441-5/7

四川蓝皮书
四川企业社会责任研究报告（2016～2017）
著(编)者：侯水平 盛毅 翟刚
2017年4月出版 / 估价：89.00元
PSN B-2014-386-4/7

四川蓝皮书
四川社会发展报告（2017）
著(编)者：李羚　2017年5月出版 / 估价：89.00元
PSN B-2008-127-3/7

四川蓝皮书
四川生态建设报告（2017）
著(编)者：李晟之　2017年4月出版 / 估价：85.00元
PSN B-2015-455-6/7

地方发展类·国际问题类

**皮书系列
重点推荐**

四川蓝皮书
四川文化产业发展报告（2017）
著(编)者：向宝云 张立伟
2017年4月出版 / 估价：89.00元
PSN B-2006-074-1/7

体育蓝皮书
上海体育产业发展报告（2016～2017）
著(编)者：张林 黄海燕
2017年10月出版 / 估价：89.00元
PSN B-2015-454-4/4

体育蓝皮书
长三角地区体育产业发展报告（2016～2017）
著(编)者：张林 2017年4月出版 / 估价：89.00元
PSN B-2015-453-3/4

天津金融蓝皮书
天津金融发展报告（2017）
著(编)者：王爱俭 孔德昌
2017年12月出版 / 估价：98.00元
PSN B-2014-418-1/1

图们江区域合作蓝皮书
图们江区域合作发展报告（2017）
著(编)者：李铁 2017年6月出版 / 估价：98.00元
PSN B-2015-464-1/1

温州蓝皮书
2017年温州经济社会形势分析与预测
著(编)者：潘忠强 王春光 金浩
2017年4月出版 / 估价：89.00元
PSN B-2008-105-1/1

西咸新区蓝皮书
西咸新区发展报告（2016~2017）
著(编)者：李扬 王军 2017年6月出版 / 估价：89.00元
PSN B-2016-535-1/1

扬州蓝皮书
扬州经济社会发展报告（2017）
著(编)者：丁纯 2017年12月出版 / 估价：98.00元
PSN B-2011-191-1/1

长株潭城市群蓝皮书
长株潭城市群发展报告（2017）
著(编)者：张萍 2017年12月出版 / 估价：89.00元
PSN B-2008-109-1/1

中医文化蓝皮书
北京中医文化传播发展报告（2017）
著(编)者：毛嘉陵 2017年5月出版 / 估价：79.00元
PSN B-2015-468-1/2

珠三角流通蓝皮书
珠三角商圈发展研究报告（2017）
著(编)者：王先庆 林至颖
2017年7月出版 / 估价：98.00元
PSN B-2012-292-1/1

遵义蓝皮书
遵义发展报告（2017）
著(编)者：曾征 龚永育 雍思强
2017年12月出版 / 估价：89.00元
PSN B-2014-433-1/1

国际问题类

"一带一路"跨境通道蓝皮书
"一带一路"跨境通道建设研究报告（2017）
著(编)者：郭业洲 2017年8月出版 / 估价：89.00元
PSN B-2016-558-1/1

"一带一路"蓝皮书
"一带一路"建设发展报告（2017）
著(编)者：孔丹 李永全 2017年7月出版 / 估价：89.00元
PSN B-2016-553-1/1

阿拉伯黄皮书
阿拉伯发展报告（2016～2017）
著(编)者：罗林 2017年11月出版 / 估价：89.00元
PSN Y-2014-381-1/1

北部湾蓝皮书
泛北部湾合作发展报告（2017）
著(编)者：吕余生 2017年12月出版 / 估价：85.00元
PSN B-2008-114-1/1

大湄公河次区域蓝皮书
大湄公河次区域合作发展报告（2017）
著(编)者：刘稚 2017年8月出版 / 估价：89.00元
PSN B-2011-196-1/1

大洋洲蓝皮书
大洋洲发展报告（2017）
著(编)者：喻常森 2017年10月出版 / 估价：89.00元
PSN B-2013-341-1/1

31

皮书系列 重点推荐　国际问题类

德国蓝皮书
德国发展报告（2017）
著(编)者：郑春荣　　2017年6月出版 / 估价：89.00元
PSN B-2012-278-1/1

东盟黄皮书
东盟发展报告（2017）
著(编)者：杨晓强 庄国土
2017年4月出版 / 估价：89.00元
PSN Y-2012-303-1/1

东南亚蓝皮书
东南亚地区发展报告（2016~2017）
著(编)者：厦门大学东南亚研究中心　王勤
2017年12月出版 / 估价：89.00元
PSN B-2012-240-1/1

俄罗斯黄皮书
俄罗斯发展报告（2017）
著(编)者：李永全　　2017年7月出版 / 估价：89.00元
PSN Y-2006-061-1/1

非洲黄皮书
非洲发展报告 No.19（2016~2017）
著(编)者：张宏明　　2017年8月出版 / 估价：89.00元
PSN Y-2012-239-1/1

公共外交蓝皮书
中国公共外交发展报告（2017）
著(编)者：赵启正 雷蔚真
2017年4月出版 / 估价：89.00元
PSN B-2015-457-1/1

国际安全蓝皮书
中国国际安全研究报告(2017)
著(编)者：刘慧　　2017年7月出版 / 估价：98.00元
PSN B-2016-522-1/1

国际形势黄皮书
全球政治与安全报告（2017）
著(编)者：张宇燕
2017年1月出版 / 定价：89.00元
PSN Y-2001-016-1/1

韩国蓝皮书
韩国发展报告（2017）
著(编)者：牛林杰 刘宝全
2017年11月出版 / 估价：89.00元
PSN B-2010-155-1/1

加拿大蓝皮书
加拿大发展报告（2017）
著(编)者：仲伟合　2017年9月出版 / 估价：89.00元
PSN B-2014-389-1/1

拉美黄皮书
拉丁美洲和加勒比发展报告（2016~2017）
著(编)者：吴白乙　　2017年6月出版 / 估价：89.00元
PSN Y-1999-007-1/1

美国蓝皮书
美国研究报告（2017）
著(编)者：郑秉文 黄平　2017年6月出版 / 估价：89.00元
PSN B-2011-210-1/1

缅甸蓝皮书
缅甸国情报告（2017）
著(编)者：李晨阳　　2017年12月出版 / 估价：86.00元
PSN B-2013-343-1/1

欧洲蓝皮书
欧洲发展报告（2016~2017）
著(编)者：黄平 周弘 江时学
2017年6月出版 / 估价：89.00元
PSN B-1999-009-1/1

葡语国家蓝皮书
葡语国家发展报告（2017）
著(编)者：王成安 张敏　　2017年12月出版 / 估价：89.00元
PSN B-2015-503-1/2

葡语国家蓝皮书
中国与葡语国家关系发展报告·巴西（2017）
著(编)者：张曙光　　2017年8月出版 / 估价：89.00元
PSN B-2016-564-2/2

日本经济蓝皮书
日本经济与中日经贸关系研究报告（2017）
著(编)者：张季风　　2017年5月出版 / 估价：89.00元
PSN B-2008-102-1/1

日本蓝皮书
日本研究报告（2017）
著(编)者：杨伯江　　2017年5月出版 / 估价：89.00元
PSN B-2002-020-1/1

上海合作组织黄皮书
上海合作组织发展报告（2017）
著(编)者：李进峰 吴宏伟 李少捷
2017年6月出版 / 估价：89.00元
PSN Y-2009-130-1/1

世界创新竞争力黄皮书
世界创新竞争力发展报告（2017）
著(编)者：李闽榕 李建平 赵新力
2017年4月出版 / 估价：148.00元
PSN Y-2013-318-1/1

泰国蓝皮书
泰国研究报告（2017）
著(编)者：庄国土 张禹东
2017年8月出版 / 估价：118.00元
PSN B-2016-557-1/1

土耳其蓝皮书
土耳其发展报告（2017）
著(编)者：郭长刚 刘义　　2017年9月出版 / 估价：89.00元
PSN B-2014-412-1/1

亚太蓝皮书
亚太地区发展报告（2017）
著(编)者：李向阳　　2017年4月出版 / 估价：89.00元
PSN B-2001-015-1/1

印度蓝皮书
印度国情报告（2017）
著(编)者：吕昭义　　2017年12月出版 / 估价：89.00元
PSN B-2012-241-1/1

国际问题类

**皮书系列
重点推荐**

印度洋地区蓝皮书
印度洋地区发展报告（2017）
著(编)者：汪戎　2017年6月出版 / 估价：89.00元
PSN B-2013-334-1/1

英国蓝皮书
英国发展报告（2016~2017）
著(编)者：王展鹏　2017年11月出版 / 估价：89.00元
PSN B-2015-486-1/1

越南蓝皮书
越南国情报告（2017）
著(编)者：谢林城
2017年12月出版 / 估价：89.00元
PSN B-2006-056-1/1

以色列蓝皮书
以色列发展报告（2017）
著(编)者：张倩红　2017年8月出版 / 估价：89.00元
PSN B-2015-483-1/1

伊朗蓝皮书
伊朗发展报告（2017）
著(编)者：冀开远　2017年10月出版 / 估价：89.00元
PSN B-2016-575-1/1

中东黄皮书
中东发展报告No.19（2016~2017）
著(编)者：杨光　2017年10月出版 / 估价：89.00元
PSN Y-1998-004-1/1

中亚黄皮书
中亚国家发展报告（2017）
著(编)者：孙力　吴宏伟　2017年7月出版 / 估价：98.00元
PSN Y-2012-238-1/1

　　皮书序列号是社会科学文献出版社专门为识别皮书、管理皮书而设计的编号。皮书序列号是出版皮书的许可证号，是区别皮书与其他图书的重要标志。

　　它由一个前缀和四部分构成。这四部分之间用连字符"-"连接。前缀和这四部分之间空半个汉字（见示例）。

《国际人才蓝皮书：中国留学发展报告》序列号示例

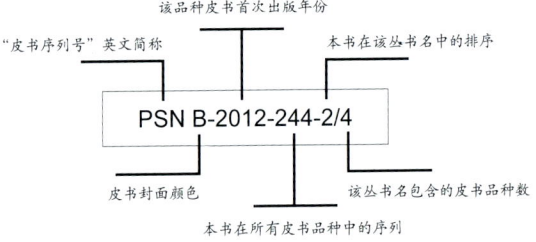

　　从示例中可以看出，《国际人才蓝皮书：中国留学发展报告》的首次出版年份是2012年，是社科文献出版社出版的第244个皮书品种，是"国际人才蓝皮书"系列的第2个品种（共4个品种）。

33

社会科学文献出版社

❖ 皮书起源 ❖

"皮书"起源于十七、十八世纪的英国，主要指官方或社会组织正式发表的重要文件或报告，多以"白皮书"命名。在中国，"皮书"这一概念被社会广泛接受，并被成功运作、发展成为一种全新的出版形态，则源于中国社会科学院社会科学文献出版社。

❖ 皮书定义 ❖

皮书是对中国与世界发展状况和热点问题进行年度监测，以专业的角度、专家的视野和实证研究方法，针对某一领域或区域现状与发展态势展开分析和预测，具备原创性、实证性、专业性、连续性、前沿性、时效性等特点的公开出版物，由一系列权威研究报告组成。

❖ 皮书作者 ❖

皮书系列的作者以中国社会科学院、著名高校、地方社会科学院的研究人员为主，多为国内一流研究机构的权威专家学者，他们的看法和观点代表了学界对中国与世界的现实和未来最高水平的解读与分析。

❖ 皮书荣誉 ❖

皮书系列已成为社会科学文献出版社的著名图书品牌和中国社会科学院的知名学术品牌。2016年，皮书系列正式列入"十三五"国家重点出版规划项目；2012~2016年，重点皮书列入中国社会科学院承担的国家哲学社会科学创新工程项目；2017年，55种院外皮书使用"中国社会科学院创新工程学术出版项目"标识。

中国皮书网
www.pishu.cn

发布皮书研创资讯，传播皮书精彩内容
引领皮书出版潮流，打造皮书服务平台

栏目设置

关于皮书：何谓皮书、皮书分类、皮书大事记、皮书荣誉、
            皮书出版第一人、皮书编辑部
最新资讯：通知公告、新闻动态、媒体聚焦、网站专题、视频直播、下载专区
皮书研创：皮书规范、皮书选题、皮书出版、皮书研究、研创团队
皮书评奖评价：指标体系、皮书评价、皮书评奖
互动专区：皮书说、皮书智库、皮书微博、数据库微博

所获荣誉

2008年、2011年，中国皮书网均在全
国新闻出版业网站荣誉评选中获得"最具商
业价值网站"称号；
2012年，获得"出版业网站百强"称号。

网库合一

2014年，中国皮书网与皮书数据库端
口合一，实现资源共享。更多详情请登录
www.pishu.cn。

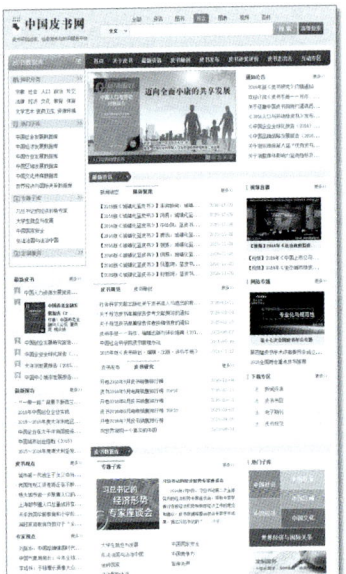

权威报告·热点资讯·特色资源

皮书数据库
ANNUAL REPORT(YEARBOOK)
DATABASE

当代中国与世界发展高端智库平台

所获荣誉

- 2016年，入选"国家'十三五'电子出版物出版规划骨干工程"
- 2015年，荣获"搜索中国正能量 点赞2015""创新中国科技创新奖"
- 2013年，荣获"中国出版政府奖·网络出版物奖"提名奖
- 连续多年荣获中国数字出版博览会"数字出版·优秀品牌"奖

成为会员

通过网址www.pishu.com.cn或使用手机扫描二维码进入皮书数据库网站，进行手机号码验证或邮箱验证即可成为皮书数据库会员（建议通过手机号码快速验证注册）。

会员福利

- 使用手机号码首次注册会员可直接获得100元体验金，不需充值即可购买和查看数据库内容（仅限使用手机号码快速注册）。
- 已注册用户购书后可免费获赠100元皮书数据库充值卡。刮开充值卡涂层获取充值密码，登录并进入"会员中心"—"在线充值"—"充值卡充值"，充值成功后即可购买和查看数据库内容。

数据库服务热线：400-008-6695
数据库服务QQ：2475522410
数据库服务邮箱：database@ssap.cn

图书销售热线：010-59367070/7028
图书服务QQ：1265056568
图书服务邮箱：duzhe@ssap.cn

皮书出版20年
YEAR BOOKS
1997~2017

更多信息敬请登录

皮书数据库
http://www.pishu.com.cn

中国皮书网
http://www.pishu.cn

皮书微博
http://weibo.com/pishu

皮书博客
http://blog.sina.com.cn/pishu

皮书微信："皮书说"

请到当地、也可致、京东等各连锁书店购买，亦可办理邮购

咨询/邮购电话：010-59367028　59367070
邮　　箱：duzhe@ssap.cn
邮购地址：北京市西城区北三环中路甲29号院3号楼
　　　　　华龙大厦13层邮旅服务中心
邮　　编：100029
经 销 处：北京社会科学文献出版社
开户银行：中国工商银行北京北太平庄支行
账　　号：0200010019200365434

加拿大蓝皮书
BLUE BOOK OF CANADA

加拿大发展报告（2017）

ANNUAL REPORT ON THE DEVELOPMENT OF CANADA (2017)

主　编／唐小松
广东外语外贸大学加拿大研究中心

社会科学文献出版社
SOCIAL SCIENCES ACADEMIC PRESS (CHINA)

图书在版编目(CIP)数据

加拿大发展报告.2017/唐小松主编.--北京:社会科学文献出版社,2017.9
(加拿大蓝皮书)
ISBN 978-7-5201-1384-7

Ⅰ.①加… Ⅱ.①唐… Ⅲ.①经济发展-研究报告-加拿大-2017②社会发展-研究报告-加拿大-2017 Ⅳ.①F171.14

中国版本图书馆CIP数据核字(2017)第222197号

加拿大蓝皮书
加拿大发展报告(2017)

主　　编／唐小松

出 版 人／谢寿光
项目统筹／邓泳红　陈晴钰
责任编辑／陈晴钰

出　　版／社会科学文献出版社·皮书出版分社(010)59367127
　　　　　地址:北京市北三环中路甲29号院华龙大厦　邮编:100029
　　　　　网址:www.ssap.com.cn
发　　行／市场营销中心(010)59367081　59367018
印　　装／北京季蜂印刷有限公司

规　　格／开　本:787mm×1092mm　1/16
　　　　　印　张:17.5　字　数:229千字
版　　次／2017年9月第1版　2017年9月第1次印刷
书　　号／ISBN 978-7-5201-1384-7
定　　价／89.00元

皮书序列号／PSN B-2014-389-1/1

本书如有印装质量问题,请与读者服务中心(010-59367028)联系

版权所有　翻印必究

《加拿大发展报告（2017）》编委会

主　　　编　唐小松

学术顾问　沈雁南

编委会成员　（按姓氏笔画排序）

王义桅　王文峰　王小海　万晓宏　石佑启
阮宗泽　朱文忠　刘　丹　刘江韵　刘蔚然
李永辉　阳爱民　杜发春　沈本秋　肖　刚
陈志敏　陈彦辉　张振江　麦叶青　武心波
林　珏　郑春生　罗慧琼　胡文涛　郭树勇
袁　泉　钱　皓　黄　忠　黄亮雄　焦方太
谢文新　喻常森　蔡　红　魏志江　Gary Levy
Geoffery McCormack　Jeremy Paltiel
Jorge Virchez　Kim Nossal

主要编撰者简介

唐小松 湖南人，博士，教授。现任教育部国别和区域研究培育基地广东外语外贸大学加拿大研究中心主任，广东外语外贸大学学术委员会委员；兼任中国加拿大研究会副会长、全国高校国际政治研究会常务理事、察哈尔学会高级研究员。1989和1992年，先后从湖南师范大学获英语语言文学学士和法学硕士，后从事专职外事翻译工作多年。2001年获复旦大学国际关系专业博士学位。2004年入选第二届广东省宣传思想战线优秀人才"十百千工程"培养对象，2006年入选广东省"千百十人才培养工程"省级培养对象。2007~2008年在哈佛大学做访问学者，先后在美国、加拿大、澳大利亚、俄罗斯和中国香港、澳门等地以及国内党政机关和高校开办讲座数十场。在 *Australian Journal of Foreign Affairs*、《世界经济与政治》、《现代国际关系》、《国际问题研究》、《美国研究》、《欧洲研究》、《世界历史》等国内外刊物发表学术论文90篇，研究成果被广泛关注。接受凤凰卫视《今日看世界》《震海听风录》等专访和《人民日报》、《环球时报》、《洛杉矶时报》（美）、《华闻周刊》（英）、《环球邮报》（加拿大）、《时代周报》、《广州日报》、《南方日报》、《社会科学报》、《中国社会科学报》等媒体采访和约写评论文110多次/篇。2015年获广东省哲学社会科学优秀成果奖"一等奖"。主持国家社科基金重点课题1项、省部级课题4项，参与外交部委托课题4项，出版专著、编著8部（任副主编或主编）、译著5部。

摘　要

《加拿大发展报告（2017）》是详细阐述2016～2017年加拿大国情研究的蓝皮书，由广东外语外贸大学加拿大研究中心编写完成，参与报告撰写的专家来自广东外语外贸大学、加拿大卡尔顿大学、美国波士顿惠洛克学院、澳门大学、上海财经大学、华东师范大学、上海外国语大学等。

2016～2017年是贾斯廷·特鲁多总理带领自由党政府执政的第一年，加拿大从政治、经济、社会等各个方面都在经历着他倡导的"真正的变革"。因此，深入观察与研究这一年来加拿大的内政外交与综合国情对于中国政府、智库、企业、学界来说，都有着重要的意义。内政方面，小特鲁多政府的财政赤字政策还在继续，虽然民众一年来对于自由党以及总理本人的支持率依然很高，但明显无法在短期内恢复平衡的财政赤字政策还是给他带来了一定的负面影响，也成为了其他在野党攻击的主要目标。对外关系上，小特鲁多积极带领加拿大在国际舞台上践行多边主义与国际主义，在气候问题、难民问题上表现突出，受到国际社会的称赞，同时也主动改善与联合国的关系，加拿大民众充分肯定自由党政府在改善加拿大国际形象方面所做的努力，认为政府正在带领国家往正确的方向发展。双边关系上，小特鲁多政府一方面重视加强与美国、欧盟的传统关系，注重与美国特朗普政府的沟通，与欧盟签订自贸协定；另一方面加拿大也将中加关系作为重要议题，申请加入亚投行，将中加自贸协定、引渡协议等提上日程。两国关系有望在未来进入一个更为稳定和积极的阶段。

《加拿大发展报告（2017）》分为五个部分，深入分析和预测了

2016~2017年加拿大国内政党政局、外交事务、经济管理、社会政策、文化教育方面等热点问题,重点研究加拿大政局发展、外交与中加关系等议题。本报告不仅在理论研究和政策研究上有所创新,在研究领域和研究方法上也有所突破,对于丰富中国在加拿大研究领域的理论研究、政策分析和战略评估具有重要意义和价值。本报告可以为国内各级政府、智库、企业、社会各界提供相应的参考和借鉴。

序　言

《加拿大发展报告》系列成果是由教育部国别和区域研究培育基地——广东外语外贸大学加拿大研究中心负责组织编写的。广东外语外贸大学加拿大研究中心每年将编写出版《加拿大发展报告》列为年度工作的一项重点任务，2014年出版了国内首部加拿大蓝皮书，就加拿大国内政局发展、外交事务、经济管理、社会政策、环境治理等热点问题进行了重点、系统的研究，受到政府、社会各界及媒体的广泛关注，在国内外引起较大反响，受到普遍肯定和赞誉。

《加拿大发展报告（2017）》是2014年以来第四本系统研究加拿大国情的蓝皮书，由1篇主报告、11篇分报告构成，深入分析和预测了2016~2017年度加拿大国内政局发展、外交事务、经济管理、社会政策、反恐政策等热点问题，重点研究了小特鲁多政府执政第一年来的多边主义和全方位外交、中加关系等热点和关键议题。不同于普通的论文集对于不同选题的分散研究，本蓝皮书通过政治、经济、外交、社会等不同领域来整体呈现加拿大年度发展状况，内容丰富，具有很强的动态性和前瞻性。蓝皮书研究方法严谨，注重定量分析与定性分析相结合的科学研究方法。同时，研究团队通过与国内外加拿大研究机构、高校建立联系，获取最新和最权威的资料与数据，确保各领域的研究紧跟局势，数据新颖详实，真实科学地反映研究对象的最新情况。

2016年是自由党政府引导加拿大走向"真正的变革"的第一年。经济方面，加拿大宏观经济增长前景光明，但也存在一些不稳定因素，2016年实际GDP虽有增长，但增长率仅为1.4%；小特鲁多政府采取的经贸关系多元化战略和各项刺激经济发展的政策措施，收到了良好的成效，尤其是与中国建立自由贸易区的设想一旦实现，将有助于发挥加拿大的资源优势、技术优势，推动加拿大经济的发展。外交方面，小特鲁多政府奉行多边化、国际化的对外政策，外交战略向"重返亚太"、"重返国际舞台"调整，在"友好盟国"的定位下维护加美关系，并开启了与欧洲关系的新时代；中加关系以经贸为主导，得到进一步发展与深化，两国实现了高层互访和各领域的良好合作。安全方面，小特鲁多政府将改革反恐政策作为一大亮点，启动国家安全政策的全民咨询，推动修订《反恐法2015》，通过《国会国家安全和情报委员会法案》，建立跨党派监督委员会，一定程度上实现了国家反恐战略的"再平衡"。这一系列内政外交上的"变革"为小特鲁多政府赢得了一段长长的"政治蜜月期"，民调支持率居高不下。但同时最大的反对党保守党在暗自较劲，其他小政党也在争夺话语权。预计未来加拿大政局总体还将保持稳定，选民还愿意给自由党更多的时间来检验其各种政策的效果。

此外，加拿大的高等教育体系不仅继承了传统欧洲教育体系的优点，而且引入了美国教育的优势，为加拿大与其他国家进行国际教育交流合作提供了良好的基础。近年来，加拿大已逐渐成为中国留学、移民和工作的主要目的国。加强对加拿大国际教育交流合作研究，具有重要的理论意义和实践价值。

加拿大蓝皮书在2016年开设了问卷调查，调研了中国大学生心目中的加拿大，十分有意义。2017年，我们节选了著名的加拿大智库——亚太基金会的调研报告中关于加拿大人对中国以及中加关系的态度与看法。这一报告无论从智库本身的投入以及设计，还是从问题的代表性和针对性来看，都十分有价值。调查显示，与前两年相比，加拿大人感觉自身与亚洲联系得更紧密，对于亚洲的态度也更加积极，对未来的中加双边关系也更加乐观。加拿大人对中国的态度自

2014年以来已经回暖，近一半（49%）的加拿大人认为中国崛起是机会而不是挑战，近四分之一（24%）的加拿大人认为中加关系正在改善，50%的加拿大人表示，如果能了解更多信息，自己有可能支持更紧密的中加经济关系。

感谢蓝皮书的全体编委和作者们通过一年的努力，用他们的智慧和汗水为我们带来了新一年的加拿大研究盛宴，让我们可以持续了解加拿大相关领域的最新发展与变化。希望这本书可以为中国学界和社会搭建一个有效的沟通和交流平台，为国内的加拿大研究继续贡献力量。

隋广军

广东外语外贸大学党委书记、校长

2017年8月20日

目 录

Ⅰ 总报告

B.1 2016年加拿大发展形势 …………………………… 黄　忠 / 001
  一　经济形势与经济政策 ………………………………… / 002
  二　国内政治与社会治理 ………………………………… / 011
  三　外交政策与国家形象 ………………………………… / 019
  四　结语 …………………………………………………… / 029

Ⅱ 分报告

B.2 2016年加拿大政党政局 ……………………………… 唐小松 / 031
B.3 2016年加拿大经济形势 ……………………………… 林　珏 / 048
B.4 2016年加拿大外交形势 ……………………………… 刘　丹 / 069

Ⅲ 专题报告

B.5 当前加拿大经济发展态势 ………… Geoffrey McCormack / 085

B.6 小特鲁多政府的财政预算与社会政策变革……… 柳玉臻 / 131

B.7 小特鲁多多边外交及其走势…………………… 樊　冰 / 142

B.8 加拿大反恐战略评析

　　——再平衡中的国家安全利益与公民自由权利

　　……………………………………………… 刘江韵 / 158

B.9 加拿大的南海政策与立场…………………… 钱　皓 / 174

Ⅳ　中加关系

B.10　特朗普时代的加中关系 …………… Jeremy Paltiel / 190

B.11　加拿大国际教育交流合作研究 ………… 郑春生 / 203

Ⅴ　调查报告

B.12　加拿大人看中国（2016）

　　——加拿大亚太基金会民意调查

　　………………………… Eva Busza　金彩红 / 224

Abstract …………………………………………………… / 249
Contents …………………………………………………… / 251

皮书数据库阅读 **使用指南**

总报告

General Report

B.1
2016年加拿大发展形势

黄 忠*

摘　要： 2016年，加拿大经济虽然存在一些不稳定因素，但总体前景值得期待；自由党执政地位稳固，社会公平正义度增强，国内安全形势稳中有忧；国际形象良好，国家声誉度较高。小特鲁多政府执行温和的财政与货币政策，实施大规模基础设施建设和创新改革计划刺激经济增长，谋求改进国家安全政策框架，努力实现包容性增长。小特鲁多政府着力发展与欧盟、中国的经贸合作关系，与特朗普政府的关系相对冷淡，在反恐议题上强化多边合作，对外援助与应对气候变化积

---

* 黄忠，博士，广东外语外贸大学加拿大研究中心，讲师，研究方向为加拿大外交、加拿大与拉美关系。

极。展望未来,加拿大国内发展稳中有进的态势不会改变,在对外关系上将继续保持务实的外交风格。

关键词: 加拿大　经济　政治　社会　外交

一　经济形势与经济政策

1. 虽存在潜在不确定因素,但宏观经济增长的前景光明

2016年,加拿大GDP增长率为1.4%,达到2.07万亿加元。相对于2015年的0.9%,已经有较大起色。其中,2016年第四季度环比增长0.6%,同比增长2.6%。[①] 在消费方面,加拿大国内最终需求增长0.9%,相比2015年高出0.6个百分点;居民消费支出增长比2015年的1.9%高出0.3个百分点,为2.2%,其中,商品消费增长2.7%,服务消费增长1.9%;政府消费支出增长2.0%,比2015年高出0.5个百分点。在投资方面,由于能源部门持续不景气,非居住类建筑投资下降了10.7%,连续第二年衰退,加拿大2016年整体经济增长率也主要受其拖累。与之对应的是,住宅投资较上年增加了2.9%。其中,所有权转让增长7.6%,新建房投资增长2.3%,房屋翻新投资增长0.7%。在收入方面,2016年度加拿大实际国内总收入逆转了2015年下降1.4%的势头,增长了0.7%。其中,在职工工资上涨2.5%的大背景下,居民可支配收入增长了3.8%。[②]

---

① 《2016年加拿大国内生产总值增长1.4%》,中华人民共和国商务部网站,http://ca.mofcom.gov.cn/article/jmxw/201703/20170302539053.shtml,最后访问时间:2017年3月2日。

② "Gross domestic product, income and expenditure, fourth quarter 2016", http://www.statcan.gc.ca/daily-quotidien/170302/dq170302a-eng.htm? HPA=1&indid=3278-1&indgeo=0,最后访问时间:2017年3月2日。

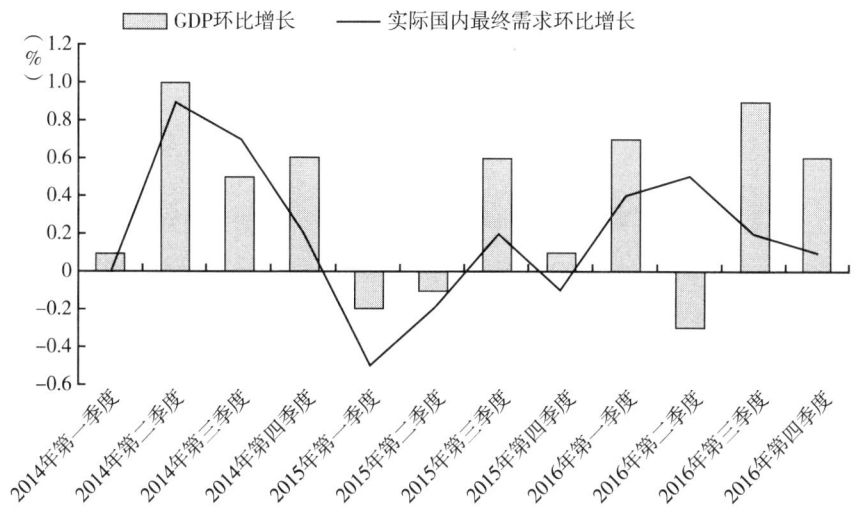

图 1　加拿大国内生产总值和国内最终需求增长变化

注：相关数据以 2007 年基数为 1 计算。

资料来源：http://www.statcan.gc.ca/daily-quotidien/170302/cg-a001-eng.htm。

从图 1 加拿大最近三年各季度国内生产总值和国内最终需求增长变化不难看出，由于消费持续不景气，加拿大未来经济增长的前景虽然向好，但也有不确定因素，包括全球油价偏低，整体经济不景气，尤其是其最大贸易伙伴美国的需求仍处于虚弱状态，等等。其中，2016 年第四季度，加拿大国民生产总值增加了 0.6%，比第三季度下降了 0.3 个百分点。由于商业投资虚弱，国内最终需求持续不振，在第三季度仅增长 0.2% 的基础上，第四季度只增长了 0.1%。第四季度，加拿大家庭最终消费增长了 0.6%，比第三季度 0.7% 的增长速度略低，其主要驱动力是对耐用品（2.0%）和股票、债券与基金等金融产品（1.6%）消费的增加。第四季度出口增长 0.3%，比第三季度的 2.3% 下降不少；进口商品下降了 4.1%，导致全年进口总量的增长幅度被拖累 3.5 个点。第四季度企业固定总资本构成下降 2.1%，比第三季度的 -0.5% 进一步下降，对机器设备（-2.7%）

和知识产权产品（-1.9%）的投入也在下降。商品库存在第三季度增加74亿加元的情况下，第四季度减少50亿加元。总体来看，加拿大2016年第四季度GDP同比增长2.6%，比美国的1.9%要好①。

表1　2016年第四季度加拿大各项目对GDP增长贡献测算值

单位：%

家庭最终消费支出	0.368
服务于家庭最终消费的非营利机构支出	-0.016
政府部门最终消费支出	0.112
固定资本形成	-0.35
投资库存	-0.688
出口	0.105
进口	1.202

资料来源：http：//www.statcan.gc.ca/daily-quotidien/170302/cg-a002-eng.htm。

经济合作与发展组织（OECD）于2016年11月认为，加拿大经济2018年增长率会达到2.3%，其主要驱动力是非能源部门出口和商业投资的增加。此外，失业率的下降、居民收入的增长与温和通货膨胀率所带来的消费提升，也会给加拿大经济带来积极影响。而其最大的下行风险在于住房市场调整的失序，它有可能影响国家金融的稳定。此外，主要大国的贸易保护主义措施也有可能影响加拿大对外出口。②世界银行和国际货币基金组织（IMF）于2017年对全球和加拿大经济发展趋势的预测见表2。

---

① "Gross domestic product, income and expenditure, fourth quarter 2016", http：//www.statcan.gc.ca/daily-quotidien/170302/dq170302a-eng.htm？HPA = 1&indid = 3278-1&indgeo = 0，最后访问时间：2017年3月2日。
② "CANADA", http：//www.oecd.org/eco/outlook/economic - forecast - summary - canada - oecd - economic - outlook - november - 2016.pdf，最后访问时间：2017年3月29日。

表2 世界银行和国际货币基金组织（IMF）对全球与加拿大经济发展趋势的预测

单位：%

机构	世界银行		IMF	
	2017年	2018年	2017年	2018年
全球	2.7	2.9	3.5	3.6
加拿大	2.2	2.4	1.9	2

资料来源：http://www.worldbank.org/，http://www.imf.org。

加拿大政府也认为，其经济在适度的财政与货币政策的引导下，正显示出活力。尽管能源部门的发展仍旧较差，但随着就业形势的好转、国民消费水平的稳定提升以及相关基础设施建设的发展，其经济发展的基本面还是乐观的。此外，随着全球经济环境的好转，加拿大经济增长的外部动力也值得期待。综合来看，虽然加拿大国内外都存在一些风险因素，但总体上可以对其中长期经济增长的潜力持积极态度。①

2. 通货膨胀总体温和，就业形势向好，贸易条件不佳的情况有所改善

2016年，加拿大年度平均通货膨胀率为1.4%。同比增长除1月份的2%和4月份的1.7%比较高之外，其余时间均在1.3%左右徘徊（见图2）。②

2017年，势头又有所改变。其中，1月份同比增长2.1%，2月份同比增长2.0%。如果扣除石油价格上升的影响，2月份通货膨胀

---

① "Economic and Fiscal Overview: Progress for the Middle Class", http://www.budget.gc.ca/2017/docs/plan/overview-apercu-en.html#Toc477707295，最后访问时间：2017年3月31日。
② "Consumer Price Index, December 2016", http://www.statcan.gc.ca/daily-quotidien/170120/dq170120a-eng.htm，最后访问时间：2017年6月19日。

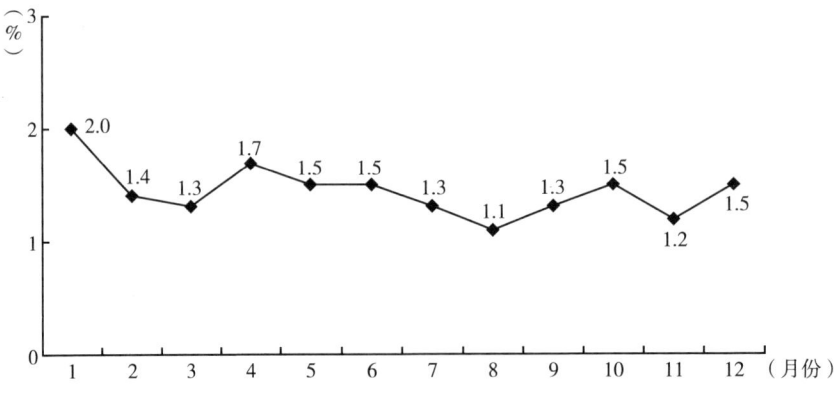

图 2　2016 年加拿大单月通货膨胀率变化情况

资料来源：http：//www.statcan.gc.ca/daily-quotidien/170120/cg-a001-png-eng.htm。

率为1.3%，低于1月份的1.5%。对2017年2月份加拿大通货膨胀率提高影响最大的是交通运输成本和旅游住宿通胀指数（Transportation and Shelter Indexes）的增加。其中，交通运输成本增长6.6%，主要原因在于消费者比上年同期在石油购买上多付了23.1%，对客运车辆的购买也增长了3.6%。此外，由于加拿大在2月份有很多大型体育赛事，相关的住宿成本也增长了6.2%。相比较而言，2月份食品通胀指数则连续下跌，同比下降了2.3%，主要是因为商店食品零售价格下降了4.1%。[1] 加拿大央行认为，其通货膨胀水平有望继续在2.0%的低位运行。在这种情况下，加拿大利率也维持稳定状态，已经连续三年为0.5%。[2]

2016年，加拿大的就业人口一共增加了214000人，增长率为

---

[1] "Consumer Price Index, February 2017", http：//www.statcan.gc.ca/daily-quotidien/170324/dq170324a-eng.htm？HPA=1&indid=3665-1&indgeo=0，最后访问时间：2017年3月24日。

[2] "Policy Interest Rate", http：//www.bankofcanada.ca/core-functions/monetary-policy/key-interest-rate/，2017年3月31日；The Bank of Canada, "Annual Report 2016", http：//www.bankofcanada.ca/wp-content/uploads/2017/03/annualreport2016.pdf, p.14。

1.2%。相对于2015年的就业人口增加155000人和0.9%的增长率，可谓又有了改观。其中，2016年第四季度就业人口增加数量最多，为108888（0.6%），创下了自2010年第二季度以来的最高纪录。2016年12月的失业率比1月下降了0.3个百分点，为6.9%。① 2017年，形势继续向好。1月份，失业率下降到6.8%，2月份又降为6.6%（见图3）。其中，2月份就业人口增加15000人，环比增长0.1%。在行业方面，零售业、公共管理、交通运输和仓储业方面的就业人口增加最多，同比增长率分别为1.3%（35000人）、7.2%（65000人）和3.8%（34000人）②。

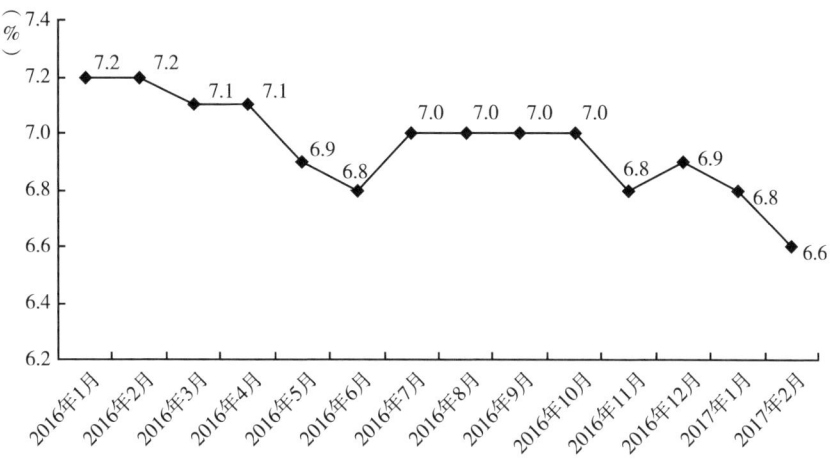

图3　加拿大近期失业率变化情况

资料来源：http：//www.statcan.gc.ca/daily-quotidien/170310/cg-a002-eng.htm。

进出口方面，商品和服务的出口尽管在2016年全年有所波动，但仍然增长了1.1%。其中，服务出口增长4%，商品出口增长

---

① "Labour Force Survey, December 2016"，http：//www.statcan.gc.ca/daily-quotidien/170106/dq170106a-eng.htm，最后访问时间：2017年1月6日。
② "Labour Force Survey, February 2017"，http：//www.statcan.gc.ca/daily-quotidien/170310/dq170310a-eng.htm？HPA=1&indid=3587-2&indgeo=0，最后访问时间：2017年3月10日。

0.5%。进口下降1%，其中，服务进口增长0.2%，商品进口下降1.3%。总体来看，加拿大贸易条件（Terms of Trade）的恶化虽相对于2015年的下降6.9%有所改变，缩为下降2.1%，但依旧不佳。原因在于进口价格上升了1.3%，出口价格下跌了0.9%。[1] 在商品进出口额上，2016年加拿大的商品总出口额为5211亿加元，总进口额为5472亿加元。总体来看，商品贸易逆差比2015年的230亿加元增加了31亿加元。[2] 这种局面已经有所改变。2016年11月起，加拿大开始实现商品贸易顺差。其中，2017年1月，顺差为8.07亿加元，比2016年12月增加了3.6亿加元，商品出口额增长0.5%，约为465亿加元，商品进口额下降0.3%，约为456亿加元[3]（见图4、图5）。

3. 加政府实施大规模基础设施建设和创新改革计划刺激经济增长，财政赤字问题短期内将难以得到解决

加拿大政府计划在未来10年内投入1200亿加元用于公共交通、绿色基础设施（Green Infrastructure）和社会基础设施（Social Infrastructure）方面的建设，以推动经济增长。该计划分为两个阶段。第一阶段聚焦于短期内投资急需的基础设施，比如重建公共交通设施和供水与废水处理系统并使之现代化，建设经济适用房，保护目前的基础设施免受气候变化的影响等。第二阶段的建设则长达8年，其目标也更加雄心勃勃。它首先旨在引导整个国家走向低碳型经济社会，让城市的发展变得更加宜居、高效和可持续，同时将打造更快、更有

---

[1] "Gross domestic product, income and expenditure, fourth quarter 2016", http://www.statcan.gc.ca/daily-quotidien/170302/dq170302a-eng.htm?HPA=1&indid=3278-1&indgeo=0，最后访问时间：2017年3月2日。

[2] "Canadian international merchandise trade, December 2016", http://www.statcan.gc.ca/daily-quotidien/170207/dq170207a-eng.htm，最后访问时间：2017年2月7日。

[3] "Canadian international merchandise trade, January 2017", http://www.statcan.gc.ca/daily-quotidien/170307/dq170307a-eng.htm?HPA=1&indid=3612-3&indgeo=0，最后访问时间：2017年3月7日。

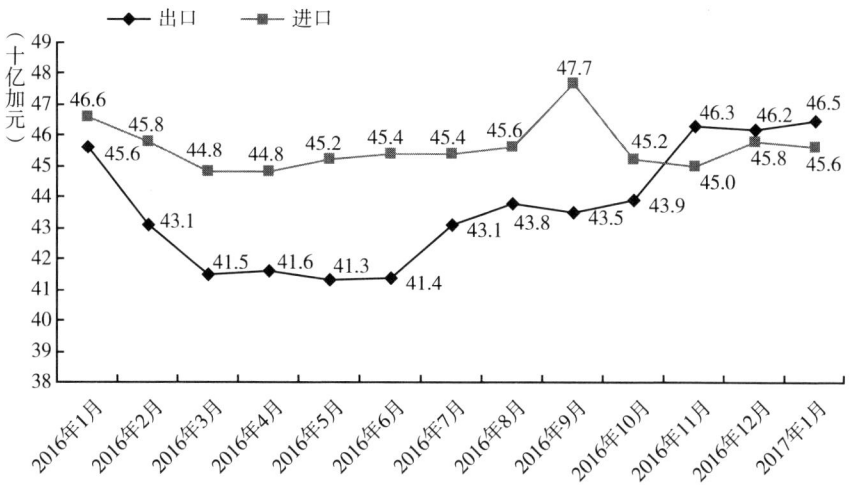

图4　加拿大近期商品进出口形势变化情况（截至2017年2月7日）

资料来源：http：//www.statcan.gc.ca/daily-quotidien/170307/cg-a001-eng.htm。

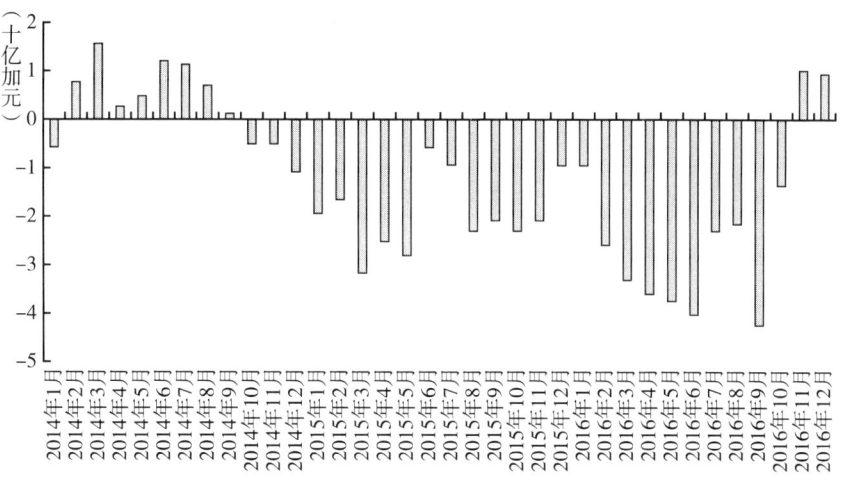

图5　加拿大近3年来贸易平衡度变化情况（截至2017年3月7日）

资料来源：http：//www.statcan.gc.ca/daily-quotidien/170207/cg-a002-eng.htm。

效的贸易走廊，让加拿大出口商完全享受到国际贸易的好处。目前，加政府正积极投入第一阶段的基础设施建设。其2016年的财政预算提出：未来三年内投入34亿加元升级和改善全国的公共交通体系；未来五年内在全国的供水和废水处理系统、绿色基础工程方面投入50亿加元；未来五年内投入34亿加元用于社会基础设施建设，包括经济适用房和社区建设。①

加政府认为，创新是国家实现包容性增长的驱动器，加拿大必须在这个世界潮流中占据一席之地。在2016年度财政预算中，加拿大政府更是明确提出要建设成为世界创新的一个中心。为此，它提出以下几条措施予以推动：（1）加强科研支持力度。自2016～2017年度起三年内投入20亿加元加强高校和科研院所的基础设施建设，提高其设备的现代化程度；自2016～2017年度起，每年额外投入9500万加元支持相关机构和组织进行一流的前沿科学研究，吸引国际人才；继续支持在太空、农业和食品领域的研发；等等。（2）加大对商业增长与企业创新的支持力度。主要措施包括强化创新网络与集群建设、扶持有影响力的企业继续提升、强化机器人行业、帮助中小企业发展、将技术公司推向全球市场、强化旅游业的优势地位、通过关税减免支持制造业、扶持航运业、帮助企业应对不公平贸易等。②

2017年的加拿大经济发展计划基本延续了2016年的政策。为了完成以上目标，加拿大政府拟继续实施经济刺激计划，其财政赤字加剧的局面在短期内将难有改善的迹象，未来五年内联邦政府债务占GDP的比重预期也将在30%以上（见表3）。

---

① "Chapter 2 - Growth for the Middle Class"，http：//www.budget.gc.ca/2016/docs/plan/ch2-en.html#_Toc446106676，最后访问时间：2017年4月1日。
② "Chapter 2 - Growth for the Middle Class"，http：//www.budget.gc.ca/2016/docs/plan/ch2-en.html#_Toc446106676，最后访问时间：2017年4月1日。

表3 加拿大近几年最终预算平衡和联邦债务情况总结与预测

单位：十亿加元，%

年　度	2016~2017	2017~2018	2018~2019	2019~2020	2020~2021	2021~2022
最终预算平衡	-23	-28.5	-27.4	-23.4	-21.7	-18.8
联邦债务（占GDP的比重）	31.5	31.6	31.6	31.5	31.3	30.9

资料来源：http://www.budget.gc.ca/2017/docs/plan/overview-apercu-en.html#Toc477707300。

二 国内政治与社会治理

1. 自由党政治地位稳固，但挑战会越来越多

小特鲁多领导下的自由党在执政后，以快刀斩乱麻的风格改变着加拿大的政治。凭借在国会的绝对多数优势以及反对党的相对式微，自由党能够不受阻碍地制定和通过法律。当然，随着时间的推移，自由党政府所面临的困难将日益增加。特别是在2017年主要反对党保守党和新民主党在完成领导人更替后，有可能对自由党形成更大挑战，特朗普当选美国总统也使加美关系变得更加复杂而微妙。同时，民众对他的热情也已经有所消退，没有上台之初那么高涨。为此，小特鲁多于2017年1月重组了内阁。其中，原国际贸易部部长克里斯蒂娅·弗里兰（Chrystia Freeland）转任外交部部长，此举被外界视为加拿大政府在处理对美、对华和对欧关系上更加重视经贸关系。[1]

恢复公众对于加拿大制度的信心也是摆在政府面前的一大问题。其中，参议院的改革被置于优先地位。哈珀执政时期，有三名参议员

---

[1] Country Report: Canada, February 2017, EIU 国家报告数据库。

被曝在住房和差旅津贴的报销上存在腐败行为。由于他们均由哈珀亲自任命，故这些丑闻不仅让当时的加拿大政府深受困扰，也让参议院本身失去了社会信任。在加拿大，下议院掌握国会的核心权力，参议院并无实质性权力，更像一个荣誉机构。此前，其成员的产生由总理提名，总督委任，无任期限制，直至75岁退休。在实际操作中，由于总理只任命本党派成员为参议员，任人唯亲的色彩非常浓厚。在丑闻发生后，公众对这一制度极为不满，要求将其废除或者改革。对此，哈珀也曾经尝试进行改革，但由于涉及修宪问题，这一尝试在法院干预下最终夭折。① 小特鲁多上台后，将参议员的产生改为由一个独立的跨党派评审委员会推荐，然后再由总理提名和总督推荐。2016年，加拿大政府任命了28名参议员，补充了参议院的空缺席位。10月27日，小特鲁多甚至提名了没有任何党派色彩的参议员，这在加拿大历史上尚属首次。② 然而，即便如此，由于其产生没有经过选举程序，再加上各省的名额分配问题，其任命还是受到质疑。比如，小特鲁多要求各省政府参与参议员的任命改革，但不列颠哥伦比亚省省长简蕙芝就明确表示不同意，理由是不列颠哥伦比亚省人口很多，席位却相对太少。③ 此外，加拿大的选举制度也是广遭诟病。150年来，加拿大一直实行简单多数制，即在众议院选举中，候选人只要在选区获得简单多数就可以胜出，在众议院赢得席位最多的政党组织政府，

---

① 《加拿大议会》，中国人大网，http：//www.npc.gov.cn/npc/xinwen/2011-06/13/content_1658569.htm，最后访问时间：2011年6月13日；《加拿大参议院成鸡肋》，人民网，http：//world.people.com.cn/n/2015/0801/c1002-27395695.html，最后访问时间：2015年8月1日；《加拿大总理首次任命9名无党派参议员》，凤凰网，http：//news.ifeng.com/a/20161028/50170327_0.shtml，最后访问时间：2016年10月28日。

② 《没有办法的办法：特鲁多的参议院改革》，大华网，http：//dawanews.com/article/news/，最后访问时间：2016年3月21日；《特鲁多任命9名非党派参议员 华裔胡元豹入选》，今日温哥华，http：//news.vancouver.today/2016/11/02/，最后访问时间：2016年11月2日。

③ 《丁果：加拿大参议院如果不民选 应当立即关门》，界面新闻，http：//www.jiemian.com/article/950197.html，最后访问时间：2016年11月10日。

其领导人也就成为总理。这一制度的问题在于，当选议员的支持率可能过低，甚至不及选民人数的一半，造成其代表民意的合法性不足。甚至，在全国范围内得票最多的党派也不一定能获得政权。小特鲁多多次承诺对此进行改革。2016年6月，众议院也成立了一个跨党派的委员会对此进行讨论。然而，经过反复研究和调研后，各方还是无法达成共识。2017年2月1日，小特鲁多政府不得不宣布放弃此项改革。①

2. 努力实现包容性增长，社会公平正义度增强

鉴于加拿大以往社会底层收入增长缓慢、中产阶级萎缩、贫富差距日益加大等经济社会发展严重失衡的情况，小特鲁多政府以追求公平正义、努力实现包容性增长作为政府的重要使命。

（1）壮大中产阶级力量

加拿大政府将此列为社会治理领域的头等大事。其主要措施包括以下几方面。

第一，调整税收。自2016年1月1日开始，加拿大年收入在45282加元至90563加元的群体个人所得税率由以前的22%降为20.5%。据统计，有900万处于这个收入阶段的加拿大人因此受益，平均每年每人减税330加元，每个家庭减税540加元。与此同时，加拿大最富有的年收入超过20万加元的群体个人所得税率则由以前的29%升至33%。

第二，制定新的儿童福利措施。自2016年7月起，加拿大对年纯收入低于3万加元家庭的儿童每年每人给予最高额度的补贴，6岁

---

① 《加拿大政府放弃改革现行选举制度的承诺》，新华网，http://news.xinhuanet.com/world/2017-02/02/c_1120400082.htm，最后访问时间：2017年2月2日；Tyler Kustra, Trudeau and allies pledged 1,813 times to reform Canada's elections. Now it won't happen, http://www.washingtonpost.com/news/monkey-cage/wp/2017/02/13/canadians-wanted-their-government-to-reflect-the-national-vote-but-these-reforms-arent-happening/?utm_term=.6316395af9c8，最后访问时间：2017年6月20日；《自由党放弃改革联邦选举制度》，《加拿大商报》网，http://www.todaycommercialnews.com/canada/24908s54#，最后访问时间：2017年2月2日。

以下补贴为6400加元，6~17岁为5400加元。与此同时，加拿大减少对于年收入15万加元的高收入群体家庭儿童的补贴。继续设置儿童伤残抚恤金，相关家庭的每个儿童可享受总计达2730加元的残疾税收优惠。2016~2017年度，加拿大政府对此补贴大约230亿加元，90%的家庭（超过320万户）每户因此受益将近2300加元，40%的儿童将脱贫，整个加拿大2017年贫困儿童人口也将减少30万。

第三，帮扶青年。一是加大对处于后中等教育阶段（Post-Secondary Education）学生的资助力度。首先，改革学生贷款的认定、偿还和补贴机制，废除教育和教科书税收抵免政策，帮助中低收入家庭出身的大学生减轻债务负担，比如年收入低于25000加元的学生就可以无须偿还贷款。其次，从2016年起，加拿大政府计划五年内每年投入约15.3亿加元，将大学生奖学金额度提升50%。其中，低收入家庭学生由2000加元提升至3000加元，中等收入家庭学生由800加元提升至1200加元，非全日制学生则从1200加元提升至1800加元。据估计，有24.7万名低收入家庭学生、10万名中等收入家庭学生和1.6万名非全日制学生因此受益。此外，联邦政府也计划自2016年起，在未来4年内拿出7.9亿加元资金，联合地方政府给中低收入家庭的学生提供无偿助学金，并扩大资助面。二是加大对青年人的就业扶持力度。加政府实施了青年就业战略，计划每年投入约3.3亿加元帮助他们获得与提升就业质量有关的技巧、能力和就业经验培训，其中2016年度额外投入1.654亿加元。包括专门帮助他们增加就业体验的暑期实习项目和青年社会服务项目，表明高层重视其工作的总理青年理事会项目，专门检查评估该工作的青年就业专家委员会项目以及校企对接项目，等等。

第四，改进社会就业保险。措施包括：自2016年7月起，加拿大新就业和再就业人员的社会保险申请准入门槛降低，大约5万人因此受益；优化管理，提升就业保险申请的服务质量，其申请等待期由之前的两周缩减为一周；在国内失业率较高的12个地区延长就业保险的资助时间；帮助雇主和员工延长就业合同以降低失业风险和再聘用成本；等等。

第五，加大对全社会职业技能培训的资助力度。加政府计划在2016~2017年度，在原有每年24.5亿加元的基础上，额外投资1.25亿加元用于和省、地区政府联合完成劳动市场发展协议（Labour Market Development Agreements），另外投入0.5亿加元用于加拿大工作资助协议（Canada Job Fund Agreements），以确保加拿大民众能够具有足够的职业技能以寻求更好的工作机遇。加强对学徒培训联盟（Union-Based Apprenticeship Training）的支持力度，加拿大政府计划自2016~2017年度开始，在未来五年内，每年投入8540万加元。加大对北部地区的成人基础教育投资力度，鼓励熟练劳工去北部和偏远社区就业。对教师和幼儿教育人员的办公用品实施税收减免政策，以帮助改善学校教育环境等。[①]

（2）改善土著居民发展条件

在小特鲁多政府看来，国家和土著人的关系非常重要。目前，加拿大梅蒂斯和因纽特人等并未享受加拿大其他人种同等质量的生活，其代际性贫困也让加拿大经济发展受阻。为了改变这种情况，小特鲁多政府决心自2006年起，在未来五年内投资84亿加元，帮助其加快发展。内容涉及加强社区居民组织建设、推动当地中小学教育发展、改善儿童福利、实施土著居民就业培训战略、投资当地基础设施建设、改善当地社区环境、支持土著居民住房建设、帮助当地发展语言文化、进行法律金融援助和扶持渔业企业等方面。[②]

[①] "Chapter 1 - Help for the Middle Class", http：//www.budget.gc.ca/2016/docs/plan/ch1-en.html，最后访问时间：2017年3月27日。

[②] "Chapter 3 - A Better Future for Indigenous Peoples", http：//www.budget.gc.ca/2016/docs/plan/ch3-en.html#_Toc446106722，最后访问时间：2017年3月27日。

(3) 实施专门的包容性和公平建设计划

内容包括六个方面：第一，提高老年人生活质量。自2016年7月起，每年投入6.7亿加元为单身老人增加担保收入保证金（Guaranteed Income Supplement），约有90万单身老人因此受益；将养老金领取的法定年龄由之前的67岁恢复到65岁，领取老年补助津贴的年龄由62岁恢复到60岁；对因不可抗力分居的老年夫妇实施额外补助；引进新的老年金指标体系，根据生活成本的变化调整其发放额，以确保老年人生活质量不受影响。第二，加强对加拿大老兵的支持力度。自2016年起，未来五年内每年拨款7810万加元，改善对老兵的日常生活服务；对在服兵役期间造成伤残的老兵予以额外资助，加政府计划自2015~2016年度起的六年内，总计投入56亿加元；对已故退伍军人的丧葬事宜予以补助；对与战争相关的社区纪念项目予以资助；等等。第三，强化医疗卫生体系建设。自2016~2017年度起的三年内，向官方资助的非营利组织——加拿大卫生保健促进基金会（Canadian Foundation for Healthcare Improvement）提供3900万美元，以支持它推动医疗卫生体系创新。自2016~2017年度起的两年内，给予加拿大医疗资讯网（Canada Health Infoway）这一平台5000万美元的资助，以支持它推动加拿大医疗的信息化建设。其他支持项目还包括推动食品营养与安全工作、抗癌、心脏保健、医疗免疫和脑震荡治疗预防等方面的专项投入。第四，改进司法体系，帮助弱势群体得到更好的司法服务。第五，投资艺术与文化。加政府计划自2016年起的未来五年内，投入19亿加元加强电影、广播、电视、博物馆和相关文化产业的建设。第六，加强公共安全建设，未来三年其投入为64.67亿加元。①

就2016年的实施效果而言，该计划的确提高了加拿大的社会公

---

① "Chapter 5 - An Inclusive and Fair Canada", http：//www.budget.gc.ca/2016/docs/plan/ch5 - en.html#_Toc446106780，最后访问时间：2017年3月28日。

平度，也改善了国民生活质量。在 2017 年的财政预算计划中，以上内容依旧是小特鲁多政府关注的重点。可以预见，只要能够处理好社会福利政策与财政赤字之间的关系，加拿大兼顾经济发展和社会公平的前景将会更加光明。

3. 国内安全形势稳中有忧，小特鲁多政府谋求改进国家安全政策框架

加拿大统计局 2016 年 7 月 20 日公布的数据显示，加拿大 2015 年的犯罪严重指数（Crime Severity Index）为 69.71（以 2006 年为 100 衡量），同比增长了 4.51%，阿尔伯塔省最高（17.89%），新不伦瑞克省（11.73%）和西北领地（10.19%）紧随其后。其中，暴力犯罪严重指数（Violent Crime Severity Index）为 74.48，同比增长了 5.65%，西北领地最高（28.11%），纽芬兰－拉布拉多（14.59%）和阿尔伯塔省（11.72%）分居其后。就发展趋势而言，加拿大国家层面的这两项指标都改变了自 2011 年以来不断下降的情况（见表4），引起了各方关注。①

自 2014 年 10 月国会山袭击案以来，加拿大反恐形势并未得到有效改善。在 2016 年的国家反恐报告中，加拿大政府认为国家所面临的恐怖威胁层次依旧为中等层次，即国内恐怖主义暴力袭击的风险继续存在。在 2015 年年末，加政府意识到大约 180 名加拿大人在海外可能参与了与恐怖主义相关的活动，有 60 多名极端主义分子潜入国内。2017 年 1 月 29 日晚上，魁北克省首府魁北克市伊斯兰文化中心发生枪击事件，造成 5 人死亡。②

---

① 《加拿大全国犯罪率 12 年来首次上升》，中华人民共和国商务部网站，http://www.mofcom.gov.cn/article/i/jyjl/l/201608/20160801376193.shtml，最后访问时间：2016 年 8 月 10 日。
② 2016 Public Report on the Terrorist Threat to Canada，http://www.publicsafety.gc.ca/cnt/rsrcs/pblctns/2016 - pblc - rpr - trrrst - thrt/2016 - pblc - rpr - trrrst - thrt - en.pdf，最后访问时间：2017 年 6 月 20 日。

表4 2011～2015年加拿大犯罪相关情况统计（2006年=100）

项　目	2011年	2012年	2013年	2014年	2015年
犯罪严重指数	77.6	75.43	68.78	66.70	69.71
犯罪严重指数变化率(%)	-6.44	-2.8	-8.82	-3.02	4.51
暴力犯罪严重指数	85.72	81.86	73.87	70.50	74.48
暴力犯罪严重指数变化率(%)	-3.92	-4.5	-9.76	-4.56	5.65

资料来源：Table 252 - 0052, Crime severity index and weighted clearance rates, Annual, http://www5.statcan.gc.ca/cansim/a26?lang=eng&retrLang=eng&id=2520052&&pattern=&stByVal=1&p1=1&p2=37&tabMode=dataTable&csid=；Crime Severity Index, by province and territory, 2015, http://www.statcan.gc.ca/tables-tableaux/sum-som/l01/cst01/legal51a-eng.htm。

对此，小特鲁多政府将致力于建设一个安全与富于活力的加拿大作为国家安全政策的战略目标。在其整个国家安全政策构想中，国民安全（National Security）、边界战略（Border Strategies）、打击犯罪（Countering Crime）和应急管理（Emergency Management）为四大支柱，其预算投入额度参见表5。在国民安全政策项目领域，加政府将重点放在以下几个方面。

首先，加强对国民安全政策项目的领导，内容包括改进国内反恐措施、对外国投资加强国家安全审查、设置国民安全的优先议程、统筹国内外协作和促进国民对安全问题的跨文化对话等，2016～2017年度计划投入13320068加元。其中最大的亮点是2016年9月至12月，小特鲁多政府发起了加拿大历史上首次国家安全全民咨询运动，特别是对《反恐法2015》所涉及的国家安全利益与公民自由权利关系在全社会范围内广泛征求意见。其次，加强关键基础设施建设（Critical Infrastructure）网络安全工作。

此外，在边界战略领域，小特鲁多政府的目标是通过在边界进行有效安全的管理，保障加拿大国民的安全与经济福利，重点为保护移民、难民与游客连续体的完整性,加美边界管理以及参与相关的跨边界法律合作论坛,等等。在打击犯罪领域,小特鲁多政府希望通过联邦、省、地区和社区的共同协作来减少犯罪的发生,主要工作侧重在预防犯罪和强化对法律执行的领导方面。在应急管理领域,小特鲁多政府也特别强调防范(Prevention/Mitigation)、准备(Preparedness)、反应(Response)和恢复(Recovery)这四个环节的作用。

值得注意的是,在国内安全形势和经济发展问题并未完全好转的情况下,小特鲁多政府尝试改变《反恐法2015》中因为反恐执法部门权力相对较大和公民自由权相对受限的情况,并对外资加强安全审查力度,极有可能产生既有的问题没有解决,又带来新困扰的风险。

表5 2016~2017年度加拿大国家安全投入预算

单位:加元

国民安全	边界战略	打击犯罪	应急管理
30655523	3730870	210453512	801835100

资料来源:http://www.publicsafety.gc.ca/cnt/rsrcs/pblctns/rprt-plns-prrts-2016-17/index-en.aspx。

三 外交政策与国家形象

1. 强化经济外交,加拿大与中国、欧洲关系升温,加美关系相对停滞

相对于哈珀,小特鲁多的外交政策更加多元和开放,2016年3月16日,小特鲁多宣布加拿大参选联合国安理会非常任理事国席位

（任期从2021年开始），就是其标志性的举措。此前在2010年，哈珀政府由于外交上的极端主义和误判，不仅导致加拿大在国际社会处于孤立状态，也让自己在联合国安理会"非常"选举中输给葡萄牙。小特鲁多上台后则明确表示，寻求在联合国安理会中的席位，是他和他的政府修复加拿大与国际社会关系的一部分①，这无疑会受到国际社会的欢迎。小特鲁多外交上的最大亮点是务实，他将发展经济作为首要任务，其他工作统筹并进，这在其对华和欧盟政策中表现得最为突出。

中国是加拿大第二大贸易对象国。2015年，中加双边贸易额为858亿加元，比2014年增长10.1%，双边相互直接投资额为330亿加元。小特鲁多政府将与中国发展更为有力、更为稳定和更为长期的关系放在优先位置。加方认为，与中国建立更为友好的关系将给两国的经济联系带来新的潜力，有助于加拿大中产阶级的发展，为加拿大商业的发展带来新机遇。②小特鲁多强调，"中国在当今世界经济复苏发展中正发挥'领导核心'作用，世界的成功与中国的成功密不可分，任何忽视和弱化对华关系的行为都是'短视和不负责任的'"。③早在2015年接受习近平主席会见时，小特鲁多就明确表达了"加拿大希望全方位深化同中国的友好合作关系"的愿望。④2016

---

① 《加拿大寻求联合国安理会席位　修复与国际社会关系》，中国新闻网，http://www.chinanews.com/gj/2016/02-12/7754276.shtml，最后访问时间：2016年2月12日；《内外不得人心　哈珀黯然谢幕》，大公网，http://news.takungpao.com/paper/q/2015/1021/3221414.html，最后访问时间：2015年10月21日。
② Prime Minister Deepens Understanding and Ties between Canada and China during First Days of His Official Visit, September 1, 2016, http://pm.gc.ca/eng/news/2016/09/01/prime-minister-deepens-understanding-and-ties-between-canada-and-china-during-first.
③ 《加拿大总理特鲁多：世界的成功与中国的成功密不可分》，中华人民共和国驻加拿大大使馆网站，http://ca.china-embassy.org/chn/zjwl/t1393949.htm，最后访问时间：2016年9月2日。
④ 《习近平会见加拿大总理特鲁多》，人民网，http://cpc.people.com.cn/n/2015/1117/c64094-27822527.html，最后访问时间：2015年11月17日。

年8月30日至9月6日,在参加G20杭州峰会之前,小特鲁多就开启访华之旅,到访中国北京、上海、杭州和香港。在北京,小特鲁多和中国领导人的会谈重点是双边贸易和投资,涉及清洁能源发展和清洁技术、环境问题、地区和平与安全、深化两国公民联系、政府"良治"与法治等诸多领域。9月1日,两国企业签署56项新的商业合同与协议,价值12亿加元。9月2日,中加发布联合新闻稿明确表示,"同意按照相互尊重、平等互利的原则,深化相互了解与信任。双方同意拓展包括法治在内的务实合作与交流,以建设性方式处理分歧和敏感问题。双方同意共同努力开辟中加战略伙伴关系发展新局面"。两国签署了十四项合作协议,包括建立两国总理年度对话机制、中方欢迎加拿大申请加入亚投行、开始两国高级别国家安全与法治对话机制以及其他加强经济关系、扩大人文交流和深化司法合作方面的举措。[①] 9月21日至9月24日,李克强总理访问加拿大,双方发布《中加联合声明》,进一步表明双方同意"采取进一步行动开创中加战略伙伴关系发展新局面",重申小特鲁多访华期间两国高层达成的共识,宣布双方合作领域的新进展和签署的新合作文件,总计达29项,其中以同意启动中加自由贸易协定探索性讨论为重要亮点。[②]

欧盟是加拿大第二大贸易伙伴,在加拿大招商引资的21个优先对象国中,有11个国家是欧盟成员国。2016年10月30日,小特鲁多和欧洲理事会主席唐纳德·图斯克、欧盟委员会主席让·克洛德·容克正式签署《综合经济及贸易协议》(Comprehensive Economic and Trade Agreement,CETA)与《战略伙伴关系协议》(Strategic

---

[①] 《中华人民共和国和加拿大联合新闻稿(全文)》,中华人民共和国驻加拿大大使馆网站,http://ca.china-embassy.org/chn/zjwl/t1393953.htm,最后访问时间:2016年9月2日。
[②] 《中华人民共和国和加拿大联合声明(全文)》,中华人民共和国驻加拿大大使馆网站,http://ca.china-embassy.org/chn/zjwl/t1400771.htm,最后访问时间:2016年9月24日。

Partnership Agreement，SPA）。双方希望 CETA 的签署能够带来数十亿的双边贸易与投资，为消费者提供更多选择和更低价格以及为中产阶级创造更多就业机会。SPA 则旨在提升双方在能源、环境、气候变化、移民、反恐、维和以及其他领域的多边合作。

对于加拿大而言，CETA 有以下好处：（1）商品贸易。协议实施之日起，加拿大出口到欧盟的商品免税细目（Tariff Lines）将由之前的 25% 增加到 98%，此外还有 1% 将最长在七年内取消。（2）海关和贸易便利化。通过利用商品的出产地规则或者关税分类方法、边界通关手续的自动化与创建透明的客服投诉体系等办法，加拿大出口欧盟商品的通关时间将会减少，企业成本也将因此降低。（3）产品合格评定（Conformity Assessment）程序简化。加拿大特定部门的产品可以在本土根据欧盟的标准进行评估和认定，双方同意未来继续协商增加相关产品的名单。（4）服务贸易准入。加拿大的服务提供商可以比欧盟之前授权的任何伙伴都更便捷地进入其市场。不仅如此，欧盟给予加拿大服务商的待遇不低于其目前或者未来任何自贸伙伴的待遇。欧盟未来任何有益于加拿大服务商进入其市场的相关制度和法律的变化都将自动适用于加拿大。目前，欧盟是世界服务行业的最大进口商，仅 2015 年，欧盟就进口 9360 亿加元的相关产品，有 1650 亿加元来自加拿大。其中，管理、金融、信息与交流技术是欧盟最为重要的服务进口产品，它同样也是加拿大对欧盟的优先出口商品。（5）劳动力流动。一些会导致商务人员进出双方的时间耽搁与管理成本上的限制被优化。而此前，已有许多欧盟成员国比照欧盟最近对其他贸易伙伴的待遇，给予加拿大专业人员如建筑师、电脑分析员、短期商务访问人员、投资者和技术员等相应待遇。（6）职业资格认定。双方在一些领域制定了详细的框架进行职业资格互认，同时对一些外国部门职业资格的认定也将简化。（7）政府采购。在公共基础设施，如气、电、热、水务、公交和铁路等部门，加拿大有新的渠道进入欧盟地方政府的采购系统。① 在加拿大看来，CETA 将会为它提供接近欧盟 5 亿消费者市场的机遇。加拿大工人将因增加进入欧盟市场的机会而受益，其市场价值达每年 200 亿美元。小特鲁多对此评价道，"CETA 的签署是（具有）历史意义的一刻"，它将会"为从纽芬兰和拉布拉多的渔夫，到魁北克的航空工人，从安大略的组装汽车从业人员到英属哥伦比亚的森林业工人，到西北地区的矿工等，加拿大经济的绝大部分部门提供重要收益"。"加拿大－欧盟关系建立在共同价值观、长期合作和社会密切联系的基础上，两大协议的签署为双方在未来建立更加深入的关系提供了舞台，也将会促进大西洋两岸中产阶级的发展。"小特鲁多访问欧盟期间，双方还发表了一份联合声明，阐述双方未来数年聚焦的关键领域和责任，声明双方的共同价值观与利益，包括和平、民主、繁荣、人权保护、法制、环境、包容与文化多样性等。② 可以说，小特鲁多上台以来，加欧关系得到了突破性发展。

相对而言，2016 年加美关系显得相对平淡，并无特别亮点，甚至出现某种程度的裂痕。在经贸关系领域，小特鲁多政府对奥巴马的 TPP 计划本来就没有哈珀政府那么积极，随着特朗普上台后宣布 TPP 作废，再加上他的贸易保护主义倾向，两国经贸关系在短期内似乎难有新的重大进展。在安全问题上，虽然小特鲁多在乌克兰问题上和奥巴马政府保持一致，坚持对俄罗斯进行制裁，但随着特朗普表示要修复美俄关系，加拿大政府的处境也变得尴尬起来。此外，小特鲁多宣布结束加拿大军队在叙利亚的空袭行动，也让美国

---

① Benefits of the Canada-EU Comprehensive Economic and Trade Agreement, October 30, 2016, http：//pm. gc. ca/eng/news/2016/10/30/benefits－canada－eu－comprehensive－economic－and－trade－agreement.

② EU-Canada Summit Joint Declaration, October 30, 2016, http：//pm. gc. ca/eng/news/2016/10/30/benefits－canada－eu－comprehensive－economic－and－trade－agreement.

有诸多抱怨。在难民问题上，小特鲁多宣布接收2.5万叙利亚难民与特朗普政府的限制移民令更是形成鲜明对比。2017年4月，特朗普政府决定与加拿大、墨西哥两国就"对美国不公平的"北美自由贸易协定重新谈判，美加之间可能会再添不确定因素。① 但是总体来看，加美关系的整体格局不会改变，双方仍旧是"最亲密的伙伴、盟友和邻居"，没有任何国家和组织可以取代美国在加拿大外交政策中的核心地位。仅从经济角度来看，每天有超过24亿加元的商品与服务跨越两国边界，2015年双边商品与服务贸易额就达到8800亿加元，其中，加拿大对美国的出口额为4500亿加元，占其对外出口总额的72%以上。过去十年中，美国对加拿大的直接投资额涨幅超过40%，达3600亿加元，占加拿大2014年所吸收直接投资的近50%。②

另外值得注意的是，为了应对国内老龄化对经济增长的负面效应，加拿大政府计划在2016年接受30万移民的基础上，2017年继续将该数字保持在30万。但实际上，国内对于这个指标是否足够仍存异议，加政府经济增长咨询委员会就曾建议将该数字在未来5年内提升至45万。③ 目前，加拿大移民局也制定了更具吸引力的留学移民政策。

2. 强化多边反恐合作，积极对外援助与应对气候变化

在反恐问题上，加拿大政府除了在国内加强对恐怖主义的司法管控手段之外，还积极参与国际反恐合作。小特鲁多政府强调

---

① 鹿琦：《重谈自贸协定 美向加墨施压》，人民网，http://paper.people.com.cn/rmrbhwb/html/2017-04/29/content_1770515.htm，最后访问时间：2017年4月29日。
② Fact sheet: Canada – United States: Neighbours, Partners, Allies, March 10, 2016, http://www.pm.gc.ca/eng/news/2016/03/10/fact-sheet-canada-united-states-neighbours-partners-allies.
③ 《加拿大明年起每年接收30万新移民》，新华网，http://news.xinhuanet.com/world/2016-11/01/c_1119827955.htm，最后访问时间：2016年11月1日。

要重新重视加拿大在国际反伊斯兰国联盟（The Global Coalition to Counter Daesh）中的角色。加拿大为解决伊拉克、叙利亚、黎巴嫩和约旦等国的恐怖主义问题提出了一个为期3年总计达16亿加元的支持计划，其重点在军事参与、阻止恐怖分子跨国流动、切断伊斯兰国活动资金、推动当地社会稳定建设与对抗伊斯兰国的恐怖主义意识形态等方面。截至2017年3月31日，加拿大政府虽未直接参加军事打击行动，但是加大了在伊拉克和叙利亚的军事接触力度，比如加在伊拉克安全部队的军事顾问团规模扩大了3倍。同时，加拿大还参加了旨在中东、北非、东非、西非和东南亚等地，为缺乏应对恐怖活动的资源和专业能力的相关国家提供训练、设备、技术和法律援助的国际反恐能力建设项目（Counter-terrorism Capacity Building Program），并视其为加拿大预防国际恐怖主义活动的关键部分。[①]

对外援助与全球治理在加拿大外交议程中占有重要地位。2014～2015年，加拿大对外援助的总额为58亿加元，相当于每个加拿大人163加元。它占联邦预算总额的2%，占国民生产总值的0.28%。加拿大是OECD发展援助委员会（Development Assistance Committee，DAC）的第8大双边援助国。加拿大将27%的援助给了最不发达国家，高于OECD-DAC的平均水平23%，低于美国的32%、日本的31%，位于全球第五位。从区域来看，加拿大援助非洲占比最高，为40.8%；亚洲其次，为28.5%；欧洲第三，占10.1%；美洲排名最后，为9.89%（见图6）。从国别来看，加拿大十大对外援助国家分别为：乌克兰（5.11亿加元）、阿富汗（2.03亿加元）、埃塞俄比亚（1.94亿加元）、坦桑尼亚（1.74亿加元）、巴基斯坦（1.61亿加

---

① 2016 Public Report on the Terrorist Threat to Canada, http：//www.publicsafety.gc.ca/cnt/rsrcs/pblctns/2016 - pblc - rpr - trrrst - thrt/2016 - pblc - rpr - trrrst - thrt - en.pdf，最后访问时间：2017年6月20日。

元)、马里(1.53亿加元)、孟加拉国(1.43亿加元)、越南(1.33亿加元)、南苏丹(1.29亿加元)和印度(1.28亿加元)(见图7)。近几年,加拿大在对外援助活动中特别注意对女性进行扶持。2005~2006年,加拿大将54%的援助聚焦于女性,2014~2015年,该数据提升至70.1%。2014年,加拿大是全球第七大人道主义援助国(2004年为第14名),贡献了该年度全球245亿美元人道主义援助的3%。人道主义援助也是加拿大对外援助增长最快的部门,比其他任何部门所占的比例都大。健康部门同样是加拿大对外援助所关注的一个重点,所占比例为全球的3%。2015年,人道主义援助和健康援助占了其对外援助总额的42%。① 在难民接收方面,加拿大在2016年也是仅次于美国(84995人)的国家,为46700人,打破了其1980年接收40271人的纪录。加拿大接收的难民主要来自叙利亚(33266人)、厄立特里亚(3934人)、伊拉克(1650人)、刚果(1644人)和阿富汗(1354人)。② 实际上,加拿大政府2016年计划接收难民为55800人,2017年该计划为40000人。③ 在全球治理上,小特鲁多改变了哈珀退出《京都议定书》的政策,于2016年签署《巴黎协定》,承诺减少温室气体排放,并"在未来五年投资25亿6000万美元,用以支持发展中国家走上一条更加清洁和更可持续的增长道路"。④

---

① Canada in International Development: Data Report 2016, The Annual Publication of the Canadian International Development Platform, http://cidpnsi.ca/data-report-2016/, pp.12-18,最后访问时间:2017年6月20日。
② 《加拿大2016年接收4.7万难民 创40年纪录》,温哥华天空网,http://www.vanskyca.com/news/jgxw/120060.html,最后访问时间:2017年4月24日。
③ Canada to Let 300,000 Immigrants Enter Country in 2017, 31 October, 2016, http://www.theguardian.com/world/2016/oct/31/canada-immigration-quota-2017.
④ 《加拿大总理特鲁多签署巴黎协定 承诺未来五年提供25亿美元支持发展中国家实现绿色增长》,联合国新闻中心,http://www.un.org/sustainabledevelopment/zh/2016/04/canada-promise/,最后访问时间:2016年4月22日。

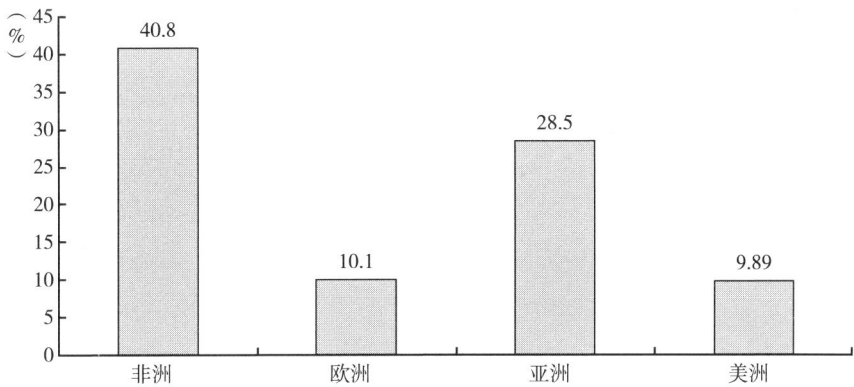

图 6　2014～2015 年加拿大对外援助区域分布情况

资料来源：Canada in International Development：Data Report 2016, p.14。

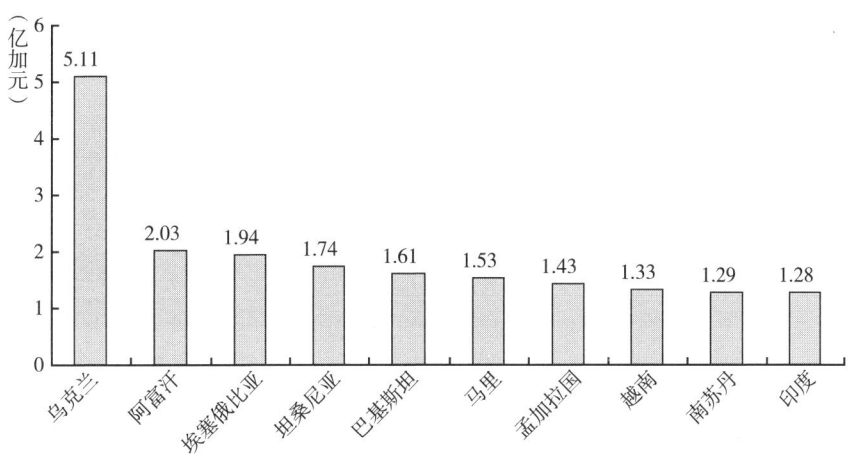

图 7　2014～2015 年加拿大十大对外援助国家

资料来源：Canada in International Development：Data Report 2016, p.16。

3. 整体国际形象良好，国家声誉度较高

加拿大整体国际形象依旧维持着良好势头。在国际声誉研究所2016年度的国家声誉报告中，加拿大位居全球第二（见图8）。其中，幸福指数为第6位，和平指数为第7位，在全球最不腐败国家中

位居第9，政府管理效力为第5位，环境吸引力指数为第1位，经济发达指数为第6位，旅游意愿指数为第1位，投资意愿指数为第3位，生活意愿指数为第2位，工作意愿指数为第2位，购物意愿指数为第4位，学习意愿指数为第1位，参与/组织意愿指数为第2位。①

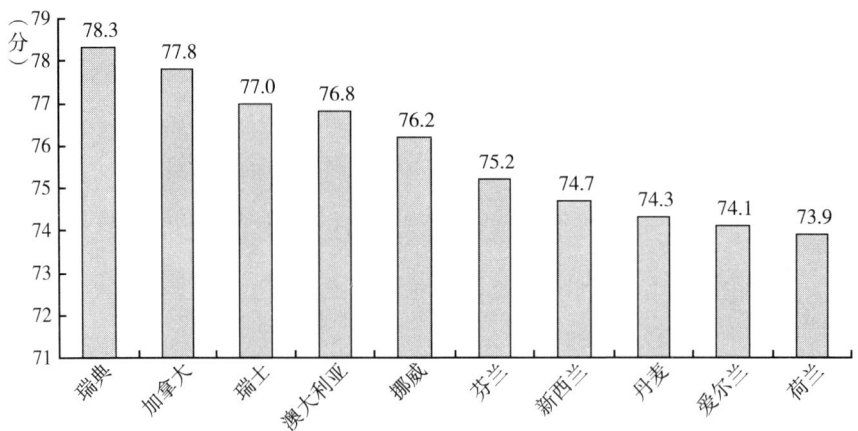

图8 国际声誉研究所2016年度世界十大声誉最好的国家排名

注：加拿大2014年度排名世界第二，2015年度排名世界第一。
资料来源：2016 Country RepTrak, The Most Reputable Countries in the World, p.9。

在总部位于纽约的战略咨询公司BAV和宾夕法尼亚大学沃顿商学院于2017年发布的"最好国家"排名中，加拿大在全球80个国家中位居第二（见图9）。主要指标如下：旅游探险指数4.1分（第19位），公民权9.6分（第4位），文化影响力4.9分（第11位），企业家精神8.4分（第7位），文化传统2.5分（第41位），流动人口3.1

---

① 2016 Country RepTrak: The Most Reputable Countries in the World, http://www.reputationinstitute.com/CMSPages/GetAzureFile.aspx?path=~\media\media\documents\country-reptrak-2016.pdf&hash=5a4232c6bfda0af12fca90660d5f8d18a657ac230d062e34e0bb589c0d3c1538&ext=.pdf, pp.19-36，最后访问时间：2017年6月20日。

分（第38位），商业开放性8.5分（第7位），国家权力4.2分（第12位），生活质量10分（第1位）。其中，在公民权的二级指标方面，加拿大尊重知识产权10分，进取心8.9分，社会信任度10分，性别平等9.1分，政治权力均匀度7.2分，环境关怀度8.4分，人权关怀度10分，宗教自由10分；在生活质量的二级指标方面，经济稳定性9.9分，就业市场良好度10分，可负担性0.8分，安全性9.7分，政治稳定性10分，家庭氛围8.9分，公共教育发达程度10分，公共卫生体系发达程度9.6分，收入平等性6.8分。①

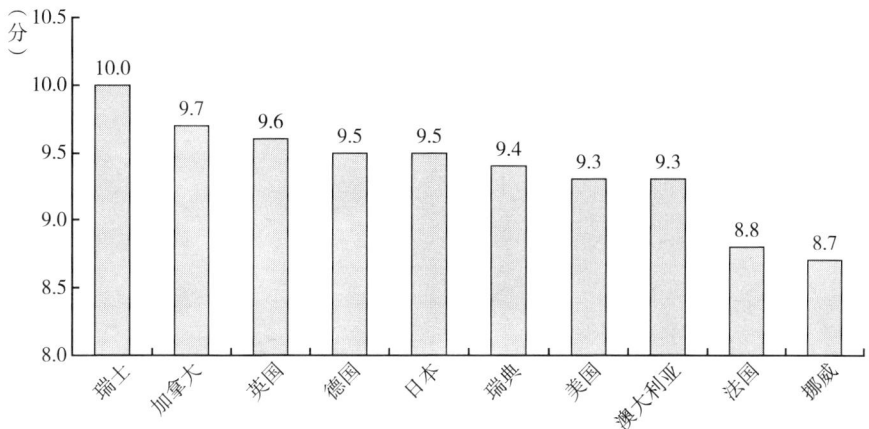

图9 2017年全球"最好国家"排名

注：加拿大2016年在60个国家中排名全球第二。
资料来源：2017 Best Countries：Ranking Global Performance。

四 结语

整个2016年，美国和西欧大陆充满着失序气氛，深受经济不振、

---

① 2017 Best Countries：Ranking Global Performance，http://www.usnews.com/news/best-countries/canada，最后访问时间：2017年6月20日。

恐袭不断、失业严重等问题的困扰，社会矛盾激化。相对而言，加拿大在西方世界里"风景独好"：经济发展回暖，政治秩序稳定，社会公平度有所提高，经济外交取得突破，国家形象位居前列。当前，尽管财政赤字、选举改革等问题对小特鲁多的形象有影响，民众对小特鲁多支持率比2017年年初又下降了5个点，但56%的比例仍足以保证其政府凝聚人心和鼓舞信心。民调甚至显示，如果加拿大马上开始新一轮联邦大选，小特鲁多所在的自由党依然可以胜出，这与加拿大2015年的联邦大选结果并无二致。① 可以预期，在今后的时间里，只要小特鲁多政府继续对内实施既有的稳健发展政策，对外继续坚持多元主义和务实的方针，加拿大社会发展和国际地位的前景都值得期待。

---

① Rahul Kalvapallé, Justin Trudeau would win another federal election tomorrow: Ipsos poll, April 1, 2017, http://globalnews.ca/news/3350202/trudeaus-approval-ratings-down-ever-so-slightly-but-still-strong-ipsos-poll/.

分 报 告
Study Reports

B.2
2016年加拿大政党政局

唐小松[*]

摘　要： 2016年是对自由党政府的第一个考验年。以走向"真正的变革"（Real Change）为口号上台的小特鲁多，在这一年里实施了全方位调整。总体来说，上台一年多以来，小特鲁多获得了超长的政治"蜜月期"。之后，由于各种"大事"的冲击，民众对于联邦政府、自由党以及总理小特鲁多本人的支持率都有所下降，但小特鲁多和自由党政府的支持率总体上依然较高。在此背景下，最大反对党保守党2017年的党首选举格外引人注意。哈珀辞去党首一职后，保守党内先后出现了十几位类型各异的候选人，竞争

---

[*] 唐小松，博士，广东外语外贸大学加拿大研究中心主任、教授。研究方向为加拿大政党政治、中加关系。

激烈。最后安德鲁·希尔胜出,成为小特鲁多的新对手。同时,其他无力竞争国会大选的政党开始寻求诸如联合政府的模式,争取在地方治理上有更多的话语权。

关键词: 自由党 小特鲁多 保守党 安德鲁·希尔

小特鲁多以"真正的变革"(Real Change)为口号上台执政已一年有余,加拿大民众对小特鲁多从一开始就寄予厚望,而他上台以来也的确大刀阔斧地实践着他的"变革",带领自由党政府重塑加拿大政治,对经济、政治、外交政策都进行了较大的调整。这一过程初期带来了一段超长的"蜜月期",自由党政府和总理本人的支持率持续上升并维持了较长时间。不过,大力度的改革措施很难在短期看到效果,并且伴随着一定的负面影响,例如财政赤字政策、难民问题、国内法案法律的修订等,所以"蜜月期"之后,加拿大民众开始对小特鲁多政府的改革政策及其后续政策表示出一定的质疑,这也直接体现在执政一年多之后对小特鲁多稍有下降的支持率上。而同时,保守党、新民主党等反对党的支持率则相应上升。其中,自由党的死敌、最大反对党保守党更是迎头赶上。尤其在其即将选出新党首的情况下,民众似乎又开始将一部分希望转移到保守党身上,这给自由党政府带来一定的压力,毕竟保守党也是有实力的政党,并且铆足了劲,希望在下一届大选上一雪前耻。

一 自由党:超长"蜜月"后仍需后劲

2015年10月,加拿大民众抱着对"真正的变革"的渴望,对小特鲁多及其自由党寄予极高的期望,将其推上总理宝座。之后,小特鲁多政府开始实施各种大刀阔斧的改革政策,即旨在帮助国内中产阶级崛起的财政、福利、基础设施建设等政策。同时，小特鲁多政府迅速实施积极的对外政策，如停止对ISIS的轰炸、接收难民、积极稳定加美关系、加快与欧盟和中国的自贸协定谈判等。这一系列内外政策的发布和实施，令民众对这位年轻总理和他的政府的决心与魄力刮目相看，因此出现一段较长的政治"蜜月期"。在2016年整整一年里，民众对于自由党和小特鲁多本人的支持率都居高不下。

2016年2月，执政百日后的民调显示，自由党支持率从刚当选时的39%上升到49%。[1] 而根据2016年第二季度加拿大国内各项民调的平均数据，自由党政府支持率连续三个月走高，达到46.7%，比大选时上升了7.2个百分点，保守党则下降了2.8个百分点，其他党派也各有变化（见表1）。有56.3%的选民认为小特鲁多作为加拿大联邦政府总理的表现不错，各省对他的支持率也都持续上升，即使在关键的魁北克省以及保守党大本营的阿尔伯塔省，自由党的支持率也都分别上升了12个和7个百分点。[2] 其他民调也得出类似的结果，例如，根据加拿大雷热市场调研公司（Léger Marketing）2016年6月初的民调显示，有51%的魁北克省选民依然愿意把票投给自由党，对于小特鲁多本人的支持率也高达63%。[3] 2016年年底，小特鲁多本人还被一个在线民意调查评选为"2016年最有价值的政治人物"。[4]

但是，由于各种"大事"短期内都很难有明显的效果，甚至还

---

[1] 《加拿大媒体评小特鲁多执政百日》，环球网，http：//china. huanqiu. com/News/mofcom/2016-02/8550734. html，最后访问时间：2016年2月17日。
[2] 《加拿大选民与特鲁多政府的蜜月期越来越长》，中华人民共和国商务部，http：//www. mofcom. gov. cn/article/i/jyjl/l/201606/20160601331901. shtml，最后访问时间：2016年6月3日。
[3] 《加拿大特鲁多政府上台八个月支持率不降反升》，加拿大在线，http：//www. canadazx. com/news/jianadaxinwen/news89939. html，最后访问时间：2016年6月25日。
[4] Abbas Rana, Trudeau voted most valuable politician in 2016, despite some political setbacks：The Hill Times' 20th Annual All Politics Poll, Hilltimes, Dec. 19, 2016, http：//www. hilltimes. com/2016/12/19/trudeau-voted-least-valuabel-politician-biggest-political-comeback-approachable-cabinet-20th-annual-politics-poll/91073.

表1 各党支持率：2016年3月1日~6月1日的民调平均结果[1]

单位：%，个百分点

党派	支持率	相对大选时的变化
自由党	46.7	上升7.2
保守党	29.1	下降2.8
新民主党	13.6	下降6.1
绿党	5.1	上升1.7
魁北克党团	4.2	下降0.5

资料来源：Canada Onlines。

会带来一定的负面影响，例如，财政赤字很难在短期内恢复平衡，难民问题引发部分民众对于恐怖主义的担忧，等等。因此，经过一年的时间，加拿大民众开始表现出耐心不足，对小特鲁多及其自由党政府的支持率有所下降，而对于其他政党，如保守党、新民主党等的支持率则有所上升。尤其在2017年年初，最大的反对党保守党甚至出现与自由党并驾齐驱之势（见表2）。

表2 联邦政党偏好趋势[2]

单位：%

时间	样本(人)	保守党	自由党	新民主党	绿党	魁北克党团	其他
2017年4月21~24日	1479	35	35	17	7	5	1
2017年3月22~23日	1029	38	36	15	4	6	0
2017年2月24~26日	1340	35	39	15	4	7	1
2017年1月19~21日	1332	36	42	12	5	4	1
2016年12月6~8日	1304	34	42	12	6	5	1

资料来源：Forum Research Inc。

---

[1] Abbas Rana, Trudeau voted most valuable politician in 2016, despite some political setbacks: The Hill Times' 20th Annual All Politics Poll, Hilltimes, Dec. 19, 2016, http://www.hilltimes.com/2016/12/19/trudeau-voted-least-valuabel-politician-biggest-political-comeback-approachable-cabinet-20th-annual-politics-poll/91073.

[2] More Now Disapprove of Trudeau Than Approve, Forum Research Inc., p.4, http://poll.forumresearch.com/data/3bf954c0-7812-4347-89a4-01417c624e6eFED%20Horserace%20.pdf.

根据 Nanos 公共政策研究所（the Institute for Research on Public Policy）的民意调查——"加拿大的想法"（Mood of Canada）显示，2015 年有37%的受访者认为自由党政府的表现"非常好"，2016 年这一比例下降到了15%（见图1），同样，对于小特鲁多本人的支持率也有所下降。① 对比来看，2015 年有60%的受访者给予自由党"非常好"或者"比较好"的评价，而2016 年这一评价下降到43%。Nanos 表示，在自由党政府一年多的执政期里，民众对其很多决策，包括批准油管扩建项目、决定2018 年开始征收碳税、大麻合法化等似乎反应不佳，这使得对小特鲁多的评价跌回起点。

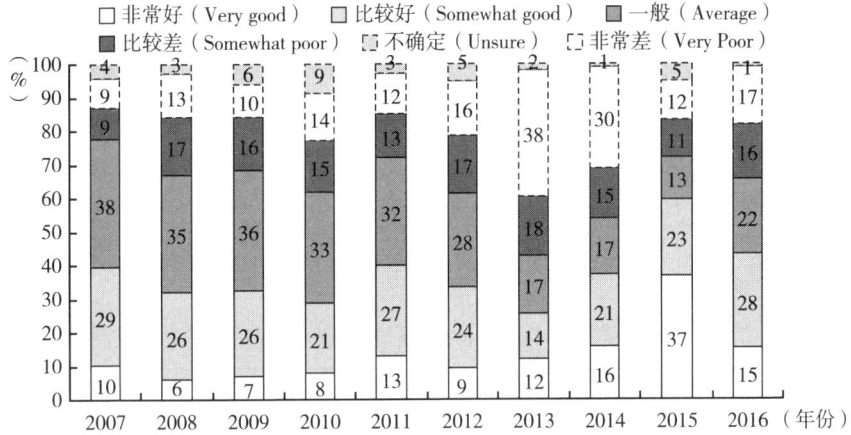

图 1　联邦政府的表现（2007～2016 年）②

注：①图表数据取整，因此不一定累加至100。
②问题为：你如何评价目前由总理贾斯汀·特鲁多领导的现任联邦自由党政府的表现，非常好、比较好、一般、比较差、不确定还是非常差？
资料来源：Nanos Research。

---

① Emily Lazatin, New poll finds 2016 a year of clouds rolling in on Trudeau's "sunny ways", December 27, 2016, http://www.cknw.com/2016/12/27/new-poll-finds-2016-a-year-of-clouds-rolling-in-on-trudeaus-sunny-ways/.
② Mood of Canada Survey, Nanos, p. 5.

不过,加拿大民众也并没有全盘否定小特鲁多和自由党政府的努力,至少有几个方面是让他们满意的。加拿大人素来重视国际形象和国家声誉,此前哈珀政府的保守政策曾令加拿大的国际形象受损。小特鲁多上台后积极参与国际事务,主张多边主义和国际主义,在气候变化、难民问题上都颇有建树,并开始修复与联合国的关系,使加拿大的国际形象得到很大提升。2016年有63%的受访者表示对加拿大在全球范围内的国家声誉很满意,这是十年来最高的(见图2),民众对于小特鲁多政府在对外关系上的表现基本持肯定态度。

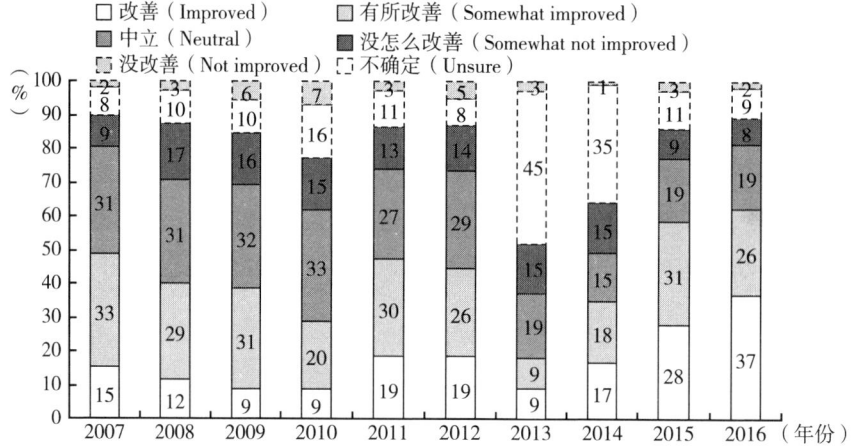

图2 加拿大的全球声誉(2007~2016年)[①]

注:①图表数据取整,因此不一定累加至100。
②问题为:从1到5,1代表没改善,5代表改善,你给去年加拿大的国际声誉打几分?
资料来源:Nanos Research。

在处理联邦政府与各省关系以及国家方向的问题上,民意对小特鲁多的肯定程度都较上年有轻微下降(见图3、图4),但在联

[①] Mood of Canada Survey, Nanos, p. 11.

邦政府与各省的关系方面,有45%的受访者认为自由党的表现超过保守党;保守党此前最好成绩是21%。民众对国家方向的肯定程度依然很高,有54%的受访者相信国家正在朝着一个正确的方向发展,只有31%的受访者认为这个方向是错误的。①

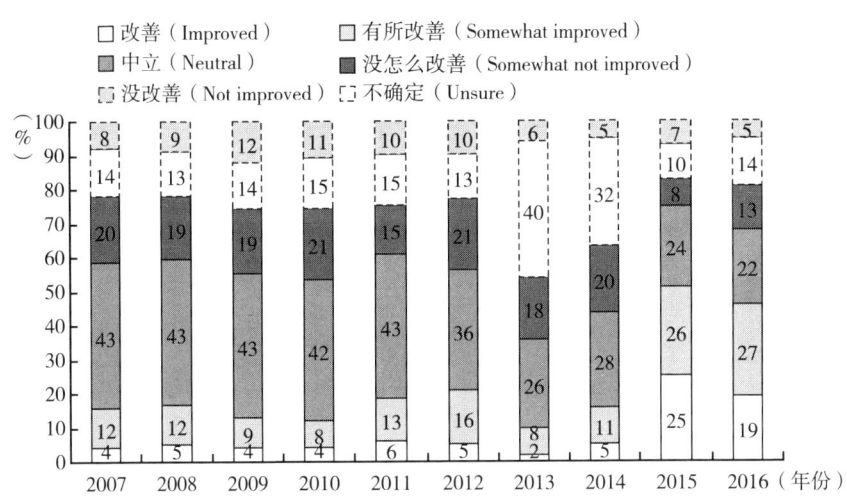

图3 联邦政府与各省关系(2007~2016年)②

注:①图表数据取整,因此不一定累加至100。
②问题为:从1到5,1代表没改善,5代表改善,你给去年联邦政府与省政府的关系打几分?
资料来源:Nanos Research。

根据2017年5月份Nanos最新公布的数据,自由党的支持率为42.1%,依然高出胜选时的支持率。小特鲁多本人也依然以46.3%的支持率位列总理最佳人选的榜首,并有65.5%的加拿大人认为小

---

① Mood of Canada Survey, submitted by Nanos to the Institute for Research on Public Policy, December 2016, pp. 7, 9, http://www.nanosresearch.com/sites/default/files/POLNAT-S15-T719.pdf.
② Mood of Canada Survey, Nanos, p. 9.

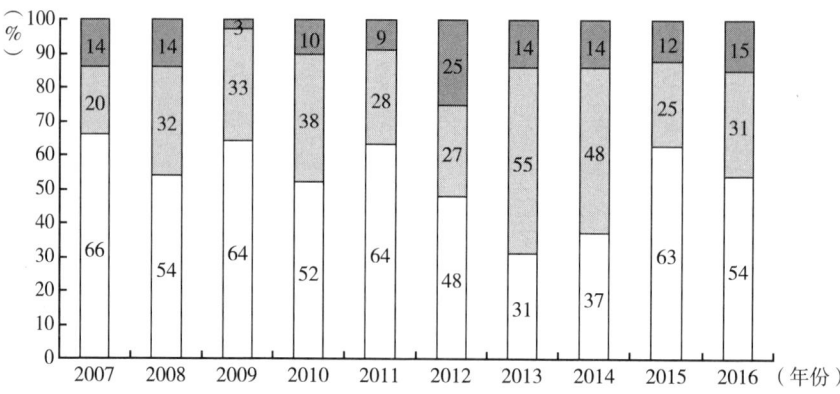

图4 国家方向（2007~2016年）①

注：①图表数据取整，因此不一定累加至100。
②问题为：你认为作为一个国家，加拿大是在朝正确的方向还是错误的方向发展？
资料来源：Nanos Research。

特鲁多具备优秀政治领导人的品质。②总体来看，超过一半（58%）的选民依然愿意将选票投给自由党，不过这一比例相比胜选时以及过去一年多的情况还是有所下降的（见图5）。

如前所述，加拿大民众对于自由党政府对外政策的效果及加拿大国家形象的提升持正面态度，支持率之高且维持时间之长也是前所未有的，执政一年后拖累小特鲁多及其政府支持率的主要是其国内政策，特别在财政赤字、难民问题两个方面引发民众不满，甚至被民众认为是违背其竞选承诺的。

---

① Mood of Canada Survey, Nanos, p.7.
② Liberal 42, Conservatives 28, NDP 16, Green 7 in latest Nanos federal tracking, Nanos Weekly Tracking, ending May 19th, 2017, Nanos. May 23rd, 2017. p.2, http：//www.nanosresearch.com/tickers/PDF/20170519%20Political%20Package%20Eng.pdf.

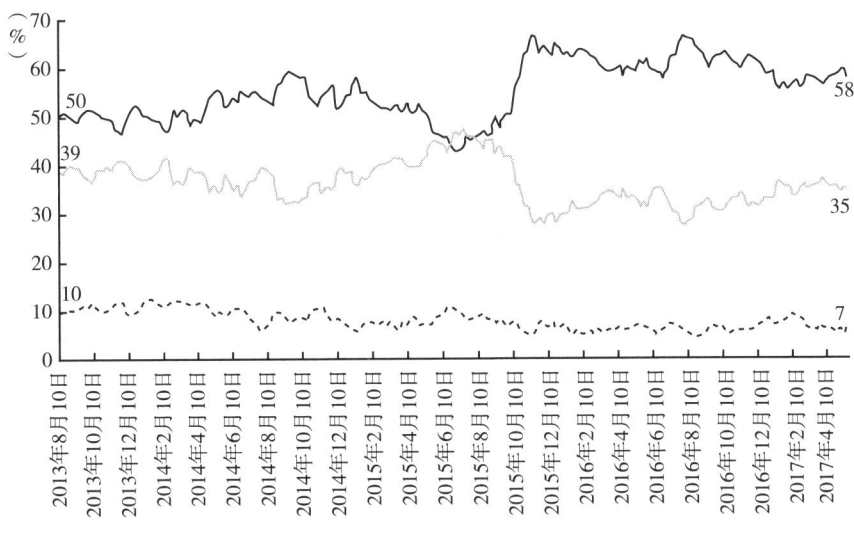

图 5　考虑自由党[①]

注：58% 的加拿大人考虑投票给自由党，35% 的加拿大人不考虑投票给自由党，7% 的加拿大人不确定。

资料来源：Nanos Research。

财政赤字政策是小特鲁多竞选纲领中的亮点，当时他提出，要通过短时期内少量财政赤字来帮助加拿大发展经济，在两到三年内维持每年不超过 100 亿加元的财政赤字，到 2019 年任期结束时恢复财政平衡。然而，在自由党政府 2016 年发布的第一份财政预算案中，2016～2017 财政年度的政府财政赤字高达 294 亿加元，几乎是其在大选期间承诺的 3 倍。[②] 2017 年第二份财政预算《构建强大中产阶级》（Building a Strong Middle Class）出台，财政赤字仍高达 285 亿加元，同时，联邦债务占国内生产总值的比重达到 31.6%，较上年上

[①] Liberal 42, Conservatives 28, NDP 16, Green 7 in latest Nanos federal tracking, Nanos Weekly Tracking, ending May 19th, 2017, Nanos. May 23rd, 2017. p. 7。

[②] 《加拿大预算高赤字》，新浪网，http://finance.sina.com.cn/roll/2016-03-24/doc-ifxqsxic3065185.shtml，最后访问时间：2016 年 3 月 24 日。

升0.1个百分点（见表3）。同时，加拿大反对党和财经专家也对自由党政府的开源政策表示批评，称自由党的2017财年预算并未增加对富人的税收，反而增加了普通民众的负担，不利于社会公平。[1] 由于赤字过高，超出预期，以及当局对之后的几个财年依然居高不下的政府财政赤字预计，都难免让民众对政府未来能否尽快达到财政平衡并改善普通民众的经济状况感到担心。

表3　加拿大联邦政府财政预算统计[2]

单位：十亿加元，%

年份	2016~2017	2017~2018	2018~2019	2019~2020	2020~2021	2021~2022
预算平衡（未经风险调整）	-23.0	-25.5	-24.4	-20.4	-18.7	-15.8
联邦债务（占GDP的比例）（未经风险调整）	31.6	31.5	31.4	31.1	30.8	30.3
风险调整		-3.0	-3.0	-3.0	-3.0	-3.0
最终预算平衡	-23.0	-28.5	-27.4	-23.4	-21.7	-18.8
联邦赤字（占GDP比例）	31.5	31.6	31.6	31.5	31.3	30.9

资料来源：the Department of Finance Canada。

难民问题也是小特鲁多竞选时最引人关注的"豪言壮语"之一，作为对外政策，这对改善加拿大的国际形象也有较大的作用。但是对内来看，在欧洲各国已经由于接收难民而引发各种问题，

---

[1] 《加拿大联邦政府公布2017财年预算》，中华人民共和国商务部，http://www.mofcom.gov.cn/article/i/jyjl/l/201704/20170402556656.shtml，最后访问时间：2017年4月12日。
[2] Building A Strong Middle Class#Budget 2017, the Department of Finance Canada, March 22, 2017, p. 37. http://www.budget.gc.ca/2017/docs/plan/budget-2017-en.pdf.

以及邻居美国拒绝接收难民并且驱逐近千万移民，许多难民开始非法跨越美加边境的情况下，① 这一政策引发了国内一系列的质疑，甚至反对。事实上，早在 2015 年，小特鲁多竞选时提出要接收 25000 名叙利亚难民时就已经遭到国内舆论质疑了。当时有媒体认为小特鲁多此举是一个"赌博"，"大部分加拿大人都不站在他那边"。② 尤其在德国出现大量难民引发的社会问题，以及巴黎发生系列恐怖袭击之后，加拿大舆论更是呼吁小特鲁多放慢接收难民的步伐，不少人甚至要求取消接收计划，他们担心恐怖分子乘机进入加拿大，威胁加拿大民众安全。③ 2015 年 11 月，加拿大民意调查公司 Harris/Decima 发布的调查结果显示，只有 44% 的人支持小特鲁多的难民计划。也就是说，有超过一半的加拿大人不支持或质疑政府接收叙利亚难民的计划。其中，在 35% 明确反对该计划的选民中，有 55% 的人认为，在接下来的六个月里，该计划将会增加加拿大遭遇恐怖主义袭击的风险。④ 而且这一担忧似乎很快就得到了应验。就在小特鲁多通过 Twitter 发表声明，表示加拿大将接收被美国拒之门外的难民的第二天，魁北克省首府魁北克市的一间清真寺就发生了一次恐怖袭击，枪击造成 6 人死亡，多人受伤。⑤

---

① 《加拿大因特朗普驱逐移民政策难民人数上升》，人民网，http：//world. people. com. cn/n1/2017/0224/c1002－29105977. html，最后访问时间：2017 年 2 月 24 日。
② James Mennie, Trudeau's refugee gamble: Time – and most Canadians – aren't on his side, Monteral Gazette, November 21, 2015, http：//montrealgazette. com/news/local－news/montreal－the－moment/trudeaus－refugee－gamble－time－and－most－canadians－arent－on－his－side.
③ 《加政府公布接收难民方案，将接收 2.5 万叙难民》，人民网，http：//world. people. com. cn/n/2015/1126/c157278－27856858. html，2015 年 11 月 26 日。
④ Stephanie Levitz, Most Canadians don't link Syrian refugees with terrorism: poll, *The Canada Press*, July 22, 2016, http：//globalnews. ca/news/2842556/most－canadians－dont－link－syrian－refugees－with－terrorism－poll/.
⑤ 《加拿大清真寺枪击多人伤亡，总理特鲁多：系恐怖袭击》，中国新闻网，http：//military. china. com/important/11132797/20170130/30219787. html，最后访问时间：2017 年 1 月 30 日。

2016年加拿大接收难民多达46700名（其中有33266名难民来自叙利亚），① 远远超过之前接收25000名的计划，这更加让选民们担忧未来加拿大社会的稳定与安全，质疑自由党政府这一政策的正确性。

二 保守党：最年轻党首带来新的活力

加拿大多年来基本上都是由自由党和保守党轮流执政，2015年小特鲁多带领自由党重新夺回总理宝座后，保守党沦为在野党。党首哈珀宣布辞职，保守党陷入"何去何从"的困境。因此，选出新党首是哈珀辞职后保守党最重要的议题。此次党首选情极其复杂②，在2016年选举过程中，先后出现14位候选人，其职业、身份、种族各异，有年轻政客、电视节目主持人、商人、华裔、印度裔、左派、右派、自由派等各种人士，竞争激烈，战况扑朔迷离，吸引大量民众关注。最初凯文·奥莱利（Kevin O'Leary）呼声极高。因为他此前也是商人及节目主持人，所以被认为可能是加拿大的特朗普。在Mainstreet Research 2017年1月5日至2月3日的民意调查中，凯文·奥莱利居于首位。前外交部部长马克西姆·伯尔尼（Maxime Bernier）和前劳工部部长凯利·里奇（Kellie Leitch）紧随其后，也被认为是最有可能在2019年的大选中击败小特鲁多的人选（见图6）。

然而，在最后一轮辩论前的几个小时选情出现逆转，凯文·奥莱利宣布退出。之后，马克西姆·伯尔尼跃居榜首，并在保守党党

---

① Record number of refugees admitted to Canada in 2016, highest since 1980, *CTV News*, April 24, 2017, http://www.ctvnews.ca/canada/record-number-of-refugees-admitted-to-canada-in-2016-highest-since-1980-1.3382444?autoPlay=true.

② 参见保守党官网流程：Conservative Party of Canada Rules and Procedures for the 2016-2017 Leadership, March 8, 2016, http://www.conservative.ca/media/documents/LEOC_2016_EN.pdf。

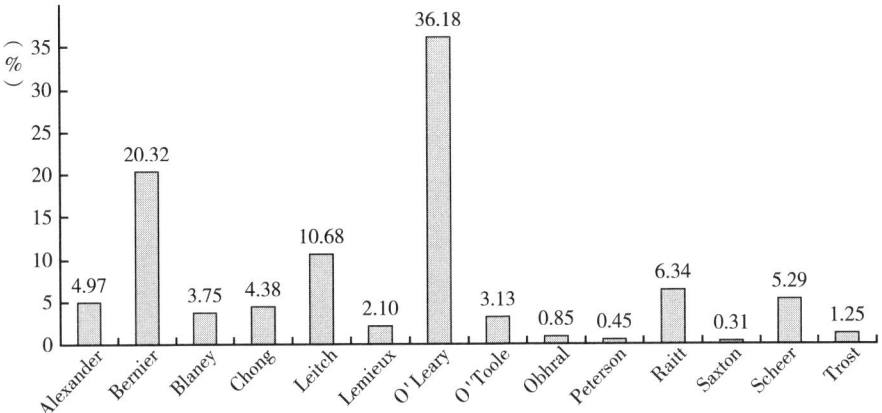

图 6　最有可能在 2019 年击败贾斯汀·特鲁多的人[①]

资料来源：Mainstreet Research。

首选举的前 12 轮投票中一路领先。但在最后一轮投票中，支持率一直在第二位、第三位徘徊的安德鲁·希尔（Andrew Scheer）却出人预料地以 51% 对 49.05% 险胜伯尔尼，成功当选为保守党党首。[②] 安德鲁·希尔年仅 38 岁，是保守党有史以来最年轻的党首。不过，这位年轻的党首却有着非常丰富的从政经验，此前他在萨斯喀彻温省（Saskatchewan）已经做了 13 年的国会议员，2011～2015 年做过四年的下议院议长；当时也是加拿大史上最年轻的议长。[③] 同时，安德鲁·希尔也是第一位当选为党首的议长。[④] 在所有候选人中，安德

[①] Janice Dickson, O'Leary edging out Bernier to take on Trudeau in 2019, poll suggests, iPOLITICS, February 13th, 2017, http://ipolitics.ca/2017/02/13/oleary-edging-out-bernier-to-take-on-trudeau-in-2019-poll/.

[②] Stephanie Levitz, Andrew Scheer Wins Conservative Leadership Race To Replace Stephen Harper, The Canadian Press, May 27, 2017, http://www.Huffingtonpost.ca/2017/05/27/conservative-leadership-results_n_16840860.html.

[③] 《加拿大保守党选出史上最年轻党首》，新华网，http://news.xinhuanet.com/world/2017-05/28/c_1121052910.htm，最后访问时间：2017 年 5 月 28 日。

[④] Monique Scotti, Who is Andrew Scheer, Global News, May 27, 2017, http://globalnews.ca/news/3483406/who-is-andrew-scheer/.

鲁·希尔得到23个国会议员和6个参议员的背书。①

安德鲁·希尔经常被政治评论家们形容为"哈珀第二",或者被说成"微笑的哈珀"。② 一方面,他的确有不少和哈珀类似的施政主张,例如税务政策,允许在家教育孩子的父母申请最高额度为1000元的减税等。他反对自由党政府的财政赤字政策,承诺两年内平衡联邦预算,开放航空业允许外国竞争,为领取就业保险的父母提供税务减免,取消家用能源的联邦税,以及在加油站给外国进口的石油贴上该国的标志,提醒国人使用的汽油来自他国。他坚决反对小特鲁多政府的碳排放税,称之为"抢钱"。③ 对于小特鲁多提出的反恐M-103动议,他也投了反对票。但另一方面,希尔毕竟年轻,与执政十年的哈珀相比,还欠缺经验。这一劣势从他在竞选中缺乏有鲜明亮点的政纲就可以看得出来。因此,在被问到他和哈珀有什么区别时,他的回答也比较模糊,只是说2019年他率领保守党参加全国大选肯定会与2015年哈珀的选战策略不同。他承诺会在今后几个月里用自己的言行告诉加拿大选民他是什么样的人、他的政见是什么。他说他将秉承保守党的根基,奋力在2019年大选中让保守党重新执政。因此,目前还很难说加拿大民众对他有多大了解和信心。民意测验显示,希尔要在下次大选中把小特鲁多的自由党政府赶下台还是非常困难的,只有17%的选民说下次大选会由于安德鲁·希尔担任保守党领袖而愿意把选票投给保守党。④

---

① Eric Grenier, Andrew Scheer leads endorsement race in Conservative leadership campaign, *CBC*, Jan 16, 2017. http://www.nationalnewswatch.com/2017/01/16/andrew-scheer-leads-endorsement-race-in-conservative-leadership-campaign/#.WSvrObEYzlg.
② 方华:《保守党新领袖谢尔成为特鲁多新对手》,Radio Canada International, http://rcinet.ca/dana/home/launch.cgi,最后访问时间:2017年5月29日。
③ Andrew Scheer, http://www.cpac.ca/en/conservative-leadership-andrew-scheer.
④ 《中华人民共和国和加拿大联合声明(全文)》,中华人民共和国驻加拿大大使馆网站,http://ca.china-embassy.org/chn/zjwl/t1400771.htm,最后访问时间:2016年9月24日。

三 其他政党：联合作战

一年来，自由党实施"真正的变革"，保守党挑选最佳党首，当两个加拿大最大的政党都在为2019年大选努力时，其他自知暂时无力撼动这两大党地位的政党也在努力提升自己的话语权，而它们的视线主要聚焦于联邦政府以外的领域。加拿大的联邦制赋予省、地区政府极大的自治权力，因此，不见得只有在联邦政府内谋得一席之地才能影响政局，在地方政府紧握大权也同样可以有所作为，尤其是在一些重要的省份。

2017年5月9日，不列颠哥伦比亚省（BC省）的省选出现意外的结果，在87个席位中，自由党获得43席，新民主党获得41席，而一向影响力有限的绿党居然也拿下3席。这仅有的3票突然变得颇有价值，因为无论自由党或者新民主党都需要得到绿党支持，最终组成的政府在今后的省情咨文和财政预算案中，都将包括绿党的意见，也意味着从此绿党也能在重要的议题中拥有话语权。更出人意料的是，2017年5月29日，BC省的新民主党和绿党发表联合声明，宣布两党已经达成为期4年的协议，绿党将在议会中支持新民主党。两党合起来共有44个议席，刚好在87个议席的省议会中过半，成为微弱但却至关重要的多数。① 目前BC省的省长依然是自由党党首简惠芝（Christy Clark），她可以选择组成少数政府，拥有召集议会发表施政报告的机会；或者辞职，要求解散议会并重新选举。但实际上，面对新民主党和绿党的联盟，这些都很难挽回自由党在BC省的执政被终结的事实。

---

① 吴薇：《BC绿党同意支持新民主党，两党联合议席过半，自由党执政地位堪忧》，Radio Canada International，http：//rcinet.ca/zh/2017/05/29/127312/，DanaInfo=.awxyCvhoum2Jnm+，最后访问时间：2017年5月29日。

加拿大蓝皮书

四 结语：自由党仍将保持优势并继续变革之路

总的来看，一年来，加拿大的政坛出现了很多新的影响因素，自由党各种变革还在持续，保守党出现了拥有雄心壮志的新党首，小的政党开始寻求以联盟的方式发声。加拿大民众虽然对于小特鲁多及其自由党政府的热情有所消减，但由于保守党新党首比较年轻，尚未成气候，而小特鲁多和自由党还有可圈可点的政绩，他们仍然更愿意把希望寄托在自由党政府未来能给他们带来更多的机会上。加拿大历史上很少有多数党政府只执政一届就下台的事情；1935年世界大萧条时期的贝奈特政府是特例。所以，除非有很大的变故，否则2019年大选很难出现安德鲁·希尔领导的保守党上台的情况。但在类似BC省的地方层面出现其他政党联合组成政府的情况下，自由党联邦政府在处理与各省和地区政府的关系时可能会遭遇更大的压力，不过正如民意调查所示，自由党在这方面的表现还是比较令民众满意的。而在最重要的经济领域，政府的财政赤字政策毫无疑问将继续下去，以刺激经济。但这项内容本来就是刚刚开始不久，各种投入的基础设施建设的周期都较长，短期内看不到明显的效果，至少需要两三年，甚至四五年的时间才能慢慢显现出来。这需要自由党政府在这段时间内能够稳住民心，同时在其他领域实施更有效的政策。总体来说，在经济领域，自由党仍然是民众目前的最佳选择（见图7）。除此之外，美国大选后，特朗普政府的一系列政策对于加拿大的冲击比较大，如何应对特朗普政府也成了民众对小特鲁多的一个考量视角。小特鲁多两度访美，与奥巴马、特朗普积极接触，尤其在美国意欲重谈北美自由贸易协定，以及在关税上对加拿大施压的情况下，小特鲁多政府积极地与欧盟达成自由贸易协定、与中国开展自贸协定可行性研究等表现，让加拿大民众认为小特鲁多政府是应对特朗普的最佳选择（见图8）。

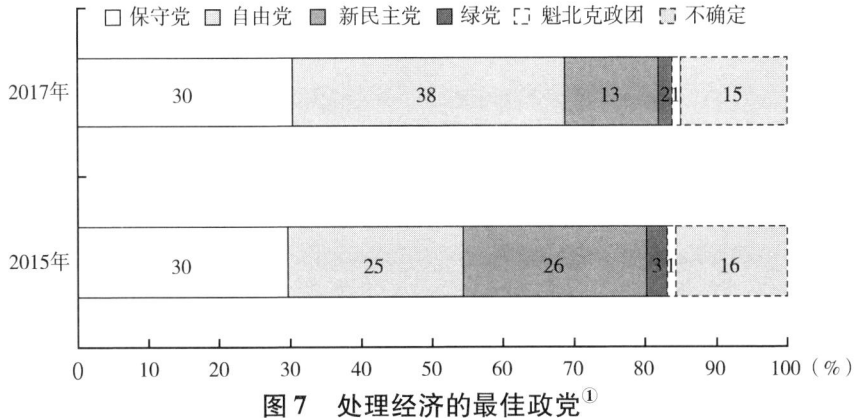

图 7　处理经济的最佳政党①

注：①图表数据取整，因此不一定累加至100。
②问题：你认为哪个联邦政党有应对加拿大经济的最佳方案？
资料来源：Nanos Survey。

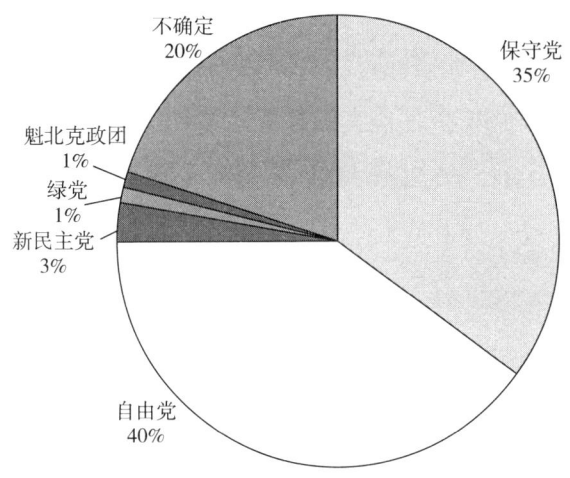

图 8　应对特朗普政府的最佳政党②

注：①图表数据取整，因此不一定累加至100。
②问题：你认为哪个联邦政党是最有可能应付得了美国特朗普政府的？
资料来源：Nanos Survey。

---

① Impressions of federal parties – managing the economy and Trump, Nanos Survey, May, 2017. p. 3，http：//www.nanosresearch.com/sites/default/files/POLNAT – S15 – T742.pdf.
② Impressions of federal parties – managing the economy and Trump, Nanos Survey, May, 2017. p. 5.

B.3
2016年加拿大经济形势

林 珏*

摘　要： 2016年加拿大实际GDP较上年有所增长，这一增长主要来自家庭最终消费支出的增长。该年加拿大经济增长存在各种不稳定因素，比如投资和对外贸易的下降，其中企业投资中非居民用建筑、机械设备、知识产权等投资都在下降，导致固定资本形成总额减少；服务出口和进口增加，但商品出口和进口有所减少；失业率虽有所下降，但一些省份失业率依然高达两位数。这些因素综合造成加拿大2016年全年经济虽有增长但幅度不高。为克服经济增长疲软，加拿大实施贸易多元化战略和国内税收等改革措施，包括与中国商定建立自由贸易区事宜。加拿大贸易的多元化战略将有助于降低来自主要贸易伙伴经济周期波动或不景气带来的冲击或影响。与中国建立自由贸易区的设想一旦付诸实施，也将使加拿大的资源优势、技术优势大大发挥，并借助中国广阔的消费市场，推进加拿大经济的发展。

关键词： 加拿大　经济发展　多元战略

---

* 林珏，博士，上海财经大学国际工商管理学院教授、博士生导师。研究方向为加拿大经济。

一 2016年加拿大经济增长概况

2016年加拿大经济增长呈现先降后升状态。根据加拿大统计局数据,前五个月GDP同比增长率在0.5%至1.1%内徘徊,6月份后出现持续上升势头,到9月份增长率达到2%;10月份出现下降,但其后再次上扬,12月份回到2%顶点(见图1)。全年按市场价格计算的实际GDP同比增长率为1.4%,较2015年的增长率(0.9%)有所提高(见图2)。

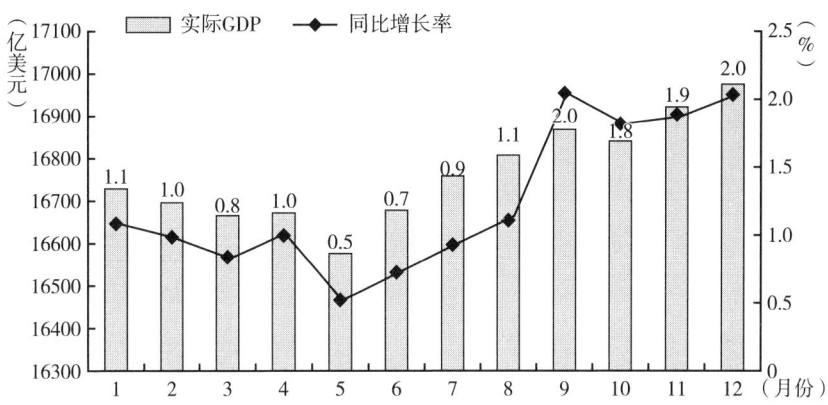

图1 各月加拿大实际GDP及同比增长率变化状况(2016年)

注:按2007年美元价格计算GDP,年率经季节性调整。
资料来源:根据Statistics Canada数据计算制图-CANSIM Table 379-0031 - Gross domestic product (GDP) at basic prices, by North American Industry Classification System (NAICS)。

从2016年GDP季度实际增长状况看,各季度中第二季度增长较低,环比出现负增长。2016全年四个季度实际GDP同比增长分别为1.27%、1.07%、1.43%、1.95%;环比增长分别为0.67%、-0.30%、0.94%、0.64%(见图3)。

分析加拿大2016全年GDP中的各项指标对增长做出的贡献,主要有

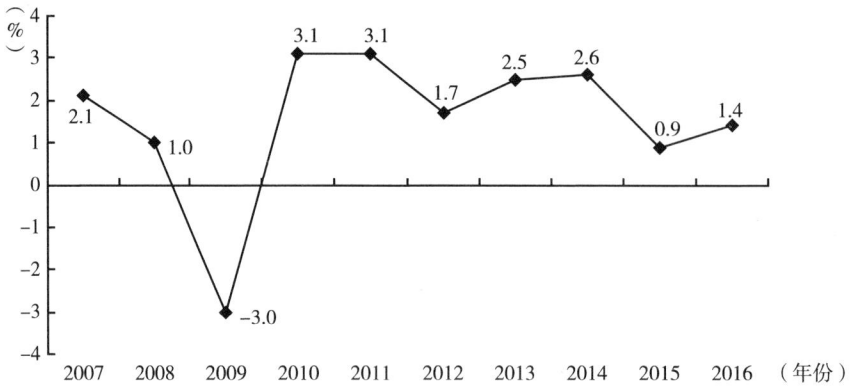

图 2　加拿大实际 GDP 同比增长率变化状况（2007～2016 年）

资料来源：根据 Statistics Canada 数据制图 - CANSIM Table 380 - 0101 Gross national income and gross domestic income annual，2017 年 3 月 2 日。

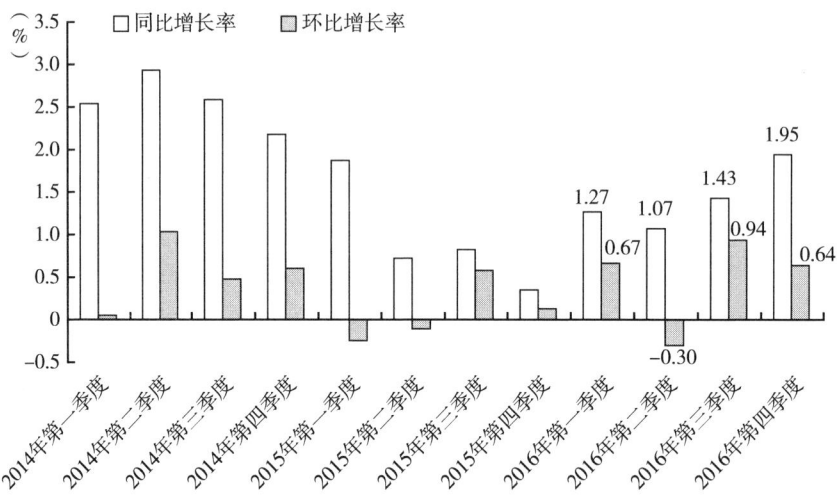

图 3　各季度加拿大 GDP 同比和环比增长率变化状况（2014～2016 年）

注：按 2007 年美元、市场价格计算，年率经季节性调整。

资料来源：根据 Statistics Canada 数据计算制图 - CANSIM Table 380 - 0064，Gross domestic product，expenditure-based，2017 年 3 月 1 日。

最终消费支出、居住用建筑固定资本形成总额、政府固定资本形成总额以及商品和服务出口；而负贡献的则是企业固定资本形成总额。

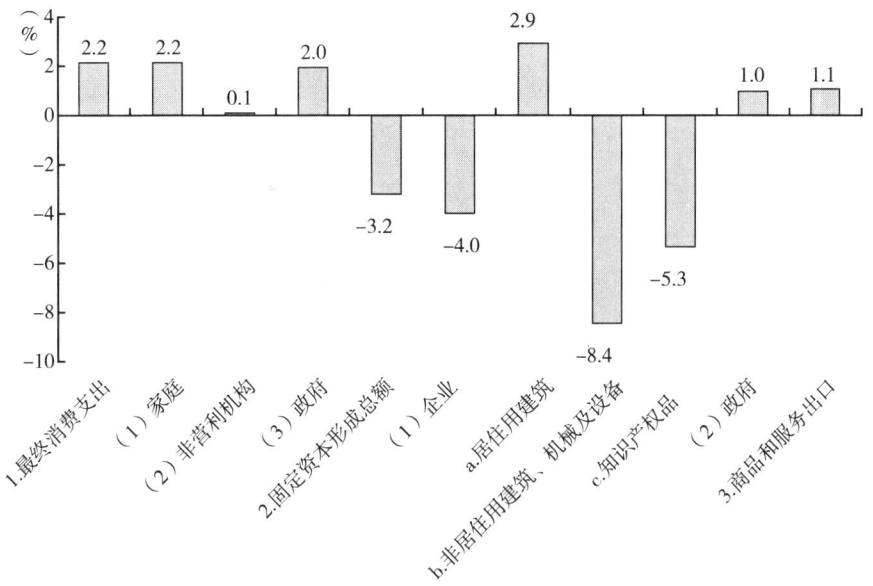

**图 4　按支出计算的加拿大实际国内生产总值中
各因素同比增长状况（2016 年）**

注：按 2007 年美元价格计算 GDP，年率经季节性调整。
资料来源：根据 Statistics Canada 数据制图 – CANSIM Table 380 – 0064，Table 6 Real gross domestic product by expenditure account, year-over-year change，2017 年 3 月 2 日。

从图 4 可见，2016 年加拿大最终消费支出（主要是家庭最终消费支出和政府最终消费支出）同比增长 2.2%，居住用建筑固定资本形成总额增长 2.9%，政府固定资本形成总额增长 1.0%，商品和服务出口增长 1.1%；而非居住用建筑固定资本形成额和机械及设备、知识产权品同比下降 3.2% ~ 8.4%，由此导致企业固定资本形成总额下降 4%，进而影响到固定资本形成总额的增长，同比下降 – 3.2%。

进一步考察加拿大 2016 年各季度 GDP 增长中各要素贡献，其主要源于最终消费支出。其中，家庭消费支出，无论是商品消费支出（主要是非耐用品消费支出）还是服务消费支出，都有所增长。最终消费支出第一季度为 GDP 的环比增长贡献了 0.486 个百分点；第二季度在 GDP 环比下降的情况下，为增长贡献了 0.597 个百分点（否则 GDP 下降幅度会更大）；第三季度为 GDP 环比增长贡献了 0.281 个百分点；第四季度贡献了 0.464 个百分点。政府最终消费支出全年增长 2%，高于 2015 年的增幅（1.5%），但从季度看，第三季度一度有所下降，对该季度 GDP 增长贡献了 -0.101 个百分点。2016 年对 GDP 环比增长负贡献因素主要来自固定资本形成总额，其中，非居住用建筑、机械及设备，知识产权品项目都出现下降。其他因素，在 2016 年四个季度中增长呈现不稳定状况，某个季度为正贡献，另一个季度就为负贡献（见表 1）。

表 1 2016 年各因素对 GDP 增长的贡献及与前期比较

单位：个百分点

年份	2015				2016			
项目	第一季度	第二季度	第三季度	第四季度	第一季度	第二季度	第三季度	第四季度
1. 最终消费支出	0.299	0.337	0.457	0.249	0.486	0.597	0.281	0.464
（1）家庭	0.035	0.278	0.374	0.244	0.319	0.289	0.382	0.368
a）商品	-0.070	0.087	0.279	0.100	0.275	0.075	0.073	0.225
耐用品	-0.132	0.122	0.193	0.069	0.069	-0.022	-0.023	0.141
半耐用品	-0.019	0.048	0.007	0.066	0.095	-0.018	0.030	0.059
非耐用品	0.081	-0.084	0.080	-0.035	0.111	0.115	0.066	0.024
b）服务	0.105	0.191	0.095	0.144	0.044	0.215	0.310	0.144
（2）非营利机构	0.018	0.011	0.002	0.003	-0.004	0.004	0.000	-0.016
（3）政府	0.247	0.048	0.08	0.002	0.171	0.304	-0.101	0.112
2. 固定资本形成总额	-0.768	-0.509	-0.216	-0.366	-0.032	-0.130	-0.049	-0.350
（1）企业	-0.916	-0.454	-0.233	-0.355	-0.060	-0.109	-0.096	-0.399
a）居住用建筑	0.065	0.022	0.044	0.032	0.184	-0.002	-0.092	0.088

续表

年份	2015				2016			
项目	第一季度	第二季度	第三季度	第四季度	第一季度	第二季度	第三季度	第四季度
b)非居住用建筑、机械及设备	-0.830	-0.452	-0.257	-0.384	-0.228	-0.092	0.072	-0.457
非居住用建筑	-0.774	-0.334	-0.279	-0.272	-0.201	-0.107	0.205	-0.354
机械及设备	-0.056	-0.118	0.022	-0.112	-0.027	0.015	-0.133	-0.103
c)知识产权品	-0.150	-0.024	-0.021	-0.003	-0.017	-0.015	-0.076	-0.030
(2)非营利机构	-0.007	-0.001	0.001	-0.001	-0.005	0.002	0.000	-0.001
(3)政府	0.155	-0.055	0.016	-0.011	0.032	-0.022	0.047	0.050
3.存货投资	0.291	-0.420	-0.428	-0.125	-0.287	0.476	0.441	-0.688
其中:企业对存货的投资	0.300	-0.420	-0.437	-0.124	-0.235	0.427	0.451	-0.724
a)非农业	0.272	-0.416	-0.462	-0.161	-0.283	0.311	0.444	-0.613
b)农业	0.028	-0.005	0.024	0.037	0.048	0.116	0.006	-0.111
4.商品和服务出口	-0.100	0.399	0.445	-0.172	0.706	-1.227	0.688	0.105
(1)商品	-0.075	0.408	0.422	-0.178	0.567	-1.221	0.582	0.081
(2)服务	-0.025	-0.008	0.023	0.006	0.139	-0.006	0.107	0.024
减:5.商品和服务进口	-0.052	-0.030	-0.378	-0.554	0.292	0.094	0.394	-1.202
(1)商品	-0.048	-0.131	-0.238	-0.629	0.316	0.085	0.316	-1.129
(2)服务	-0.003	0.101	-0.140	0.075	-0.024	0.008	0.078	-0.073
6.统计差异	-0.024	0.052	-0.056	-0.008	0.084	0.073	-0.029	-0.092
7.按市场价格 GDP	-0.249	-0.110	0.580	0.131	0.665	-0.305	0.938	0.641
8.最终国内需求	-0.468	-0.172	0.241	-0.118	0.454	0.467	0.232	0.114

注:(1)年率经季节性调整;(2)表内编号关系:编号1+编号2+编号3+编号4-编号5+编号6=编号7栏,其中除了编号7和编号8为百分比外,其他各栏为百分点。

资料来源:根据 Statistics Canada 数据制表 - CANSIMTable380 - 0064 Gross domestic product, expenditure-based quarterly, 2017 年 3 月 2 日。

总之,尽管2016年加拿大投资和贸易增长下滑,但由于家庭消费和政府消费支出的增加,最终国内需求和全年实际GDP增长还是分别增长了0.9%和1.4%,较上一年有所提高(分别为0.3%和0.9%)。

二 2016年加拿大经济增长的特点

(一)家庭消费支出中服务消费支出继续保持较高比重

2016年加拿大家庭消费支出增长2.2%,比2014年提高0.4个百分点。其中,商品消费支出增长2.7%,服务消费支出增长1.9%。虽然服务消费支出不及商品消费支出增长幅度大,但在家庭消费支出中的比重依然保持在主要地位,全年达到56.3%。比1947年30.7%的比重提高了83%(见图5)。

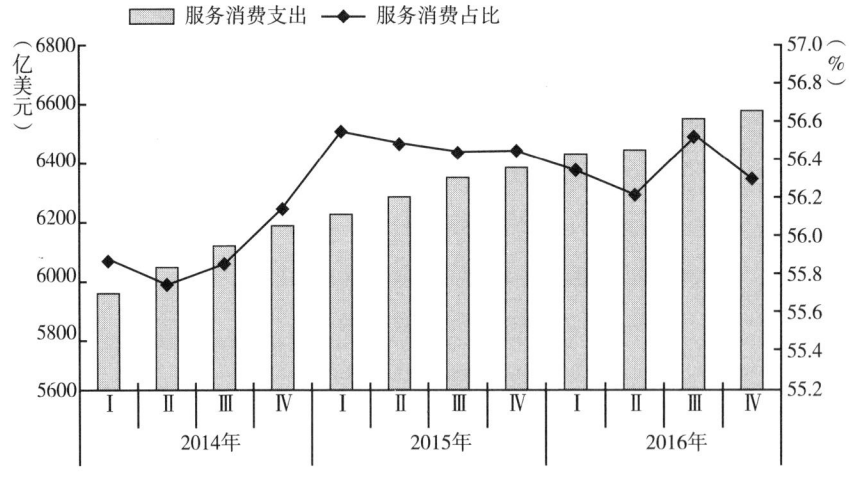

图5 加拿大家庭消费支出中的服务消费支出与比重(2014~2016年)

注:年率经季节性调整。

资料来源:根据Statistics Canada数据计算制图 – CANSIM Table 380 – 0064 Gross domestic product, expenditure-based,2017年3月2日。

自1947年以来，家庭消费中服务消费地位的大转变，部分来自房屋成本的增加，租金开支在支出中的比重从1947年的9.2%提高到2016年的20.6%。此外，在这期间其他服务类别的支出比重大部分也在增加，如餐馆和住宿、金融和通信服务、交通支出等都在提高，其中，车辆开支已经从1947年的2.7%提高到2016年的6.6%。相比之下，大多数商品消费比重则在下降。比如，食品和非酒精饮料，1947年占23.1%，2016年下降到9.1%。女性较高的就业率使得食品备料向市场化生产转变，规模经济生产使得食品成本下降。[1]

（二）能源消费价格指数下降

2016年从消费价格指数（CPI）变动看，全年同比增长1.8%。能源下降幅度最大，为-4.5%，其中，汽油消费价格指数下跌，为-9.2%。商品和服务消费价格指数涨幅分别为1.1%和2.5%，其中，除酒精饮料及烟草制品消费价格指数上涨4.8%、衣物与鞋类消费价格指数下降-0.2%外，其他商品和服务消费价格指数增长幅度为1.4%~2.1%。不包括能源和食品，所有项目消费价格指数增长均为2.3%（见图6、图7）。

显然，2016年国际能源价格的下降，使得加拿大能源消费价格下降，拉低了该年商品和服务消费价格增长幅度，但同时，也使得加拿大家庭可支配收入有所增长。2016年加拿大家庭可支配收入同比增长3.8%，员工薪酬增加2.5%，共同推动家庭储蓄率由前一年的5%上升至5.3%。

---

[1] Statistics Canada, TELLING CANADA'S STORY IN NUMBERS, http://www.statcan.gc.ca/daily-quotidien/170302/dq170302a-eng.htm，最后访问时间：2017年3月2日。

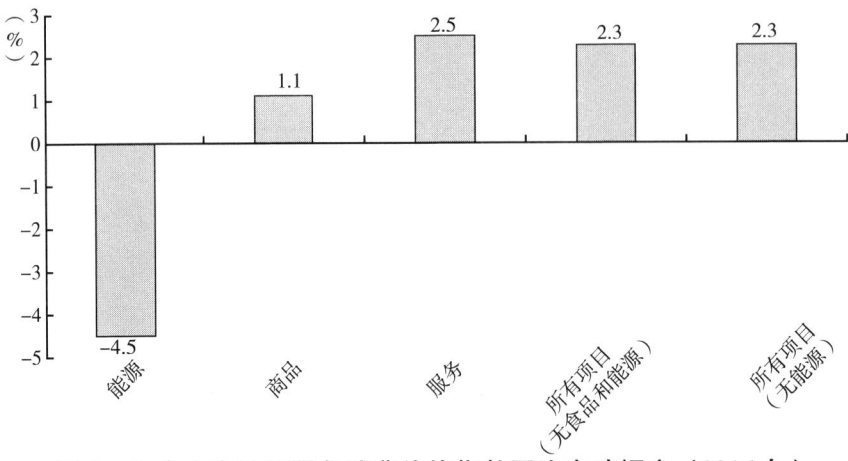

图6　加拿大商品和服务消费价格指数同比变动幅度（2016年）

注：（1）"CPI"指消费价格指数。（2）"能源"包括电力、天然气、燃料油和其他燃料、汽油，以及休闲车的燃料、零部件和配件。（3）"商品"分为非耐用商品、半耐用商品和耐用商品；（3）这里的"服务"指代表消费者的个人或组织进行的有价值的工作，例如汽车修理、理发、城市公共交通；也包括服务交易中按其性质计算的货物成本，例如餐馆食品服务中的食物、服装维修服务中的材料。

资料来源：根据 Statistics Canada 数据计算制图 - CANSIMTable 326 - 0021 Consumer Price Index，2017年1月20日。

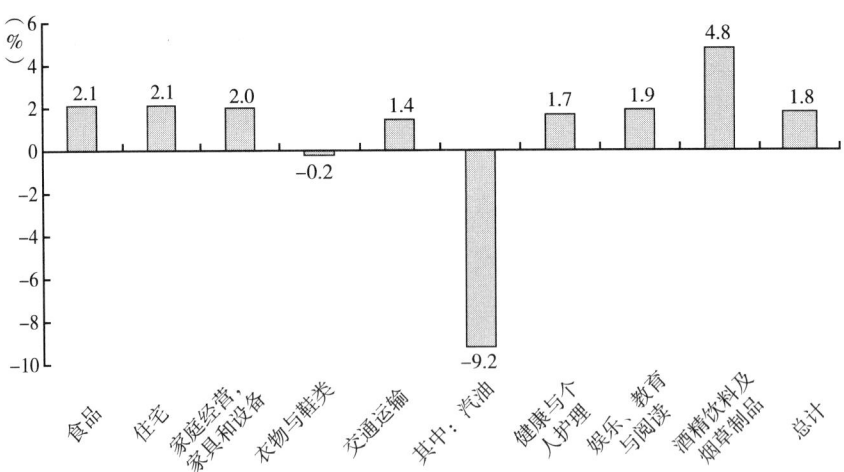

图7　加拿大商品和服务各项消费价格指数同比变动幅度（2016年）

注："食品"包括非酒精饮料。

资料来源：根据 Statistics Canada 数据计算制图 - CANSIMTable326 - 0021 Consumer Price Index，2017年1月20日。

（三）非居住用建筑投资下降

2016年加拿大企业非居住用建筑投资继续下降，表现在非居住用建筑固定资本形成总额在上一年的基础上进一步下降：2014年1223亿美元，2015年1030亿美元，2016年921亿美元。同期，机械和设备、知识产权品方面的投资也出现连续下滑。由此，企业固定资本形成总额减少：2014~2016年三年分别为3512亿美元、3307亿美元、3181亿美元。

从2016年各季度同比变动情况看，自2014年第四季度以来，企业固定资本形成总额连续9个季度处于同比负增长状态。虽然，企业居住用建筑固定资本形成额和政府固定资本形成额都有所增加，但因为增幅微小，难以撼动下降幅度，最终导致固定资本形成总额在上一年下降的基础上持续下降：2014年固定资本形成总额为4152亿美元，2015年下降到3975亿美元，2016年进而下降到3854亿美元（见图8、图9、图10）。

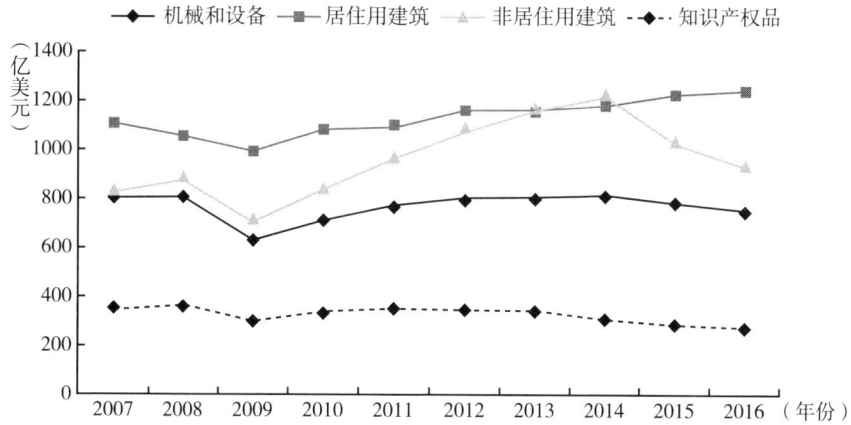

图8 企业固定资本形成总额内各项目变动状况（2007~2016年）

注：按2007年不变价格计算。

资料来源：根据Statistics Canada数据制图–CANSIM Table380-0106 – Gross domestic product at 2007 constant prices, expenditure-based, annual。

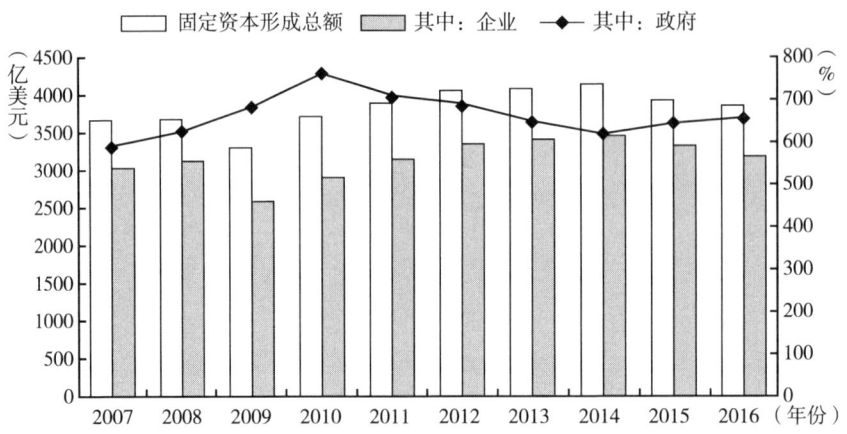

图9 固定资本形成总额变动状况（2007～2016年）

资料来源：根据 Statistics Canada 数据制图 – CANSIM Table380 – 0106 – Gross domestic product at 2007 constant prices, expenditure-based, annual。

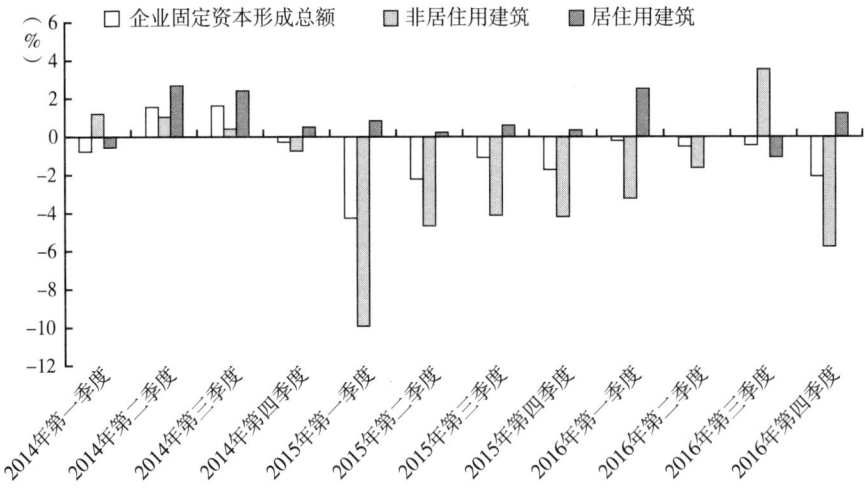

图10 各季度加拿大企业固定资本形成总额中的建筑投资增长率（2014～2016年）

注：按2007年美元价格。

资料来源：根据 Statistics Canada 数据计算制图 – CANSIM Table 380 – 0064, Chart 1 Gross domestic product and final domestic demand, 2017年3月2日。

企业非居住用建筑固定资本形成总额的下降,主要原因在于能源部门的疲弱。2014年下半年国际能源价格不断下跌,打击了北美页岩气大开发热潮,也影响到了对能源领域的非居住建筑投资。上述情况使得2016年加拿大国内最终实际需求连续两个季度持续下降(见图11)。

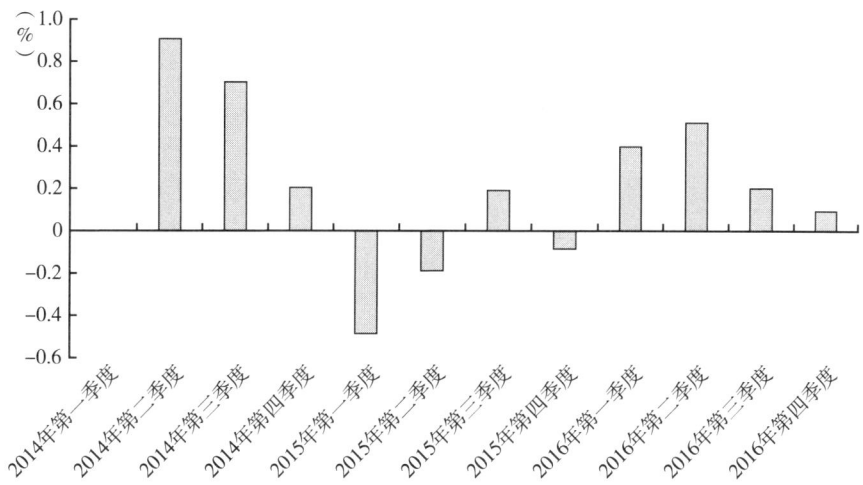

图11 各季度加拿大实际国内需求变化状况(2014～2016年)

资料来源:根据Statistics Canada数据制图 - CANSIM Table 380 - 0064, Gross domestic product, expenditure-based, 2017年3月1日。

(四)对外贸易中服务贸易上升但商品贸易下降

根据加拿大统计数据,2016年加拿大对外商品进出口额为10180亿加元,比2014年下降1.54%。其中,出口4690亿加元,同比下降2.63%;进口5333亿加元,同比下降0.56%。从图12可见,2014年以来出口额持续呈下降趋势。

分析2016年加拿大进出口下降的原因。首先,就产品而言,2016年加拿大大宗商品出口,除了第十七类运输设备同比增长5.3%外,其他五大类出口商品不同程度地减少了出口额,合计同比下降

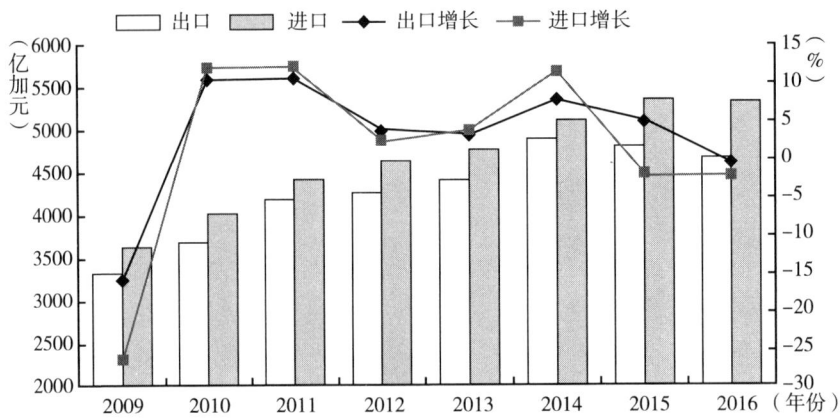

图 12　加拿大商品对外贸易进出口变化状况（2009～2016 年）

资料来源：根据 Statistics Canada 数据计算制图：Canadian International Merchandise Trade Database，2017 年 4 月 3 日。

8.9%。2015 年这五大类商品出口额在全部出口商品中的比重占 52.51%（加上运输设备则达到 71.3%），2016 年该比重下降到 49.13%（加上运输设备为 69.4%）（见图 13）。

从进口看，2016 年位于前六位的大宗商品的进口比上一年下降 1.33%。这六类大宗进口品是机电品、运输设备、化学品、矿产品、贱金属及其制品、塑料/橡胶品（其中前五类也是加拿大的大宗出口品类别①），进口合计额 3801 亿加元，在进口总额中占比 71.26%（见图 14）。在这六类大宗进口品中，前两大类商品机电品、运输设备和塑料/橡胶品进口都有微增长（增长额分别为 0.26%、1.73%、0.79%），但因为矿产品、贱金属及其制品下降幅度较大（分别为 -10.59% 和 -7.76%），以及化学品进口也有微下降（-0.36%），所以它们合计额同比下降，并在总进口额中的占比下降了 0.54 个百分点。

---

① 2016 年前五类进口品合计进口总额约 3528.6 亿加元，在进口总额中占比 66.2%，比前一年下降 0.53 个百分点。

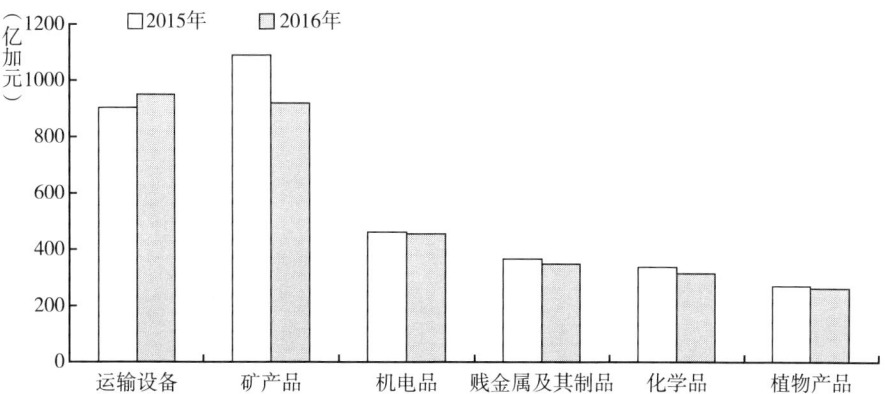

图 13 加拿大前六类大宗出口品的出口额变化情况（2016 年）

注：图内六大类出口品分别为——第十七类海陆空运输设备，图内简称"运输设备"；第五类矿产品；第十六类机器、机械器具、电气设备及其零件，录音机及放声机、电视图像、声音的录制和重放设备及其零件、附件，图内简称"机电品"；第十五类贱金属及其制品；第六类化学工业及其相关工业的产品，图内简称"化学品"；第二类植物产品。

资料来源：根据 Statistics Canada 数据制图 – Canadian International Merchandise Trade Database，2017 年 4 月 3 日。

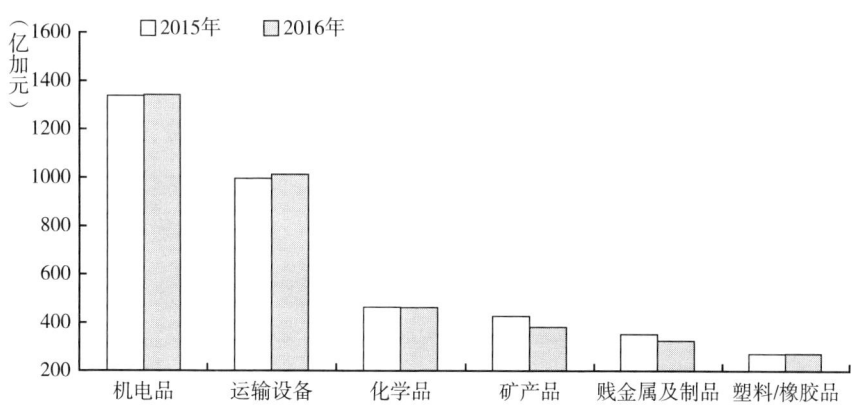

图 14 加拿大前六类大宗进口品的进口额变化状况（2016 年）

资料来源：根据 Statistics Canada 数据制图 – Canadian International Merchandise Trade Database，2017 年 4 月 3 日。

其次,从贸易伙伴看。加拿大最大的贸易伙伴是美国,2015年加拿大对美国的出口额为4022亿加元,同比下降0.62%,2016年出口进一步下降到3945亿加元,同比下降1.91%;2015年加拿大对美国的进口额为2854亿加元,增长2.5%,但2016年进口额2783亿加元,同比下降2.49%。由于对美商品进出口在加拿大对外商品贸易中的比重达到64%,其中对美商品出口比重高达76%,因此加美双边贸易的变化直接影响到加拿大对外贸易的增长状况(见图15)。

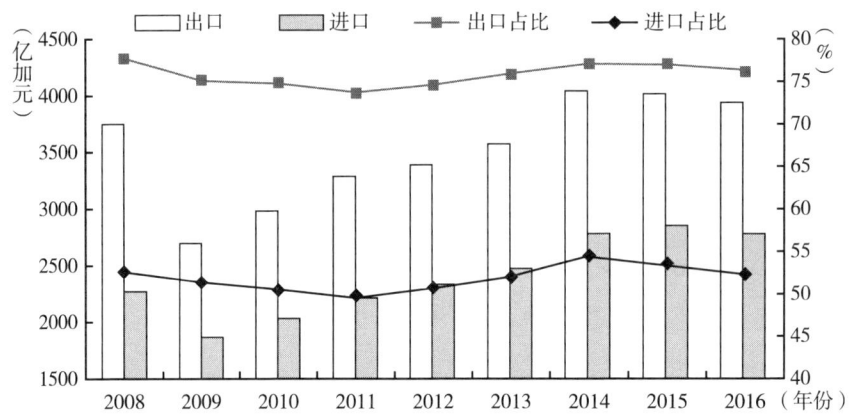

图15 加拿大对美国的出口额和进口额及其占比变化情况(2008~2016年)

注:"出口占比"指加拿大对美国的出口额在加拿大全部出口额中所占比重;"进口占比"指加拿大对美国的进口额在加拿大全部进口额中所占比重。

资料来源:根据 Statistics Canada 数据计算制图 – Government of Canada, Import, Export and Investment, Trade Data Online, Search by product (HS Code) - Trade Data Online, 2016 – 04 – 18、2017年4月3日。

从加拿大其他贸易伙伴看,2016年加拿大来自中国、英国、德国、法国、中国台湾、挪威、中国香港等主要贸易伙伴的进口下降幅度达到

0.7%~13%；加拿大对印度、荷兰、挪威、中国香港、阿尔及利亚①等贸易伙伴的出口也在减少，同比下降幅度达到8%~40%。由此，2016年加拿大与前15大贸易伙伴中的8位贸易伙伴之间的进出口贸易呈现负增长（见图16）。

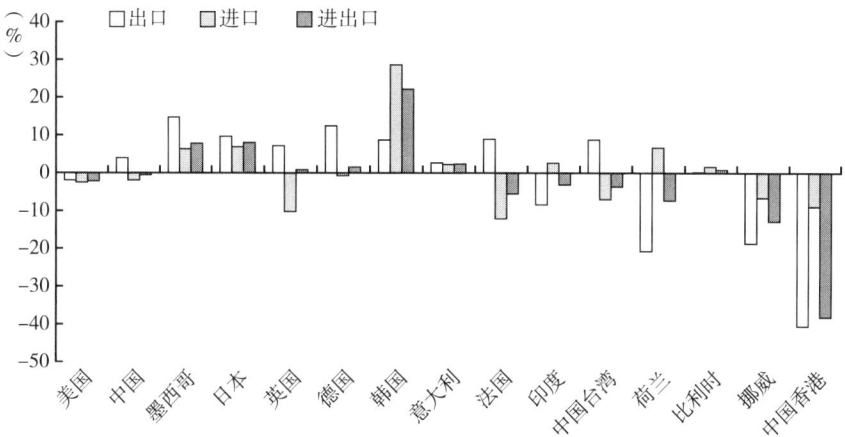

图16 加拿大与主要贸易伙伴进出口贸易同比增幅状况（2016年）

资料来源：根据Statistics Canada数据计算制图 – Government of Canada, Import, Export and Investment, Trade Data Online, Search by product（HS Code）- Trade Data Online, 2016年4月18日&2017年4月3日。

上述分析没有包括服务贸易，尽管2016年加拿大经济全年出现波动，但其服务贸易仍有所发展。商品和服务合计出口增长1.1%，进口下降1.0%；其中，服务出口同比增长4%，进口同比增长0.2%。②

值得注意的是，2013年以来，加拿大贸易条件有所下降。2015年贸易条件同比下降6.9%，2016年贸易条件下降2.1%。其中，进

---

① 阿尔及利亚在加拿大贸易伙伴中排名第十六位，因图所限这里未放入，2016年加拿大对该国出口同比下降13.5%。
② 服务贸易数据来自Statistics Canada, TELLING CANADA'S STORY IN NUMBERS, 2017年3月2日，http://www.statcan.gc.ca/daily-quotidien/170302/dq170302a-eng.htm。

口价格上涨了1.3%,而出口价格下降了0.9%。由此使GDP隐含价格下跌了0.8%。

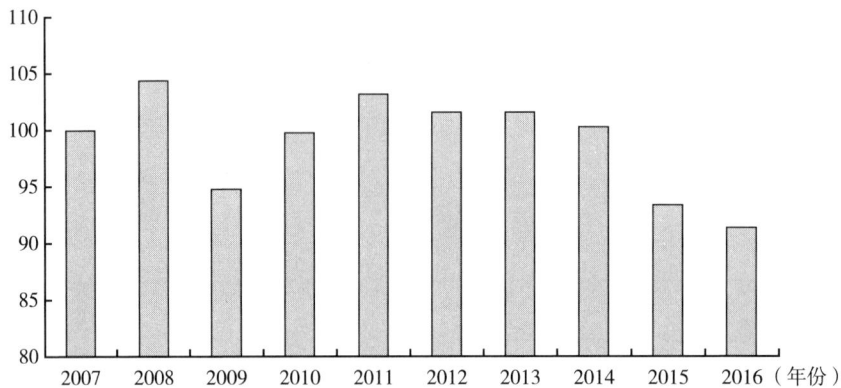

图17 加拿大贸易条件指数变化状况(2007~2016年,2007=100)

资料来源:根据Statistics Canada 数据制图 - CANSIMTable 380 - 0101 Gross national income and gross domestic income annual,2017年3月2日。

(五)全国平均失业率下降,但一些省失业率依然高企

2016年加拿大平均失业率由1月份的7.2%下降到6月份的6.8%,但7月份又上升到7%,其后波动下降,到12月份为6.9%(见图18)。

从各省的情况看,安大略、不列颠哥伦比亚、马尼托巴、萨斯喀彻温四省各月失业率低于或平于全国平均失业率;魁北克1月份显著高于全国平均水平,到7月和8月与全国平均水平(7%)持平,9月份开始持续低于全国平均水平,12月失业率降低至6.5%(全国为6.9%)(见图19)。不过,阿尔伯塔、新斯科舍、新不伦瑞克、纽芬兰-拉布拉多、爱德华王子岛等省失业率高于全国平均数,全年各月处于7.2%~15.2%,其中,纽芬兰-拉布拉多全年各月失业率高达11.8%~15.2%,爱德华王子岛全年有10个月失业率达到两位数(见图20)。

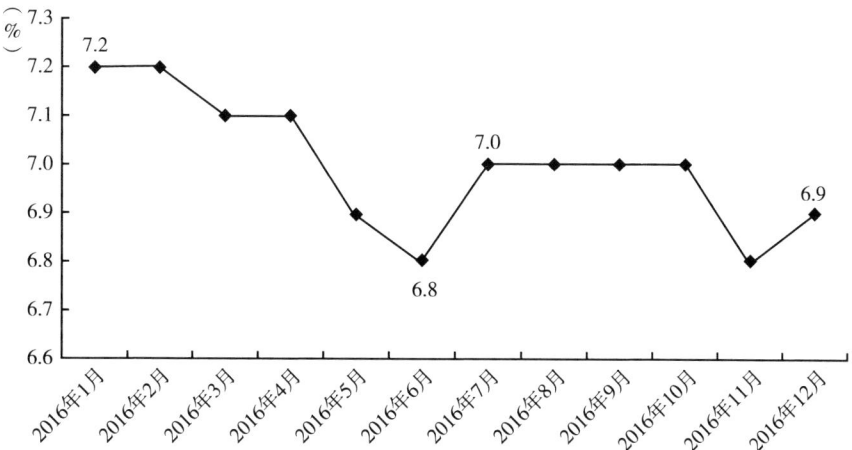

图 18　加拿大失业率（2016 年 1～12 月）

注：按 15 岁及以上人口计算。

资料来源：根据 Statistics Canada 数据制图 – CANSIM Table282－0087 Labour force survey estimates（LFS），by sex and age group，seasonally adjusted and unadjusted，monthly，2017 年 4 月 6 日。图 18 和图 19 出处相同。

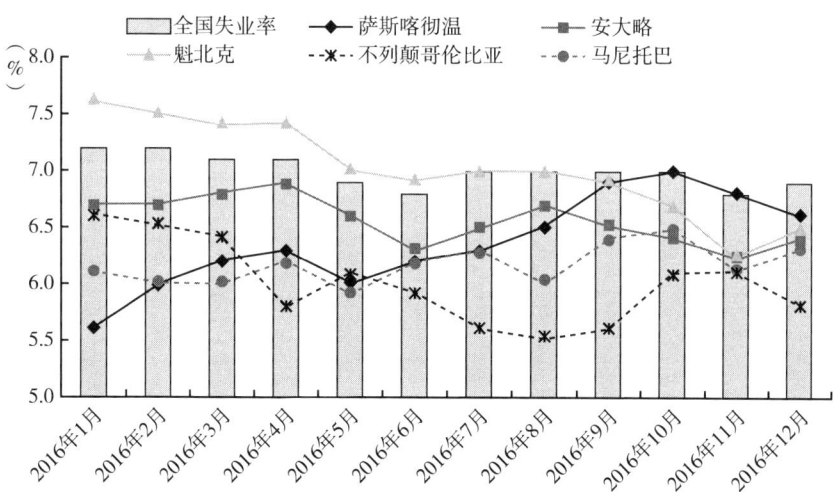

图 19　加拿大失业率低于或逐渐低于全国平均水平的省份（2016 年）

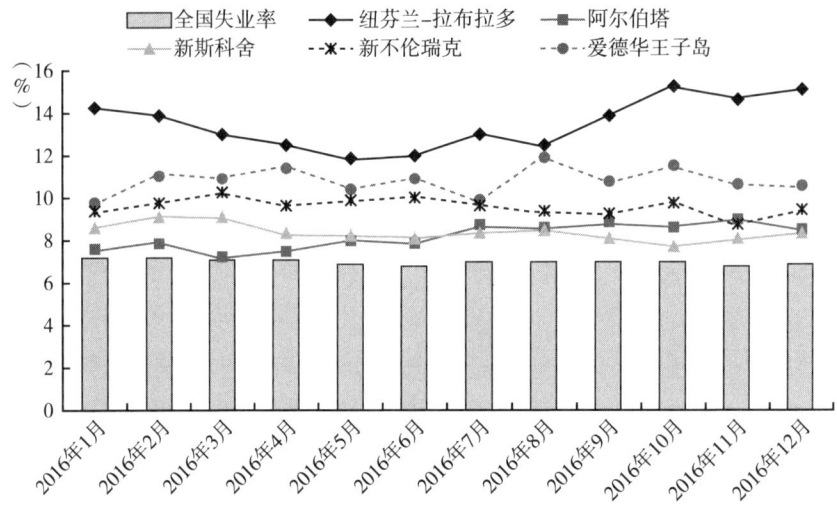

图20 加拿大失业率高于全国平均水平的省份（2016年）

三 2017年加拿大经济发展趋势

由上可见，2016年加拿大实际GDP比上年有所增长，主要源于家庭最终消费支出的增长所做出的贡献。经济增长中存在不稳定因素，如投资和对外贸易的下降，其中企业投资中非居民用建筑、机械和设备，知识产权品等投资的下降，导致固定资本形成总额减少；服务出口和进口增加，但商品出口和进口有所减少。由于产业发展情况不一，就业岗位增加在全国分布情况就不一样，一些省份失业率达到两位数。[1] 这些因素综合造成加拿大2016年全年经济虽有增长但幅度不大。

---

[1] 比如，根据加拿大统计局发布数据，2016年12月加拿大就业人口环比增长0.3%，其中专业服务、科学技术、医疗保健行业就业人口增加，但农业就业人口下降，由此该月就业率为6.9%，高于前个月0.1个百分点，其中农业省新斯科舍、新不伦瑞克、纽芬兰-拉布拉多的失业率分别从11月的8%、8.8%、14.7%上升到12月的8.3%、9.3%、15.1%。

加拿大经济发展中值得注意的是能源消费价格（CPI）与经济增长之间的关系（见图21）。

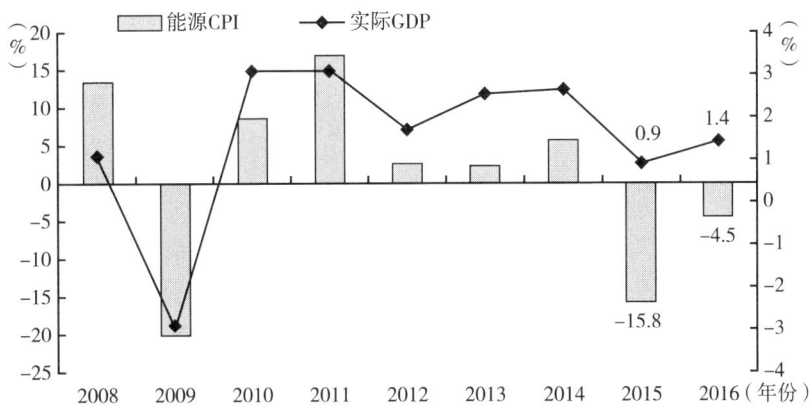

图 21　加拿大实际 GDP 增长与能源 CPI 变动状况（2008~2016 年）

资料来源：根据 Government of Canada 数据计算制图 – CANSIM Table 326–0021　Consumer Price Index，2017 年 1 月 19 日。

图 21 显示的是 2008 年以来能源 CPI 与实际 GDP 增长率变动状况。从中可见，除个别年份外，两者之间呈同方向变动，也就是，当能源 CPI 下跌时，实际 GDP 增长率就下降，反之，则上升。2016 年全年能源 CPI 同比下降 4.5%，比 2015 年的降幅大大减少。但就 2016 年而言，能源 CPI 的负增长虽然使得居民在能源上的消费支出减少，但同时也抑制了能源及相关企业固定资本投资的积极性，由此实际 GDP 同比增长率不高。

面对经济增长乏力状况，加拿大政府采取了刺激经济发展的政策。首先，发挥加拿大能源资源、技术优势，鼓励外国企业到加拿大进行能源投资，加强能源合作。其次，实施贸易多元化战略。2016年加拿大特鲁多总理在杭州参加 G20 会议期间，明确表示将与中国就建立自由贸易区进行谈判，中方也给予了积极回应。2017 年，中加双方将推动自贸协定的商谈。再次，进一步推进儿童福利、养老保险以及收入所得税等方面的改革，增加家庭收入。最后，促进旅游业的发展。2017年是加拿大联邦成立150周年，加拿大政府适时地推出了国家公园对所有游客免费、从2018年开始对18岁以下者免费、对刚入籍新公民在入籍第一年免门票等措施，来促进加拿大旅游业的发展。无疑，这将吸引更多的中国公民去加拿大旅游观光。

毫无疑问，加拿大经贸关系的多元化战略和政府出台的各项措施，将有助于推动加拿大经济的发展，降低加拿大主要贸易伙伴经济周期波动或不景气给本国经济带来的冲击和影响。而与中国建立自由贸易区的设想一旦付诸实施，将使加拿大的资源优势、技术优势大大发挥，借助中国广阔的消费市场，推进加拿大经济的发展。

B.4
2016年加拿大外交形势

刘 丹*

摘　要： 2016年是小特鲁多上台执政的第一年，其外交政策充分体现了他在竞选期间强调的多边化、国际化，也凸显了加拿大外交战略向"重返亚太"的调整。在小特鲁多的带领下，加拿大外交进入了全方位发展的新时期，主要表现出三个特点与趋势：第一，致力于改善加拿大的国际形象，特别是在难民与气候问题上持续发力；第二，巩固与欧美传统盟友的关系；第三，"重返亚太"，加强对华关系，以经贸为主导，加入亚投行，启动自贸协定可行性研究。加拿大将在国际舞台上更具话语权，中加关系也将进一步发展与深化。

关键词： 小特鲁多　全方位外交　美国　欧盟　中国

自2015年10月大选胜出起，小特鲁多的自由党执政已近两年。在小特鲁多的领导下，加拿大外交特别注重强调多边主义（Multilateralism）和接触政策（Engagement），[①] 推行全方位外交。一方面，小特鲁多政府全力清扫哈珀政府时期由于背弃国际义务和好斗

---

* 刘丹，博士，澳门大学社会科学院政府与公共行政系。研究方向为加拿大外交，中加关系，美加关系。

① Economist Intelligence Unit, "Country Report: Canada", February 24th 2017, p.4.

偏激带来的负面影响，修复与联合国的关系，重塑加拿大温和、中立的国际形象；其中积极应对难民问题和气候变化问题是最突出的亮点。另一方面，小特鲁多政府在与美国、欧洲国家巩固传统关系的同时，逐步实施"重返亚太"战略，重视与亚洲国家的交往与合作。尤其在中加关系方面，小特鲁多政府以发展经贸关系为主轴，积极参与中国倡导的多边治理机制，探索双边自贸协定的可行性，构建两国常规化的领导人对话机制，积极推动中加关系进入稳定发展的轨道。

经过执政初期的努力开拓，2016年来加拿大的外交有了更加明确的定位，开始进入全方位发展的外交新时期。正如小特鲁多在竞选时所承诺的那样，加拿大外交将改弦易辙，重回"国际主义"和"多边主义"。一年来，加拿大的外交实践充分体现了这些特点，在诸如重视全球气候治理、接受难民、修复与联合国关系等全球问题方面，以及加美、加欧、中加关系等双边关系方面，都表现出小特鲁多的外交雄心，加拿大国际形象正在得到改善，其国际影响力也正在得到提升。

一　改善国际形象，积极参与全球治理

作为一个中等强国，参与全球治理并在联合国框架内发挥作用无疑是提升国际影响力的最佳渠道。加拿大自由党在历史上就一直主张"国际主义"与"多边主义"，对全球治理向来持开放、积极态度，并且非常重视联合国的作用。加拿大从联合国建立起就在其中扮演积极的角色，提升了自身的知名度和国际地位。[①] 然而，哈珀上台之后，保守党政府对全球治理等问题的消极态度，一度使加拿大的国际

---

① 安德鲁·库帕：《全球治理向何处去——加拿大和中国视角之对比》，《当代世界》2011年第12期，第65页。

形象受到伤害。例如，在气候问题上，一改此前自由党政府积极推动谈判，并终于达成《京都议定书》的立场，哈珀放弃履行《京都议定书》第一承诺期减排义务，并在德班气候大会上阻碍第二承诺期谈判，最终做出退出《京都议定书》的决定。加拿大从全球环境治理的积极倡导者突然转变为麻烦制造者，令全球感到惊愕；这种不负责任的行为在国际社会广受诟病。①

小特鲁多上台后，加拿大重拾全球环境治理积极倡导者的大旗，气候变化政策成为人们"关注的焦点"。② 在2015年巴黎气候大会上，加拿大表现积极，非常亮眼。小特鲁多在巴黎气候大会的发言中表示，"气候变化不仅是挑战，也是历史机遇，有利于发展基于清洁能源、绿色基础设施和绿色就业的可持续经济。加拿大政府将支持和发展低碳经济，引入先进的碳定价模式"③。同时，在巴黎气候大会期间，小特鲁多还和美国时任总统奥巴马、法国时任总统奥朗德及比尔·盖茨共同宣布了一个名为"创新使命"的计划，旨在推动和加快全球公共和私营部门在清洁能源领域的创新。中国和加拿大等20国作为创始国共同加入该计划。④ 随后在2016年4月22日，小特鲁多在纽约联合国总部签署了《巴黎协定》，并承诺加拿大将通过利用可再生能源来减少温室气体排放。⑤

除了在气候变化问题上积极有为外，加拿大政府在难民问题上也

---

① 谢来辉：《全球环境治理"领导者"的蜕变：加拿大的案例》，《当代亚太》2012年第1期。
② Economist Intelligence Unit, "Country Report: Canada", February 24th, 2017, p. 4.
③ 《巴黎气候大会成果可期》，新华网，http://news.xinhuanet.com/energy/2015-12/10/c_128517452.htm，最后访问时间：2017年1月3日。
④ 高芳：《"对话加拿大"——2015巴黎气候大会COP21的前沿视角》，《世界环境》2016年第2期。
⑤ Alexander Panetta, Trudeau Signs UN Climate Treaty, But The Hard Part Will Be Respecting It, April 22, 2016. http://www.huffingtonpost.ca/2016/04/22/pm-and-other-leaders-sign-paris-climate-change-accord-at-un-today_n_9757130.html，最后访问时间：2017年1月3日。

表现突出。在2015年大选期间，小特鲁多承诺尽快从叙利亚接收2.5万名难民。2016年加拿大共接收了46700名难民，创下1980年（40271名难民）以来的最高历史纪录。其中有33266名难民来自叙利亚，总共耗资高达3.847亿加元。① 2017年，即便在美国总统特朗普拒绝所有难民入境的情况下，小特鲁多依然在推特上发文说："那些逃离迫害、恐怖和战火的人们，无论你们信仰哪种宗教，加拿大欢迎你们。多元化是我们的长处。"②

小特鲁多政府的这些作为让国际社会大为赞赏；此前哈珀政府与联合国的冷淡关系也有望得到修复。2017年1月，加拿大全球事务部召集外交部代表、外交官、学者和联合国维和官员等召开闭门会议，详细研究加拿大今后如何在联合国维和、防止冲突、解决争端、灾后援助等领域做出"有建设性"的贡献。③ 2016年2月12日，联合国秘书长潘基文访问加拿大，小特鲁多明确表示，"加拿大将修复与联合国的关系，希望担任安理会非常任理事国，并加大参与联合国维和行动的力度。"④ 这些言行不仅有助于改善加拿大和联合国的关系，也使加拿大在国际上得到了认可，其国际声誉排名位列前茅（见表1）；同时也受到加拿大民众的欢迎。根据Nanos Research的民意调查显示，2016年是加拿大民众十年以来对加拿大的国际形象最满意的一年，37%的人表示加拿大的国际形象在小特鲁多政府上台后有所改善（见图1）。

---

① Record number of refugees admitted to Canada in 2016, highest since 1980, *CTV News*, April 24, 2017. http://www.ctvnews.ca/canada/record-number-of-refugees-admitted-to-canada-in-2016-highest-since-1980-1.3382444? autoPlay=true，最后访问时间：2017年2月15日。
② 《加拿大总理特鲁多：美国不要难民，我们要！》，新华社，http://news.xinhuanet.com/world/2017-01/30/c_129463075.htm，最后访问时间：2017年2月15日。
③ 《加拿大欲重振当年联合国雄风》，搜狐网，http://mt.sohu.com/20160426/n446278460.shtml，最后访问时间：2017年2月15日。
④ 《加拿大表示将修复与联合国关系》，新华社，http://news.xinhuanet.com/2016-02/12/c_1118023981.htm，最后访问时间：2017年2月15日。

表1 国家声誉排名前十位（2015～2016年）

排名	2016年	2015年
1	瑞 典	加 拿 大
2	加 拿 大	挪 威
3	瑞 士	瑞 典
4	澳大利亚	瑞 士
5	挪 威	澳大利亚
6	芬 兰	芬 兰
7	新 西 兰	新 西 兰
8	丹 麦	丹 麦
9	爱 尔 兰	荷 兰
10	荷 兰	比 利 时

资料来源：2016 Country RepTrak: The Most Reputable Countries in the World, Reputation Institution, June 23, 2016.

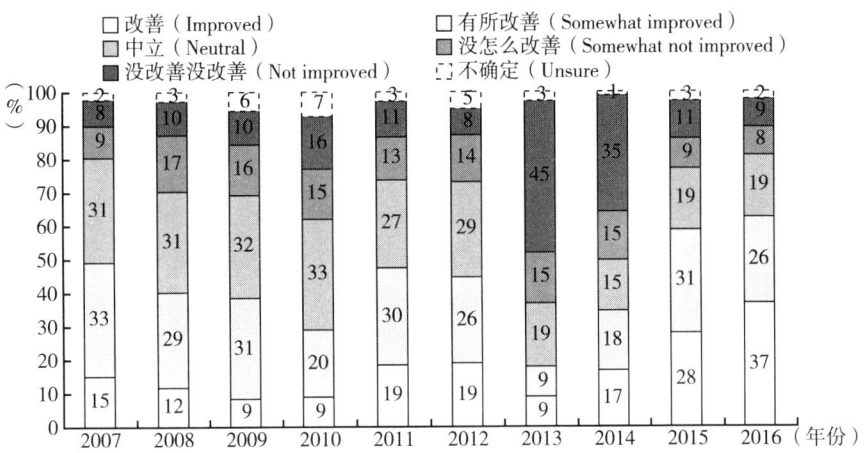

图1 加拿大的全球声誉（2007～2016年）

注：①图表数据取整，因此不一定累加至100。

②问题为：从1到5，1代表没改善，5代表改善，你给去年加拿大的国际声誉打几分？

资料来源：Mood of Canada Survey, submitted by Nanos to the Institute for Research on Public Policy, December 2016, p.11. http://www.nanosresearch.com/sites/default/files/POLNAT-S15-T719.pdf。

二 维护加美关系,加强加欧关系

美国是加拿大近邻,欧洲是加拿大远亲,两者都是加拿大在安全、经济和贸易等领域的重要合作伙伴。加美关系、加欧关系一直是加拿大政府对外政策的优先考虑。在美国特朗普总统上台后政策多变,而欧洲经济、恐袭、难民等各种危机并存的情况下,加拿大政府更加需要认真、妥善地处理好这两个双边关系。

首先,在加美关系方面,小特鲁多努力在"友好盟国"的定位前提下修缮、维护双边关系。小特鲁多上台初期与奥巴马政府建立了良好的合作关系。然而2016年特朗普上台后,先前的良好气氛面临变局的考验。以气候变化问题为例,在2016年3月第一次访美期间,小特鲁多与奥巴马在观念和态度上高度契合,二人就很多细节问题都达成一致的看法。如双方同意削减各自国内甲烷排放,承诺到2025年油气行业甲烷排放在2012年基础上减少40%~45%,并发掘削减甲烷排放的新机遇;双方承诺减少氢氟碳化合物的使用和排放,减少重型车辆温室气体排放等。① 但是这一切很快就因为特朗普上台而成为泡影。特朗普表示,温室效应与气候变化是一场大骗局,发誓要废除"有害且不必要的政策",将矛头直指奥巴马的《气候行动计划》(Climate Action Plan)。② 正因为如此,小特鲁多2017年2月第二次访美时没有针对气候变化问题与美国总统达成任何共识。

不过,小特鲁多面临的最大问题还不是加美在气候变化应对上出

---

① 《奥巴马晤特鲁多,美加承诺加强气候变化反恐等合作》,中国新闻网,http://www.chinanews.com/gj/2016/03-11/7792662.shtml,最后访问时间:2017年2月15日。
② 《加拿大总理特鲁多与美国总统特朗普将在本周日会面》,中华人民共和国商务部网站,http://www.mofcom.gov.cn/article/i/jyjl/l/201702/20170202521266.shtml,最后访问时间:2017年2月15日。

现的分歧，而是更为重要的经贸关系问题。美国作为加拿大一直以来最大的贸易伙伴，即便在美国经历页岩气革命，开始迈向能源自给的背景下，2016年加拿大对美国的贸易依然占了总贸易的约75%（见图2）。如此高度依赖的贸易关系，再加上地理位置、社会文化、政治外交乃至军事上一贯的密切联系，让加拿大都毫无疑问必须将美国视为其对外关系的首要关切。然而特朗普上台以来，三番五次威胁要撕毁或者重新谈判北美自由贸易协定（North American Free Trade Agreement，NAFTA），令加拿大工商界和政治家们都心生不安，虽然特朗普强调此举针对的是墨西哥而不是加拿大。特朗普认为是北美自由贸易协定导致墨西哥抢走了美国的工作岗位，因此承诺将在上任后100天内重谈这一协定。因此，小特鲁多2017年2月再次访美，其主要目的就是要确保加拿大不被美国针对墨西哥的措施所连累。

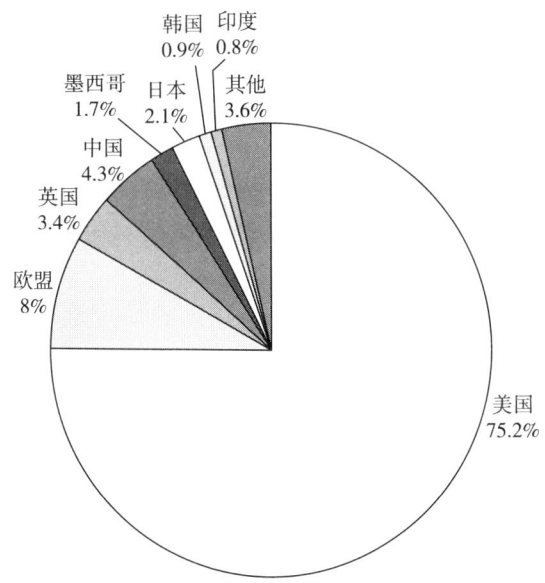

图2　2016年加拿大出口贸易情况（按国家分）

资料来源：根据加拿大统计局（Statistics Canada）数据制作，http://www.statcan.gc.ca/tables-tableaux/sum-som/l01/cst01/gblec02a-eng.htm。

事实上，加拿大的担心并非多余，而且要做到"不受牵累"也比较困难：它一方面不能失去或减少企业进入美国市场的机会，另一方面也不能表现得像一个乞求者。① 其实第二次访美之行前，小特鲁多在2017年1月改组内阁时就做了一个精心安排，任命原国际贸易部部长克里斯蒂娅·弗里兰取代斯特凡·迪翁担任外交部部长，以应对加美贸易关系及就北美自由贸易协定进行重新谈判，这么做的原因主要是因为此前的外长斯特凡·迪翁曾在美国大选期间公开批评过特朗普。② 在此背景下，两国元首会面时，特朗普一方面表示美国与加拿大的贸易关系是"突出的"（Outstanding），只需要"稍作调整"（Tweaking）；另一方面，特朗普也并未就NAFTA如何调整才能减少给加拿大带来的负面影响给出明确的说法。③

其次，在加欧关系方面，加拿大表现出进一步加强对欧关系的倾向。由于美国近年来对加拿大能源贸易的依赖性逐渐降低，以及特朗普上台后企图重谈北美自由贸易协定等，加拿大更加致力于寻求摆脱对美国的经贸依赖，加强与欧洲国家的关系。

加拿大与欧盟都是发达的经济体，加拿大与欧洲国家有着天然的族群文化联系、经济贸易联系，双边投资关系密切。欧盟长期以来是加拿大的第二大贸易伙伴，仅次于美国（目前中国已经超过欧盟，成为加拿大第二大贸易伙伴④）。2009年，加拿大与欧盟启动自贸协定谈判。但随后的谈判并不顺利，在反全球化的浪潮兴起、

---

① Economist Intelligence Unit, "Country Report: Canada", February 24th, 2017, p. 4.
② Evan Solomon, Chrystia Freeland, a foreign minister for the Donald Trump era, January 11, 2017 http://www.macleans.ca/politics/chrystia-freeland-a-foreign-minister-for-the-donald-trump-era/；《加拿大赶特朗普上任前换外长，前外长曾批判特氏》，环球网，http://world.huanqiu.com/exclusive/2017-01/9933633.html，最后访问时间：2017年2月1日。
③ Economist Intelligence Unit, "Country Report: Canada", February 24th, 2017, p. 26.
④ 《中加关系开启新里程》，http://www.gov.cn/xinwen/2016-09/24/content_5111480.htm，最后访问时间：2017年2月1日。

贸易保护主义抬头的大环境下多有波折。奥地利、德国等国都发起了反对加欧自贸协定谈判的抗议行动，保加利亚、罗马尼亚政府也因为与加拿大在签证问题上的矛盾对该协定表示反对。谈判一度被认为希望渺茫，直到8年之后方得正果。2016年10月30日，加拿大与欧盟在布鲁塞尔召开峰会成功签署《综合经济与贸易协定》（Comprehensive Economic and Trade Agreement，CETA）。2017年2月，欧洲议会以408票赞成、254票反对、33票弃权的投票结果通过CETA。[①] 加欧自贸协定对于未来加欧双边贸易关系意义重大，它将逐步取消工业商品、农业及食品、汽车等大约9000项关税，并开放包括银行业、保险业在内的服务业领域的竞争，建立更加开放的市场。小特鲁多表示，这个协议标志着加拿大与欧洲的关系开启了一个新时代。

三 重返亚洲，中加关系开启新里程

近年来，加拿大"重返亚洲"的热情不断高涨，2015年6月，加拿大环球事务研究所（The Canadian Global Affairs Institute）发布题为"加拿大与亚洲：繁荣与安全"（Canada and Asia: Prosperity and Security）的报告，强调"加拿大应该重新重视在亚洲安全事务中发挥作用"[②]。2016年4月，加拿大亚太基金会发布最新系列研究报告《亚洲因素对加拿大大西洋地区的影响》（The Asia Factor in Atlantic Canada），指出"预计到2030年，亚洲将拥有全球人口的53%，全

---

① 《欧洲议会批准欧盟-加拿大自由贸易协定》，中华人民共和国商务部网站，http://www.mofcom.gov.cn/article/i/jyjl/m/201702/20170202516466.shtml，最后访问时间：2017年3月10日。
② Marius Grinius, "Canada and Asia: Prosperity and Security", Canadian Global Affairs Institute, June, 2015, http://www.cgai.ca/canada_and_asia_prosperity_and_security，最后访问时间：2017年3月10日。

世界GDP的50%，全球中产阶级的64%"，报告预计日本、新加坡、韩国等亚洲发达经济体的经济增速将维持在1%到2%，而中国、印度等亚洲发展中国家的经济增速将保持在4%到7%。该报告称"亚洲正重新回到世界舞台的中心"。[1] 这一发展大势也在政府层面引起重视。特别是在小特鲁多政府上台后，在美国特朗普宣布退出《跨太平洋伙伴关系协定》（TPP）后，加拿大加快了其他双边自由贸易协定的谈判磋商。继加拿大与欧盟签署自贸协定之后，加拿大积极探索与中国、日本的自贸协定谈判。

日本是全球第三大经济体，曾经是加拿大的第二大贸易伙伴，然而近年来，日本的贸易地位有所下降，退到第五的位置。两国对贸易疲软的情况都表示不满意。2016年6月，小特鲁多访问日本，双方讨论了两国商务、安全合作以及投资、教育、贸易等问题。访日期间，小特鲁多还特别会见日本斯巴鲁、丰田以及本田等汽车公司的高管，希望这些企业未来继续留在加拿大。而对于非常依赖液化天然气的日本来说，加拿大是日本最大的能源进口国之一，日本也希望"加拿大能够尽快开放液化气输送许可，将更多的液化天然气出口日本"。[2] 这种互有需求的情况是两国进一步加强经贸合作的良好基础。实际上，两国的自由贸易谈判早在2012年已经开始，但由于加拿大国内汽车行业的反对、TPP谈判等原因，在经过七轮谈判后一直处于停滞状态。2017年4月，加拿大国际贸易部部长尚帕涅在众议院国际贸易委员会上表示，联邦政府已经通知日本政府三个部长，希望恢复加拿大与日本的双边贸易谈判，并强调会与日本保持"非常密切

---

[1] APF Canada Releases "Tha Asia Factor in Atlantic Canada" Project Reports, The Asia Pacific Foundation of Canada, April 27, 2016. http：//www.asiapacific.ca/media/news-releases/47766，最后访问时间：2017年3月10日。
[2] 《特鲁多访问日本，能否促成日本汽车巨头加码投资加国成焦点》，新浪网，http：//finance.sina.com.cn/money/forex/datafx/2016-05-24/doc-ifxsktvrl178259.shtml，最后访问时间：2016年5月24日。

的接触"。①

在中加关系方面，早在小特鲁多上台之初，就多次表示对未来中加关系发展充满信心。②执政一年多以来，中加两国实现了高层互访，在经贸、司法、文化交流等各个领域都开展了良好的合作，双方重视合作的制度化建设，力推两国关系进入稳定发展的新阶段。

中国是加拿大第二大贸易伙伴，经贸关系一直是中加关系的重头戏。同时，中国积极推动全球治理进程，完善世界经济体制，在国际社会中的影响力不断加强，成为加拿大无法忽视的最重要的"亚洲因素"之一。小特鲁多执政一年来，中加经贸关系在继续发展的基础上取得新的突破。

第一，加拿大最终放下顾虑，加入由中国发起的亚洲基础设施投资银行（Asian Infrastructure Investment Bank，AIIB）。此前，加拿大对于亚投行一直抱着观望和犹豫的态度，一方面有其国内因素的考量与影响，包括前保守党政府的对华政策相对冷淡、"价值观"外交大行其道、加拿大国内对亚投行的宣传非常少、民众了解有限；另一方面，来自美国的影响和压力也让加拿大对于是否加入亚投行颇感为难。同时，2015年的大选也让加拿大全国的注意力主要集中在国内事务，对加入亚投行的考量也被滞后。直到2016年8月，加拿大政府才最终宣布加入亚投行。尽管错过了成为创始国的机会，但是用加拿大不列颠哥伦比亚大学亚洲研究院院长肖逸夫（Yves Tiberghien）的话来说，虽然晚了一点，但"这是非常重要的一步"。肖逸夫认为，亚投行架构非常良好，运作卓有成效。亚投行将成为一个非常重

---

① 《加拿大希望恢复与日本的贸易谈判》，中华人民共和国商务部网站，http://www.mofcom.gov.cn/article/i/jyjl/l/201705/20170502568245.shtml，最后访问时间：2017年6月2日。
② 《小特鲁多对中加关系未来有信心》，凤凰网，http://news.ifeng.com/a/20151021/45835036_0.shtml，最后访问时间：2017年6月2日。

要的国际机构,加拿大只有置身其中才能发挥作用。短期而言,加拿大企业能够通过亚投行的基础设施建设,获得工程项目并从中受益。①

第二,加强与中国在G20框架下的经贸与全球治理合作。中国与加拿大都是偏好稳定与秩序的国家,对于全球治理都抱着积极的态度。G20作为集合了主要发达国家和新兴市场国家的重要多边对话机制,在应对经济危机、推动全球治理机制改革方面扮演了非常重要的角色。中国自2013年以来积极推动能源、气候变化、粮食安全、基础设施投资、反腐等非传统议题加入G20议程,致力于让G20成为2014年峰会上习近平主席所说的"真正的世界经济稳定器"。②加拿大高度评价中国在G20的表现,著名的加拿大学者约翰·柯顿认为"中国在G20治理中,从一开始就是一个重要的、日益活跃的、扩张的、有效的全球领袖,而且正在逐步转变为更强大的领导者"。③2015年中国接任G20主席国,并于2016年9月在杭州召开G20峰会。峰会前夕,小特鲁多特别安排提前到华进行正式访问。访华期间,小特鲁多积极与中国企业家进行接触,在阿里巴巴,他表示希望借助天猫为加拿大中小企业开拓巨大的中国市场。根据阿里研究院最新发布的《贸易的未来:跨境电商连接世界——2016中国跨境电商发展报告》,加拿大在跨境电商连接指数中排名第7(见图3)。对于电商领域合作的重视,可以说是中加两国经贸合作的新课题。

第三,中加开启了自贸协定可行性研究。中加经贸关系一直以来就是中加关系的压舱石。中国是制造业、能源需求大国,加拿大是能

---

① 《加拿大专家评加入亚投行:虽然晚了点,但依然很重要》,中国新闻网,http://www.chinanews.com/gj/2016/09-01/7990912.shtml,最后访问时间:2017年6月2日。
② 《习近平:让G20真正成为世界经济稳定器》,中国网,http://news.china.com.cn/2014-11/16/content_34062062.htm,最后访问时间:2017年6月2日。
③ 《加拿大学者:中国在G20治理中是有效的全球领袖》,环球网,http://world.huanqiu.com/exclusive/2013-08/4274829.html,最后访问时间:2017年6月2日。

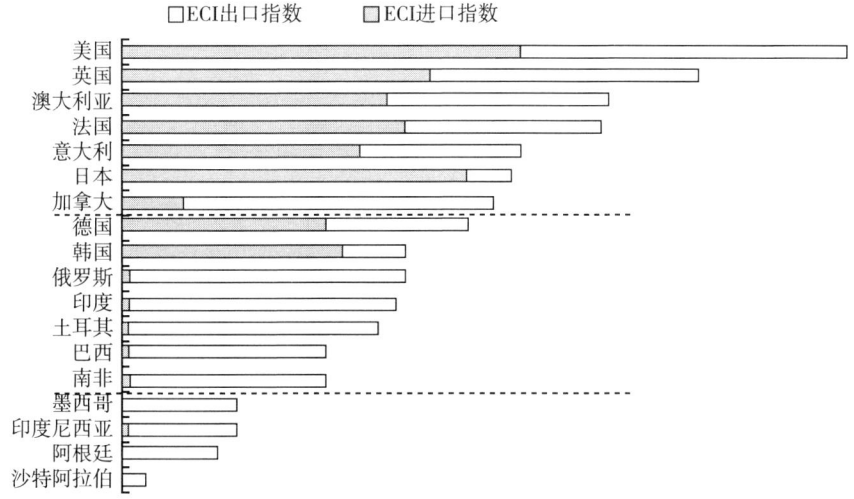

图 3　中国与 G20 其他国家跨境电商连接指数

资料来源：阿里研究院，http://i.aliresearch.com/img/20160901/20160901101059.pdf。

源净出口国，两国经济有很强的互补性，这是双方经贸发展的动力和保障。同时，中国如此庞大的市场以及在全球经贸领域具有日益扩大的影响力，对加拿大具有无法拒绝的吸引力。此前哈珀政府的对外政策受到美国的影响比较大，对华关系冷淡，错过了很多推进两国经贸合作的机会，尤其中国与其他几个中等国家（如韩国、澳大利亚等）纷纷签署自贸协定后，使加拿大感到压力巨大。因此，小特鲁多政府上台后急需对中加关系进行调整和加强。由此，之前一直没有起色的中加自贸协定开始被迅速提上日程。2016 年 4 月，旨在积极推动两国自贸协定谈判的加中自由贸易协定论坛在多伦多市政厅召开。小特鲁多专门致信论坛，表示"加拿大政府清楚对华贸易与投资的重要性，会积极努力提升两国商业、文化和社会关系"。[1] 紧接着 2016 年

---

[1] 王泽茜：《加拿大政府转变对华政策，中加自贸协定谈判有望加速》，《中国产经新闻》，2016 年 4 月 12 日，第 2 版，第 1 页。

9月，时任中国总理李克强受小特鲁多之邀访问加拿大，两国就中加自贸协定可行性研究达成共识。① 2017年2月20日至24日，中国－加拿大自贸区联合可行性研究暨探索性讨论在北京举行第一次会议，随后4月24日至28日，在加拿大举行第二次会议。这种可行性研究旨在分析两国经贸合作潜力，并就各自关注的问题及对双边自贸协定的预期广泛地交换意见，为两国政府未来正式启动自贸区谈判提供了重要的参考依据。在两国高效推动自贸协定进程的同时，加拿大民众对于中加自贸协定的态度也因有了更加深入的了解而日益开放。根据2016年夏天EKOS研究协会进行的亚太基金会民意调查显示，46%接受调查的加拿大人支持与中国的协议，同时也有46%持否定态度。在2014年同类调查中，支持率为36%，反对率为50%。② 两者相比，已有明显的改善。此前加拿大方面主要是担心中国在双边贸易中具有绝对优势，尤其是双方在加拿大的自然资源的非关税壁垒限制上存在分歧，例如油菜籽等。但这一问题也在2017年有了突破性的解决。2016年中国进口了480万吨加拿大油菜籽，加拿大油菜籽理事会委托的独立分析认为，如与中国达成自贸协定，仅油菜籽增加的出口就能为加拿大创造33000个新的岗位，而且如果消除关税，相关产品的对华出口每年可以增加12亿加元。因此，加拿大油菜籽行业表示欢迎中加自贸协定谈判。③

除了两国在经贸关系上的发展与突破外，过去一年里，中加两国还在司法合作、高层互访机制等领域有所成就。早在2016年9月，

---

① 邓成功：《中加合作多面开花，自贸协定谈判即将启动》，《中国产经新闻》，2016年9月27日，第2版，第1页。
② 《加联邦政府承诺对与中国的潜在自贸协定展开公众咨询》，中华人民共和国商务部网站，http：//www.mofcom.gov.cn/article/i/jyjl/l/201701/20170102496923.shtml，最后访问时间：2017年6月2日。
③ 《加拿大油菜籽行业欢迎中加自贸协定谈判》，中华人民共和国商务部网站，http：//www.mofcom.gov.cn/article/i/jyjl/l/201703/20170302539081.shtml，最后访问时间：2017年6月5日。

小特鲁多就在一次新闻发布会上透露,加拿大政府正在考虑与中国签订引渡协议。2017年1月19日至20日,中国与加拿大司法执法合作第六轮磋商在渥太华举行,在2016年中加两国总理互访及中加高级别国家安全与法治对话的基础上,双方就两国引渡、移管被判刑人、资产返还和遣返罪犯嫌疑人等相关法律制度及实践进行了深入交流,并针对进一步加强司法执法领域合作的具体举措达成了共识。①

四 结语:开局良好,挑战不少

小特鲁多政府一年多来在对外关系方面表现得十分积极,充分实践了其在大选期间重返多边主义和国际主义的承诺,力图纠正哈珀保守党政府时期加拿大的状况。一方面着力改善加拿大的国际形象,试图通过气候治理、收留难民、改善与联合国的关系等行动告诉世界:温和中立的加拿大回来了!另一方面,邻国诸多变数、北美自由贸易前景堪忧,也给加拿大未来的发展增加了压力,加拿大将更多地转向欧洲和亚洲,尤其后者,在加拿大的政策目标中已然是一个坚定的发展方向。不过,国际局势瞬息万变,对于小特鲁多及其政府来说,仍然面临各种挑战,需要付出更多努力和智慧才能应对,例如,在气候问题上,自由党政府目前给出的目标其实仍然停留在上一届保守党政府制定的目标上,能否更进一步,还需要更多地考虑国内利益集团、各省和地区政府的态度以及国际气候谈判的进程。又如加欧自贸协定,全面实施还需获得欧盟30多个国家和地区议会的批准,而目前的欧洲正处于十字路口,不确定性依然很大。再如美国对于北美自由贸易协定的不满和调整将会对加拿大带来多大的负面影响前途莫测,

---

① 《中加司法执法合作第六轮磋商在加拿大举行》,中华人民共和国外交部网站,http://www.fmprc.gov.cn/web/wjb_673085/zzjg_673183/t1433304.shtml,最后访问时间:2017年6月5日。

未来如何灵活处理与这个庞大的邻居的关系是自由党政府的一个难题。最后，中加关系进入新阶段是一个好的趋势，两国经贸关系也有望迈入更有益和有效的发展阶段。不过中加关系中也一直存在个别不和谐的声音。例如，2017年就连续出现加拿大《新闻报》（La Presse）报道中国驻加记者曾从事间谍活动，以及《环球邮报》（The Global and Mail）报道中国出于政治目的在教科书中捏造爱迪生故事等。虽然中国驻加拿大使馆针对这些不实报道及时做出说明，但难免给两国关系带来一定的负面影响。[①] 可见，未来想要通过全方位外交实现其国家利益，加拿大政府还需要付出更长远的努力，准确判断国际形势，使其大战略更灵活更细化。

[①] 《驻加拿大使馆新闻发言人杨云东就加〈新闻报〉不实涉华报道发表谈话》，中华人民共和国驻加拿大大使馆网站，http：//ca.china-embassy.org/chn/xw/t1458656.htm，最后访问时间：2017年5月3日；《中国驻加拿大大使馆就加〈环球邮报〉歪曲解读中国教科书的有关立场说明》，中华人民共和国驻加拿大大使馆网站，http：//ca.china-embassy.org/chn/xw/t1459998.htm，最后访问时间：2017年6月10日。

专题报告

Special Reports

B.5
当前加拿大经济发展态势

Geoffrey McCormack*

摘　要：由于经济危机前长期稳健的盈利能力和资本积累，加拿大经济经受住了 2008~2009 年经济大衰退的考验，表现优于其他国家。自 2014 年以来，尽管企业的现金储备不断增加，但其盈利能力不断下降，债务水平也不断上升。同时，家庭债务也不断增长。这些趋势都给国家的金融体系和整体经济带来越来越大的风险。其中石油和天然气是最不稳定的领域。全球经济衰退和化石燃料供应过剩导致石油价格下跌，对石油工业的盈利能力产生了负面影响，其结果是经济增长乏力。

---

* Geoffrey McCormack，博士，美国波士顿惠洛克学院助理教授（Wheelock College），研究方向为政治经济学。

因此,特鲁多政府加大努力将本国石油推向市场,并与国际社会寻求多边合作以促进经济增长,其中包括与欧盟签订全面的经济贸易协议,并宣布有意加入亚洲基础设施投资银行。与此同时,特鲁多政府致力于提高国内基础设施投资力度,实现其选举承诺。加拿大银行也持续保持低利率来刺激经济活动。然而,在经济增长缓慢和低息贷款的背景下,房地产市场泡沫的风险越来越大。联邦政府试图通过收紧房贷政策来控制风险。基于上述种种原因,尽管特鲁多政府付出诸多努力,但加拿大的经济前景依然未卜。

关键词: 加拿大 经济 特鲁多

一 前言

要想了解加拿大经济的近期发展状况,必须先研究2008～2009年经济大衰退导致全球经济陷入长期停滞的背景。加拿大在进入和历经经济衰退的过程中,其经济表现都相对稳定,这与该国的经济历史密切相关。特别是,长期强劲的公司盈利能力、资本积累以及企业经营状况不断改善使得该国避免了经济衰退造成的最坏结果。然而,近期数据表明,加拿大经济增长乏力。经济状况的相对不稳定性与该国在全球经济秩序中的地位和其石油及天然气产业的重要性相关。本报告首先简要分析了加拿大在经济危机前和持续过程中的特定经济历史。在此历史背景下,报告分析了加拿大经济的近期发展趋势。加拿大的经济命运与商业部门的盈利能力密切相关。

二 历史背景

2008~2009年的经济大衰退使全球进入新的经济动荡阶段，也标志着21世纪首个长期经济萧条时期的开始[1]。美国是这次经济危机的中心，遭受了金融和经济上的双重困难。尽管加美两国存在着紧密的金融、工业和贸易联系，但加拿大的经历却截然不同。在金融危机期间，加拿大的整个金融体系一直未受影响，企业破产率始终低于危机前的水平。尽管加拿大和美国的GDP都出现萎缩，但加拿大的恢复速度更快。事实上，加拿大是G7国家中GDP和就业率都先走出大衰退的国家[2]。

加拿大经济稳定是危机前其长期强劲的盈利能力和资本积累的结果。当利润增长时，经济趋于稳健[3]。企业进行投资，就会创造就业机会，增加产出，他们破产的可能性就很小。加拿大稳健的经济系统使其经受住了金融风暴的冲击[4]。

图1显示了1981~2015年加拿大利润率和利润额的变化情况。它们都是衡量经济整体稳健性的重要指标。[5] 如果利润率下降，就会导致利润额降低，最终会使近期投资产生负收益率，或导致边际利润

---

[1] Shaikh, A. (2010). The First Great Depression of the 21st Century in G. Albo, V. Chibber, L. Panitch (Eds.), Socialist Register 2011, pp. 44-63.

[2] McCormack, G. and T. Workman (2015). The Servant State: Overseeing Capital Accumulation in Canada. Blackwood, NS: Fernwood Press, pp. 25-30.

[3] Grossman, H. (1929/1970). Das Akkumulations- und Zusammenbruchsgesetz des kapitalistischen Systems. New York, New York: Burt Franklin.

[4] McCormack, G. and T. Workman (2015). The Servant State: Overseeing Capital Accumulation in Canada. Blackwood, NS: Fernwood Press.

[5] 利润率是本年度营业盈余净额与上一年度非住宅线性年终净资本总量的比率，可用以下方程式表示：$r = \frac{P_t}{K_{t-1}}$。其中，r代表利润率，K代表非住宅线性年终净资本量，P代表营业盈余净额（即利润额），t代表时间。

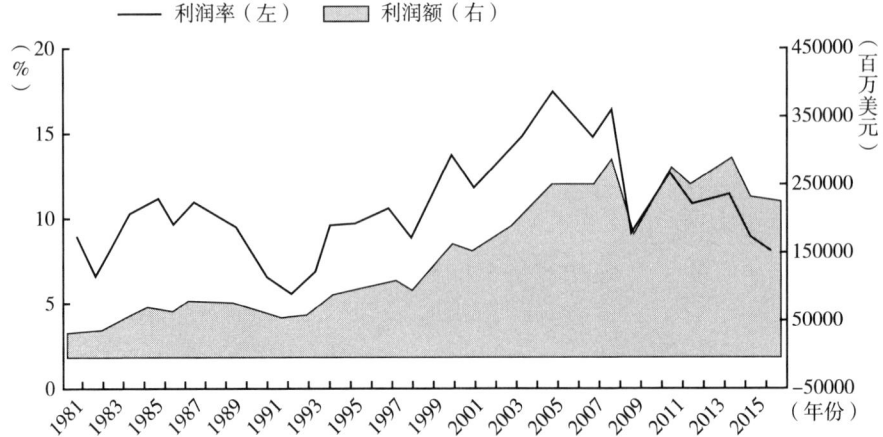

图 1 加拿大盈利能力

资料来源：加拿大统计局、加拿大统计局出版物和在线服务（CANSIM）表 380-0063 和 031-0006（加拿大统计局），作者统计计算。

率的出现。[①] 当边际利润率为零或负值时，企业就不太可能投资购置额外的机器和设备，同时也更容易陷入财务困境。同样，如果利润额持续增长，边际利润率为正值，那么企业就可能投资购置新机器和设备，同时也不太可能出现财务困难。

如图 1 所示，1993 年至 2005 年，加拿大的利润率都呈增长趋势，并在 2005 年到达峰值点，然后 2006 年开始回落。1992 年，加拿大的利润率为 5.67%，至 2005 年到达 17.38% 的峰值点，此后又跌落至 8.18%。重要的是，利润率的下降并没有伴随利润额的下降，因此边际利润率在 2009 年之前始终保持为正值。换言之，利润额由 1992 年的 500 亿美元增长至 2008 年的 2940 亿美元，然后在 2009 年又跌落至 1700 亿美元。此后，它就一直没有恢复至危机前的水平。结果当加拿大遭遇经济大衰退时，其利润额仍持续增长，同时该国企业的经营状况

---

① 边际收益率（ρ）是当期利润变化与上一时期资本存量变化的比值，表达式为：$\rho = \dfrac{\Delta P_t}{\Delta K_{t-1}}$。

也不断改善。换言之,加拿大在经济大衰退(2008~2009年)之前长时间的强劲盈利能力使得该国经济总体上摆脱了大衰退带来的最坏结果。

尽管加拿大经济在1993~2008年保持相对稳定,但最近发展趋势却渐显疲弱。

三 盈利能力和资本积累

近年来,由于企业盈利能力受到影响,加拿大的经济变得越来越脆弱。如图2所示,自2014年以来,加拿大利润额在不断减少。从2014年第三季度至2016年第二季度,其利润额减少了30%(约830亿美元)。同样,国内生产总值利润份额已经从2014年第三季度的14.03%下降至2016年第二季度的9.83%。[①] 此外,自2014年以来,加拿大边际盈利一直低于美国的边际盈利能力。[②] 因此,近几年来,加拿大盈利能力情况较差,并且经济相对不稳定性在逐渐增强。

图2 公司盈利

资料来源:加拿大统计局、加拿大统计局出版物和在线服务(CANSIM)表380-0063。

---

① Statistics Canada, CANSIM Table 380-0063.
② Marginal Efficiency of Capital, AMECO, http://ec.europa.eu/economy_finance/ameco/.

盈利能力的降低一直伴随着企业投资的萎缩。反过来，缓慢的投资表现为企业现金储备的缓慢增长、企业杠杆化、集中经营增多（企业并购增加）和缓慢的就业、工资和GDP的增长。我们将进一步研究这些趋势。

图3　投资率

资料来源：加拿大统计局、加拿大统计局出版物和在线服务（CANSIM）表031-0006，作者统计计算。

图3显示了自1981年以来加拿大的投资率。投资率是投资额与当年资本净存量的比值。① 投资率由1993年的10.8%上升至2006年峰值点的14.6%，然后下跌，到2015年达到11.6%。自2006年以来，平均投资率为13%。

图4显示了加拿大企业部门资本净存量积累率。② 数据显示，2014~2016年，积累率稳步下降，与此同时，企业部门的利润开始

---

① 投资率（ι）可用如下方程式表示：$\iota = \dfrac{I}{K}$。其中，I代表投资额，K代表企业部门资本存量。

② 投资率为投资额与资本净存量的比值，积累率（α）指资本存量的年增长率，可以用下面的方程式表示：$\alpha = \dfrac{\Delta K_t}{K_{t-1}}$ 其中，K代表资本存量，ΔK代表资本存量变化，t代表时间。

萎缩。2014年积累率为3.7%，2016年为1.5%。也就是说，利润下滑后，企业部门的资本积累率增长速度显著放缓。

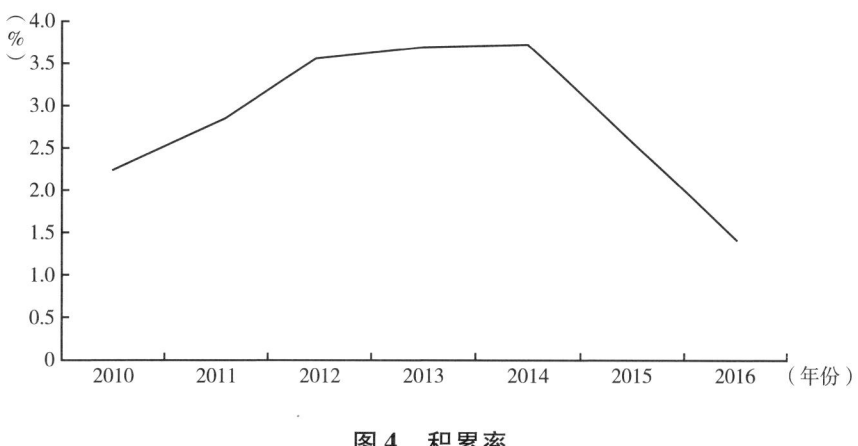

图4　积累率

资料来源：加拿大统计局、加拿大统计局出版物和在线服务（CANSIM）表031-0009，作者统计计算。

事实上，自2014年第三季度以来，固定资本形成总额一直呈下降趋势。2014年第三季度，固定资本形成总额为4190亿美元。两年后的2016年第三季度，跌到了3850亿美元。换言之，2014~2016年，固定资本形成总额下降了8.22%。[1]

自2014年以来，所有产业的资本积累速度都放缓了2.19%。其中放缓幅度最大的是采矿、采石以及石油和天然气开采行业，其积累率下降了7%，2014年为10.80%，2015年下降到3.80%。因此，石油和天然气行业放缓速度最快。这点非常重要，因为这个产业的资本存量占全国总资本存量的30%，价值约为8630亿美元。[2]

[1] Statistics Canada, CANSIM Table 380-0068, Chained (2007) dollars.
[2] Statistics Canada, CANSIM Table 031-0006, Current prices.

近期资本积累和企业投资放缓的趋势必须放在2008~2009年经济大衰退后经济陷入长期停滞的背景来理解。它一直伴随着现金储备的增长，企业并购率不断增加，企业杠杆化上升，就业和GDP的增长停滞以及低通货膨胀率。我们将详细探讨这些趋势。

四 加拿大公司行为

"未流通资本"的积累正日益受到政府官员的关注，他们希望企业能投入这些资本进行创新和经济增长。① 事实上，加拿大的企业现金持有量在2016年第三季度达到了7770亿美元的历史新高。

不断增长的现金持有量有助于加拿大在2008~2009年大衰退期间稳定经济（见图5）。然而，它们一直遭到诸如国际货币基金组织和加拿大会议局等研究机构的批评，认为加拿大企业正在错过生产性投资的机会。② 近年来，加拿大现金持有量增长速度比任何其他G7国家都要快。③

然而，自2005年以来，随着利润率开始下降，公司年现金持有量增长率也一直在放缓（见图6）。这种放缓趋势反映了全球经济低迷背景下，企业面临着越来越多的困难。

图7显示了企业现金持有量占国内生产总值（GDP）的比例。就GDP占比而言，加拿大企业现金持有量的GDP占比几乎比美国高出

---

① Carmichael, K. R. Blackwell, G. Keenan (2012, April 22). Free up "dead money," Carney exhorts corporate Canada. *The Global and Mail*. Retrieved from http：//www. theglobeandmail. com.
② Business Enterprise R&D. (2013). *The Conference Board of Canada*. Retrieved from http：//www. conferenceboard. ca.
③ Goodman, L. (2014, May 23). Canadian businesses accumulating dead money faster than other G7 countries. *The Globe and Mail*. Retrieved from http：//www. theglobeandmail. com.

四倍。① 1991年，加拿大企业现金持有量占国家GDP的16%，2016年为38%。

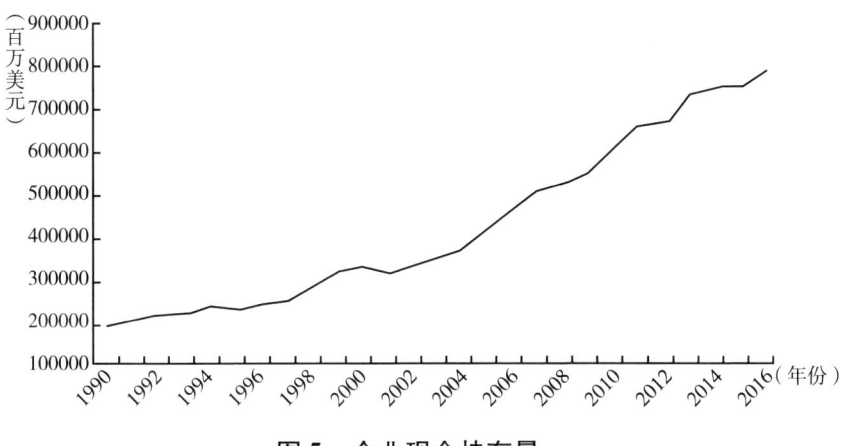

图5　企业现金持有量

资料来源：加拿大统计局、加拿大统计局出版物和在线服务（CANSIM）表378-0121。

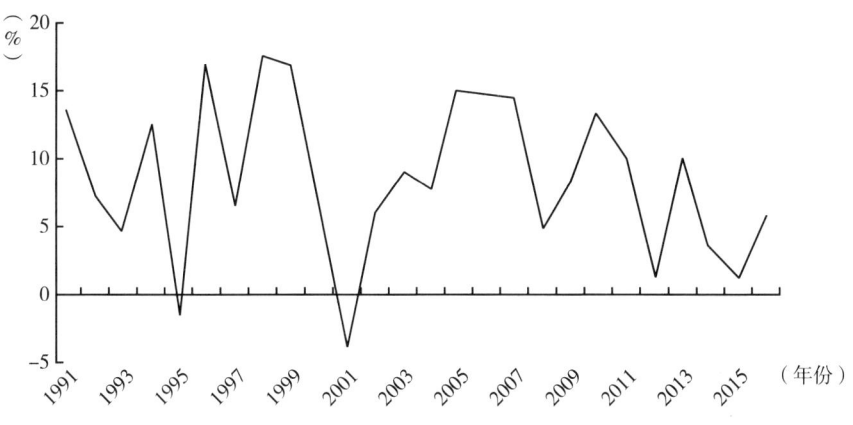

图6　企业现金持有量增长率

资料来源：加拿大统计局、加拿大统计局出版物和在线服务（CANSIM）表378-0121；作者统计计算。

---

① Hashimoto, Y. and N. Kinoshita (2016, January). The Financial Wealth of Corporations. *International Monetary Fund*. Retrieved from http://www.imf.org/, p. 10.

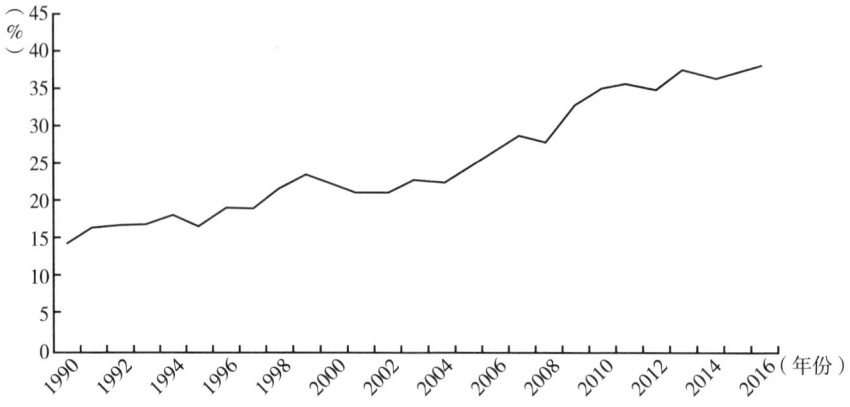

图 7　企业现金存有量的 GDP 占比

资料来源：加拿大统计局、加拿大统计局出版物和在线服务（CANSIM）表 378 - 0121 和 380 - 0063；作者统计计算。

（一）现金持有量的利用

在投资缓慢和资本积累的情况下，研究企业的行为以及过去十年半期间加拿大企业现金持有量的增长是非常重要的。企业有五种方式可以利用现有资金：第一，它们可以投资现有业务；第二，它们可以开拓新的业务；第三，它们可以偿还现有的债务；第四，它们可以向股东派发红利；第五，它们可以回购或取消股份或持有储备股份。加拿大公司在没有足够盈利机会来扩大现有业务的情况下，公司会利用现金储备来回购股票、消减债务和进行企业兼并收购。

（二）股份回购

上市公司利用手中持有的现金进行股份回购。例如，在 2008 年和 2013 年间，提姆 - 荷顿（Tim Hortons）公司回购了 15.50% 的股份。同样，BMTC 集团回购了 12.10% 的股份，罗渣士传讯公司

（Rogers Communications Inc.）回购了19%的股份。[1] 股份回购趋势一直持续到2016年和2017年。例如，加拿大皇家银行于2017年启动了一项股份回购计划。[2] 同样，加拿大国家铁路也在进行股份回购。[3] 重要的是，这些股份回购行为主要是因为加拿大企业巨大的现金持有量给予了其强有力的资金支持。

（三）去杠杆化

除了股份回购外，加拿大企业在20世纪90年代和21世纪初的大部分时间都在去杠杆化。换句话说，它们消减了与企业经营价值相关的债务负担。

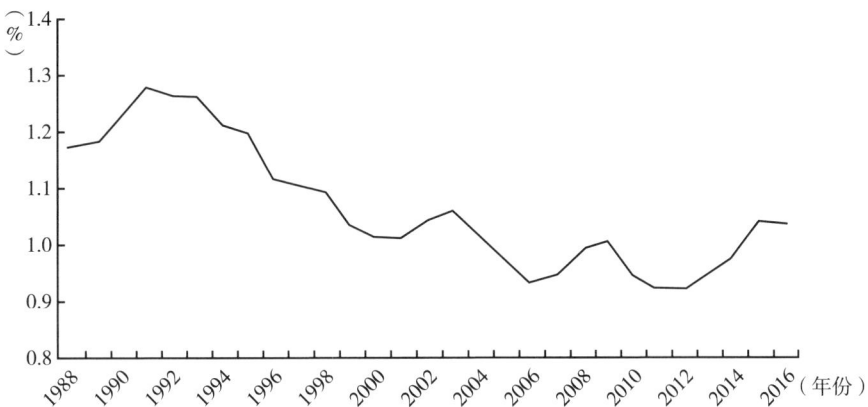

图8 非金融公司债转股比率

资料来源：加拿大统计局、加拿大统计局出版物和在线服务（CANSIM）表187-0002。

---

[1] Lau, A.（2013, June 26）. Canadian stocks with a knack for buybacks. *The Globe and Mail*. Retrieved from http://www.theglobeandmail.com.
[2] RBC（2017, January 27）. Royal Bank of Canada announces specific share repurchase program. *Royal Bank of Canada*. Retrieved from http://www.rbc.com.
[3] CN（2016, October 25）. CN announces new share repurchase program. *CN*. Retrieved from http://www.cn.ca.

图 8 显示了非金融公司的债转股比率。非金融公司债转股比率是企业负债的总价值与股东股本总价值的比率。这一比率由 1991 年的 1.28 稳步下降至 2000 年的 1.01，并在 2012 年达到 0.92 的历史低点，之后又反弹增长。债转股比率在 2015 年到达 1.04 后，2016 年为 1.03。因此，经过长期的去杠杆化过程，企业于 2013~2016 年开始利用杠杆工具。

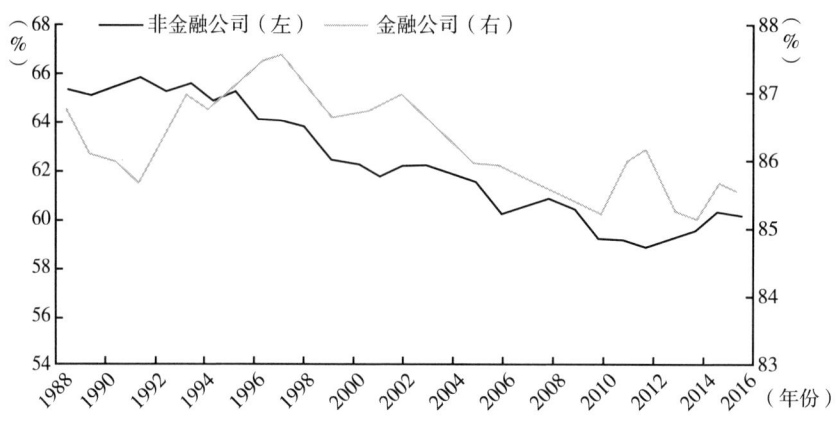

图 9　资产负债率

资料来源：加拿大统计局、加拿大统计局出版物和在线服务（CANSIM）表 187 - 8001，作者统计计算。

图 9 从不同角度显示了公司的去杠杆化过程。资产负债率是公司负债总额与资产总额的比率。后者包括有形资产和无形资产以及知识产权。数据显示，金融公司和非金融公司在资产负债率方面有着相似的变化趋势。从金融部门来看，从 1997 年至 2010 年，其资产负债率有显著的下降趋势，然后至 2012 年反弹增长，之后又下滑，然后在 2016 年之前趋于平缓。1997 年，金融部门资产负债率为 88%，2016 年为 86%。从非金融部门看，其资产负债率由 1991 年的 66% 下跌至 2011 年的 59%，然后在 2015 年增长至 60%，在 2016 年保持该水平。

由上述分析可知，加拿大企业的经营状况在危机前一直在不断改善。

它们利用手中的现金来消减债务,以此抵御全球大衰退侵袭加拿大时带来的负面影响。然而,在过去的五年中,企业承受的压力也不断增加,这可以从企业资产负债率的上升趋势中看出来。较高的债务水平可能也反映了加拿大银行的低利率政策——我们稍后将讨论这个问题。

（四）集中化经营

企业集中经营是指企业合并或收购其他公司的过程。2016年加拿大企业并购创9年新高,交易额达2776亿美元。上一次并购高峰发生在2007年,其交易额是3147亿美元。① 这些交易都是由能源部门主导。由于加拿大政策限制和投资机会较少,很多并购交易都是面向美国公司。②

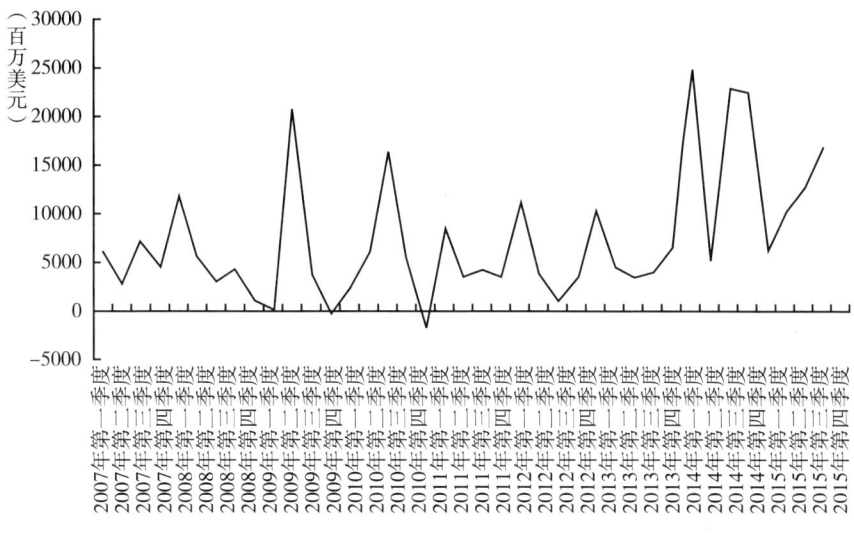

图10　加拿大企业跨境并购

资料来源：加拿大统计局、加拿大统计局出版物和在线服务（CANSIM）表376-0121。

---

① Deveau, S. (2016, December 19). Pipeline Deals Help Push Canadian Takeovers Abroad to Record. Bloomberg. Retrieved from http://www.bloomberg.com.
② Ibid.

图10显示，加拿大企业跨境并购活动从2014年开始显著增多。2016年最大的并购案是加拿大恩桥天然气公司（Enbridge Inc.）以428亿美元收购了美国光谱能源公司（Spectra Energy Corporation）①。该并购潮流由加拿大能源公司引领，原因是加拿大输油管道扩建计划不断拖延，导致加拿大能源公司不得不去其他地方寻求发展机会。然而，由于美国和加拿大现任政府已经批准了三个大型输油管道项目，这一并购潮流可能会有所减缓。②

上述分析表明，企业盈利和强劲的资本积累有助于在全球经济大衰退期间提振加拿大的经济。在此期间，企业利用积累的现金大幅消减债务，企业经营状况不断得到改善。然而，在2008~2009年，这些企业的经营状况开始恶化。尤其是在过去三年里，全球经济衰退已经严重拖累了加拿大的经济。经营利润的缩减导致企业投资放缓以及公司债务水平上升。在这一背景下，公司不愿意投资兴建新厂房和购置设备，而是利用积累的现金回购股份以及并购其他企业。资本积累放缓对就业和GDP增长产生了负面影响。

五 就业、工资和家庭财务状况

就业率指已就业人口与适龄就业人口的比率（见图11）。加拿大就业率在经过长时期增长后，在大衰退期间下滑，经过停滞阶段后，在2014~2016年又持续下降。2016年就业率为61.1%，达到15年来的最低水平。资本积累不足无法弥补适龄就业人口的增长。自2009年以来，适龄就业人口年平均增长率为1.23%，2016年为1.05%。2015年官方统计的失业率为7.0%，较2015年的6.9%有所上升。

---

① Deveau, S. (2016, December 19). Pipeline Deals Help Push Canadian Takeovers Abroad to Record. Bloomberg. Retrieved from http://www.bloomberg.com.
② The Kinder Morgan Trans Mountain pipeline, the Enbridge Line 3, and the Keystone XL pipeline.

当前加拿大经济发展态势

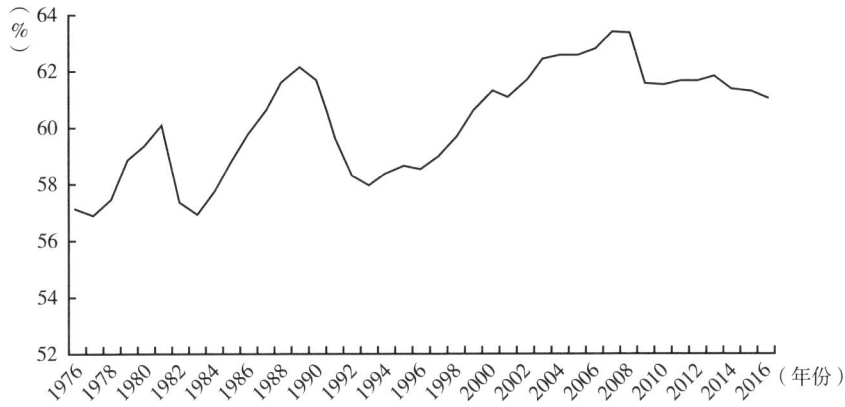

图 11　就业率

资料来源：加拿大统计局、加拿大统计局出版物和在线服务（CANSIM）表 282-0002。

1977年，适龄就业的女性雇用比例只有42%，而适龄就业的男性雇用比例达72%（见图12）。此后，女性就业比例一直都有显著的增长，在2008年到达59%的历史新高，但在2008年以后，女性就业率停滞不前并出现萎缩。2016年女性就业率为57.5%。就男性而言，自1977年以来，其就业率不断下降。2008年为68%，2009年下跌至65.1%，其后处于增长停滞阶段，2016年为64.9%。因此，女性就业率和男性就业率仍然存在显著的差距，2016年的两性就业率相差7.4个百分点。

在2016年增加的133300个就业岗位中，52900个为全职岗位，80400个为兼职岗位（见图13）。因此，2016年增加的大部分工作为兼职岗位，占所有就业岗位的比例为19.18%，较2015年的18.87%有所上升。2016年全职岗位占所有就业岗位的比例为80.82%，较2015年的81.13%有所下降。新增兼职就业岗位数量多于全职就业岗位是非常重要的，因为兼职岗位的工资往往较低，会对整体工资水平产生影响。

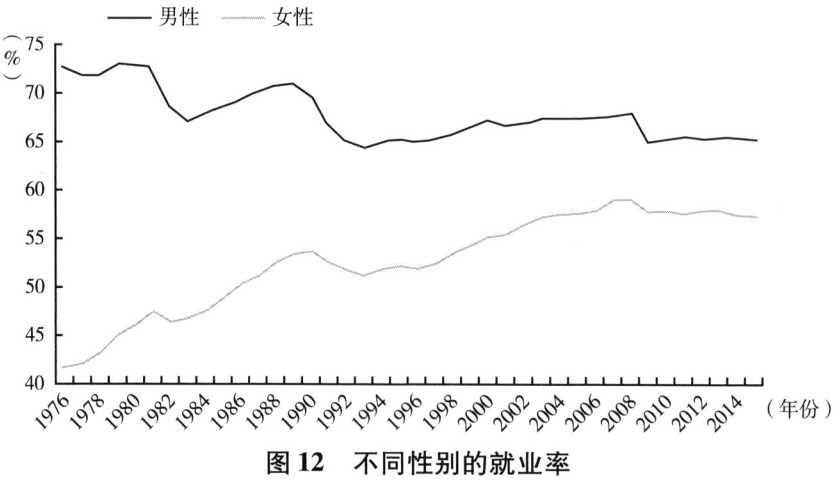

图 12　不同性别的就业率

资料来源：加拿大统计局、加拿大统计局出版物和在线服务（CANSIM）表282－0002。

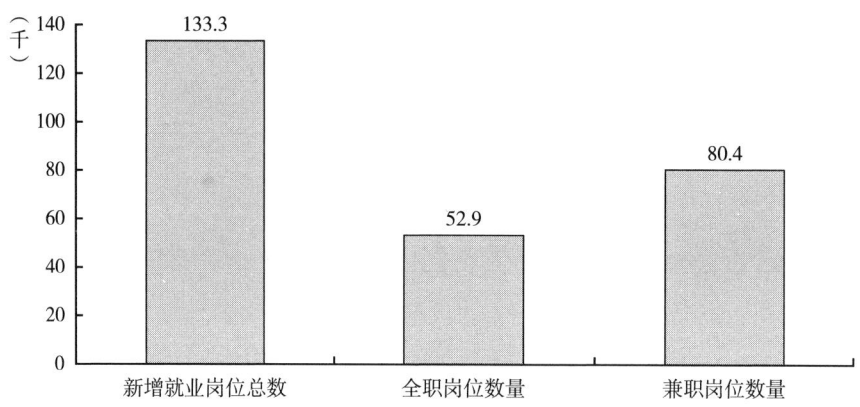

图 13　2016 年新增就业岗位

资料来源：加拿大统计局、加拿大统计局出版物和在线服务（CANSIM）表282－0002。

（一）工资

图 14 显示了兼职岗位平均工资与全职工资的比值。1997～2016年，每小时兼职岗位的平均工资明显低于全职平均工资。

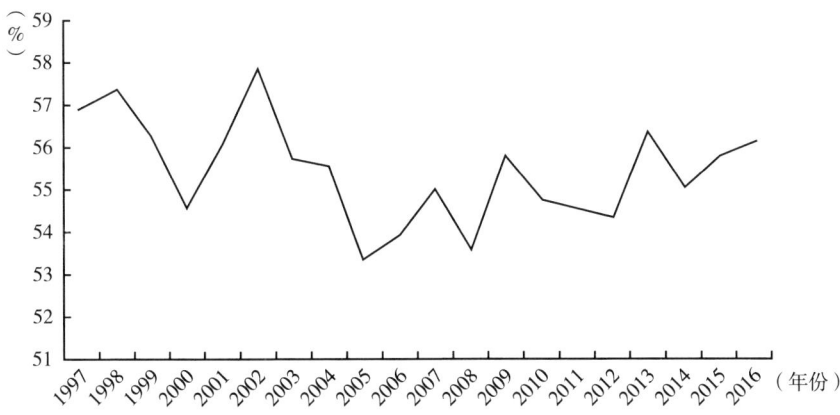

图14 兼职与全职每小时平均工资比率

资料来源：加拿大统计局、加拿大统计局出版物和在线服务（CANSIM）表282-0071，作者统计计算。

兼职工资在2014年之后有略微上升，但在2016年，兼职每小时平均工资仍然是全职工资的56.1%。兼职岗位就业相对于全职就业岗位的增多以及就业率的下降，对2016年的平均实际工资造成了下行压力。

实际平均工资率由2003年的15.60美元增加至2010年的16.87美元，由于全球经济衰退的影响，2011年又下降至16.63美元。两年后，挽回颓势，在2013年上升至16.94美元，2015年到达17.30美元的峰值点，并在2016年一直保持这个水平（见图15）。

图16显示了不同性别的平均实际工资率。数据显示了四个显著特征：第一，男性工资始终高于女性，反映了性别工资的差距。第二，自1997年以来，性别工资差距一直在缩小。1997年，女性比男性少赚21.3%。2016年，她们比男性少赚15.6%。第三，女性工资增长速度比男性快。男性月平均工资增长率为0.04%，女性为0.08%。因此，女性平均实际工资增长速度是男性的两倍。第四，男性平均实际

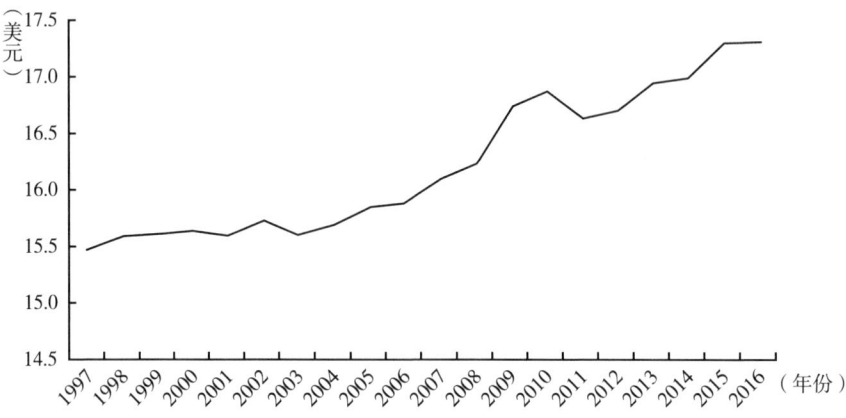

图 15 平均每小时实际工资

资料来源：加拿大统计局、加拿大统计局出版物和在线服务（CANSIM）表 282 - 0071 和 176 - 0003，作者统计计算。

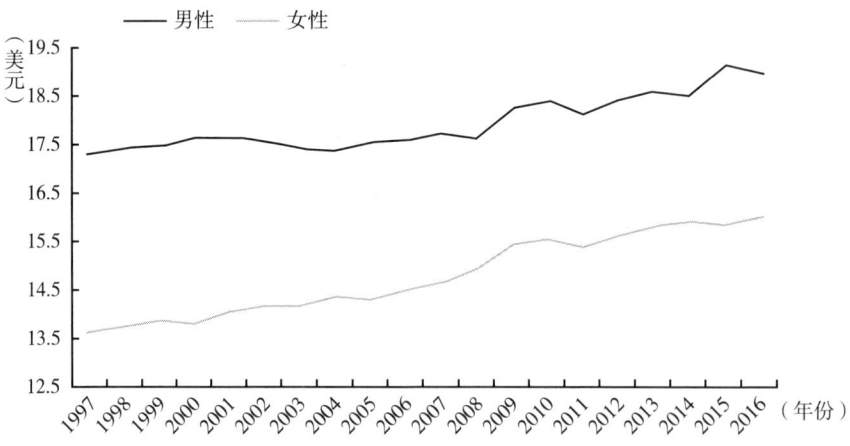

图 16 不同性别平均每小时的实际工资

资料来源：加拿大统计局、加拿大统计局出版物和在线服务（CANSIM）表 282 - 0071 和 176 - 0003，作者统计计算。

工资率由 2015 年的 19.15 美元下降至 2016 年的 18.98 美元，而女性平均实际工资率则由 2015 年的 15.85 美元上升至 2016 年的 16.01 美元。

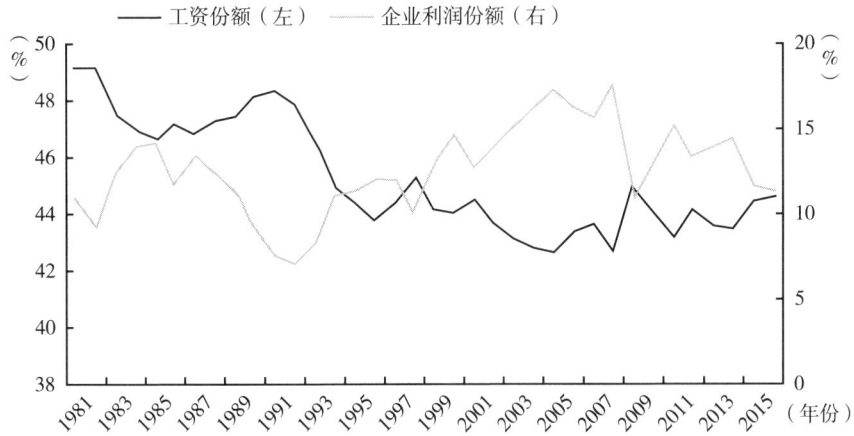

图 17　工资和企业利润占 GDP 份额

资料来源：加拿大统计局、加拿大统计局出版物和在线服务（CANSIM）表 187-0002，作者统计计算。

图 17 显示了 1981～2015 年工资和企业利润占国内生产总值的份额。在 1990～1992 年加拿大经济衰退和 1993～2008 年新的资本积累时期，企业利润份额从 8.25% 增加到 17.4%。同期，工资份额由 46.57% 降至 42.58%。自 2005 年以后，企业利润份额一直下降，而工资份额一直在上升。2016 年，企业利润占国内生产总值比例为 11.23%，而工资占国内生产总值比例为 44.55%。

（二）家庭财务状况

图 18 显示了加拿大过去 26 年另一个重要的经济趋势。家庭负债占收入的比重总体呈上升趋势。2002 年年初，家庭负债占收入的比重大幅增加。1991～2001 年，平均增长率为 1.91%。2002～2009 年，平均增长率为 4.73%。然而，自经济大衰退以来，这个比率的平均增长率下降到每年的 1.1%。2016 年，该比率增长了 1.37%，然而其整体水平创下历史新高。2016 年，该比率由 1990 年的 88% 上升至 169%。

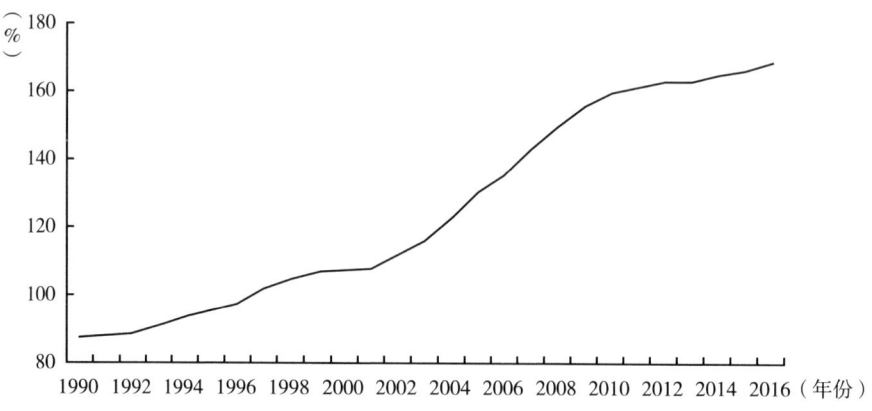

图 18　家庭负债占收入的比重

资料来源：加拿大统计局、加拿大统计局出版物和在线服务（CANSIM）表378-0123。

衡量家庭财务状况的另一个重要指标是家庭负债率（见图19）。家庭负债率是支付债务的利息和本金与可支配收入的比值。它很大程度上取决于利率和债务的整体水平。一般来说，家庭负债率越高，家

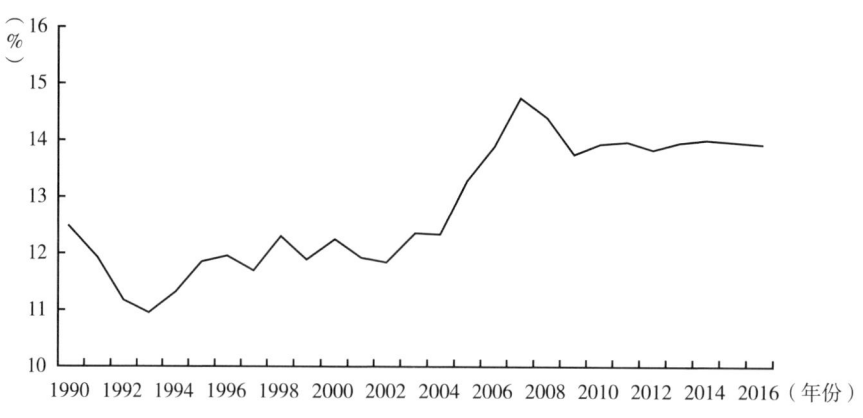

图 19　家庭负债率

资料来源：加拿大统计局、加拿大统计局出版物和在线服务（CANSIM）表380-0073。

庭财务状况就越不稳定。从2002年到2007年，加拿大家庭负债率稳步上升。2002年为11.86%，到2007年，家庭负债率已经上升到14.8%。然而，自全球金融危机以来，由于银行低利率和家庭债务增长缓慢，家庭负债率大幅下降。2009年，家庭负债率为13.77%，从那之后，家庭负债率就处于增长停滞阶段，平均值为13.97%。2016年为13.97%，较2015年的13.99%轻微下跌。尽管家庭负债率从2007年14.8%的峰值点下降，但与19世纪90年代和21世纪初相比，家庭负债率仍相对较高。较高的家庭债务和家庭负债率给加拿大经济带来了风险。

（三）国民生产总值和通货膨胀

自经济大衰退复苏以来，加拿大实际GDP增长平均值为2.1%。然而，2014年之后，由于利润缩减、企业投资水平下降和资本积累放缓，GDP增速大幅放缓。2015年，加拿大经济只增长了0.8%；2016年，增长了1.4%（见图20）。同年，国内生产总值为1.78万亿美元。①

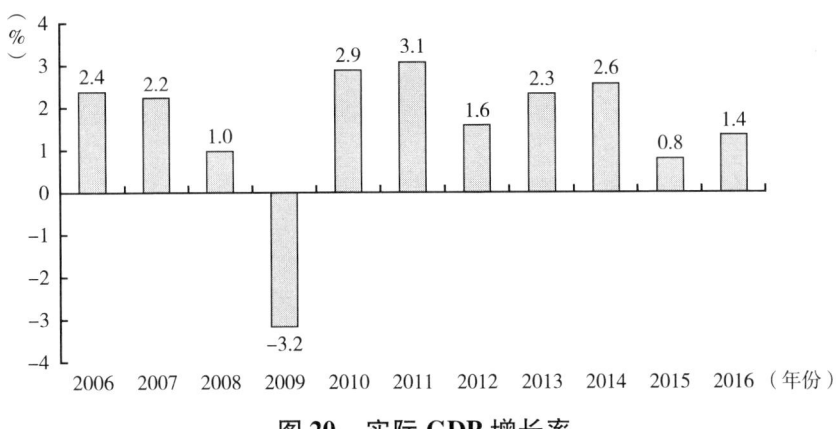

图20　实际GDP增长率

资料来源：加拿大统计局、加拿大统计局出版物和在线服务（CANSIM）表380-0106。

① Constant 2007 prices.

从加拿大各省和地区角度看，2014年以来，阿尔伯塔省是经济减速最快的省份，2014~2015年，其经济萎缩了3.6%。这是非常显著的变化，因为阿尔伯塔省对加拿大国内生产总值的贡献比例为17.6%（仅次于安大略省的37.6%和魁北克省的19.1%）。① 因此，这个省的经济放缓对整个加拿大经济在产出、就业和物价方面有着广泛的影响。

加拿大经济整体放缓也反映在2016年居民消费价格指数（CPI）中较低的通货膨胀率和通货紧缩水平上。2012年以来，通货膨胀率只有1次超过了加拿大银行2%的目标利率（见图21）。2014年第二季度通货膨胀率为2.2%，2016年第一季度为1.6%，第二季度为1.5%，第三季度为1.3%。在2016年头三季度，通货膨胀率平均值为1.47%。

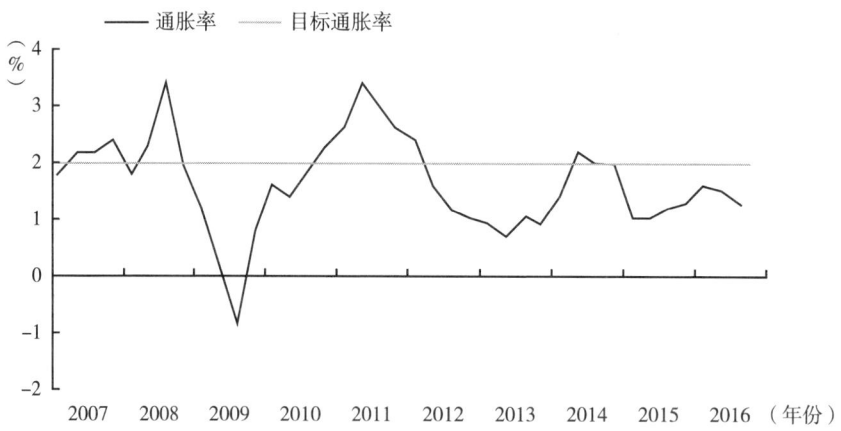

图21 通货膨胀率

资料来源：加拿大统计局、加拿大统计局出版物和在线服务（CANSIM）表176-0003。

---

① Statistics Canada, CANSIM Table 384-0038, Chained (2007) dollars.

图 22 显示了原材料价格指数的年度价格变化情况,它是企业较为关注的指标。原材料价格指数反映了能源、粮食、金属和牲畜的价格。如图 22 所示,原材料价格在 2014 年年初出现显著下降,下跌趋势一直持续到 2016 年。2017 年,价格开始再次上涨。2015 年原材料价格指数为 90.4,2016 年为 81.2,2017 年为 99.9。

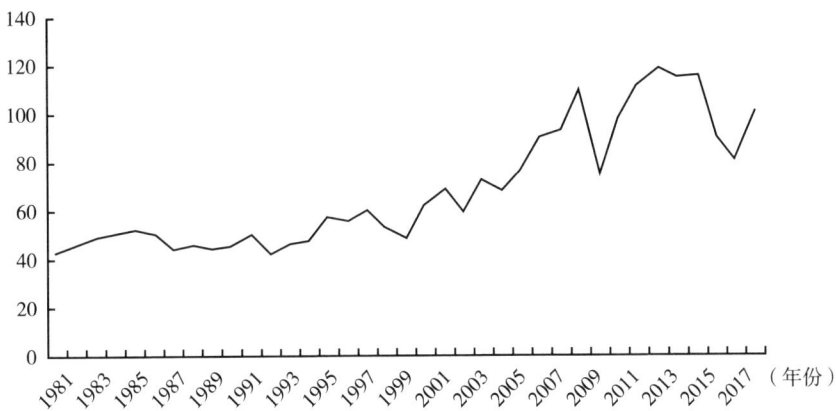

图 22 原材料价格指数

资料来源:加拿大统计局、加拿大统计局出版物和在线服务(CANSIM)表 330-0008。

图 23 显示了工业产品价格通胀变化情况。工业产品价格是生产者对其产品所接受的价格。图 23 显示了 2007~2017 年工业产品价格的年度变化情况。2015 年价格较 2014 年下跌了 2.08%;2016 年,较上年上升了 1.75%;2017 年上升了 2.27%。

近年来,由于加拿大经济整体放缓,通胀率相对较低。正如我们所见,企业盈利能力在 2014~2016 年有所下降,资本积累率也在降低。经济放缓还可以通过订单出货比来反映。① 订单出货比是未交货订单价值与已销售价值的比值,是衡量通胀压力的重要指标。2016

---

① Statistics Canada, CANSIM Table 304-0014.

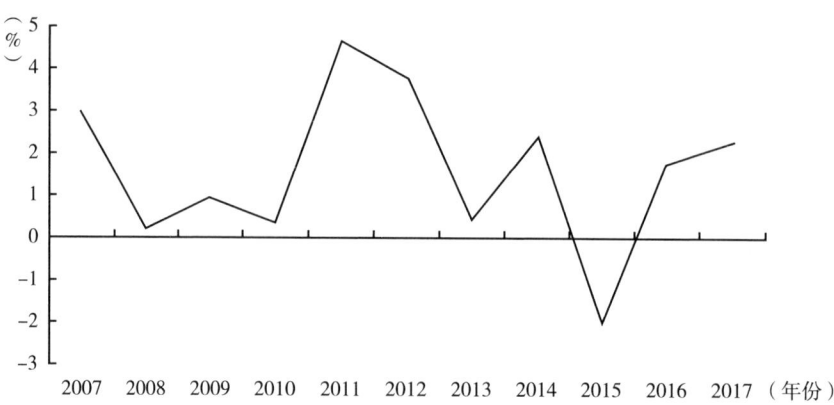

图 23　工业产品价格通胀率

资料来源：加拿大统计局、加拿大统计局出版物和在线服务（CANSIM）表 329-0075。

年，平均订单出货比为0.80。[①] 2016年全年，通胀压力从第一季度的0.82下降到第四季度的0.76。12月底，订单出货比为0.74。该数值的下降表明，企业货物销售面临困难。因此，通胀压力一直都不显著。

产能利用率是实际产出与潜在产出之比，它是衡量通货膨胀压力的重要指标。2008~2009年，产能利用率由85%下降到74.1%（见图24）。产能利用率在2010年和2011年上升，此后陷入增长停滞阶段，平均水平为81.25%。由于加拿大整体经济增长放缓，产能利用率由2014年的82.4%下降至2015年的80.8%。2016年，产能利用率提高了0.02个百分点到达81%。因此，2016年的产能利用率比衰退前水平低了4个百分点。如果工业生产能力低于产能，说明对资源价格没有形成较大的上行压力（见图24）。因此，近年来加拿大经济活动的总体放缓说明了为什么通胀水平较低。

[①] Bank of Canada (2017). Indicators of Capacity and Inflation Pressures for Canada. *Bank of Canada*. Retrieved from http：//www.bankofcanada.ca.

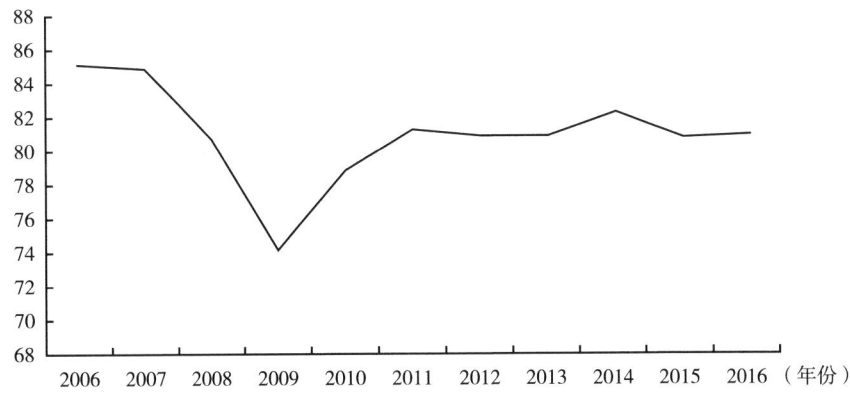

图 24　产能利用率

资料来源：加拿大统计局、加拿大统计局出版物和在线服务（CANSIM）表 028-0002。

（四）全球背景下的加拿大

本节从国际化层面探讨了加拿大的经济发展。特别是，研究了汇率及其决定因素，国际收支平衡的变动，以及如何将它们与国内经济趋势和全球市场原油价格相联系。

加拿大经济在很大程度上依赖出口。事实上，它的出口占GDP的30%以上，大部分出口货物都销往美国市场。因此，汇率变动对加拿大经济有重大影响。2014年，加元兑美元开始贬值。2009~2013年，加元与美元几乎持平。在此期间，加元/美元平均汇率为1.03；然而，2014年，加元/美元汇率上升至1.13；2015年，汇率升至1.33；2016年汇率为1.34。图25显示了加元/美元汇率的变动情况。笔者认为，有四个因素能够影响加元/美元的汇率变化，包括：石油价格、相对国内生产总值增长、相对利率和相对通货膨胀率。

图 25　加拿大/美元汇率

资料来源：加拿大统计局、加拿大统计局出版物和在线服务（CANSIM）表 176-0049。

（五）石油价格

图 26 显示了原油占商品出口总额的百分比。自 2000 年以来，石油一直是加拿大出口增长的主要来源，因此其对加拿大整体经济的重要性与日俱增。1988 年，原油只占商品出口总额的 3.7%。此后，其比例便大幅增长。2011 年，石油出口占比达到 17.1% 的历史高峰。2013 年，其占比为 16.5%。2014 年，石油出口开始下降，其下降趋势一直延续到 2015 年。由于全球石油市场供过于求，2015 年石油出口占比仅为 8.4%。2016 年，石油出口占比为 11.7%，远低于危机前 17.1% 的历史高峰水平。

原油是加拿大最重要的外汇来源之一。由于石油销售以美元来结算，因此加拿大中央银行在过去 10 年中大幅增加了美元储备。2016 年，美元占加拿大官方国际储备的 63.5%，高于 2006 年的 44.5%。特别提款权占比为 9.2%，国际货币基金的储备头寸占比为 2.7%，黄金储备为零，其他货币占比为 25%。因此，美元是 2016 年加拿大

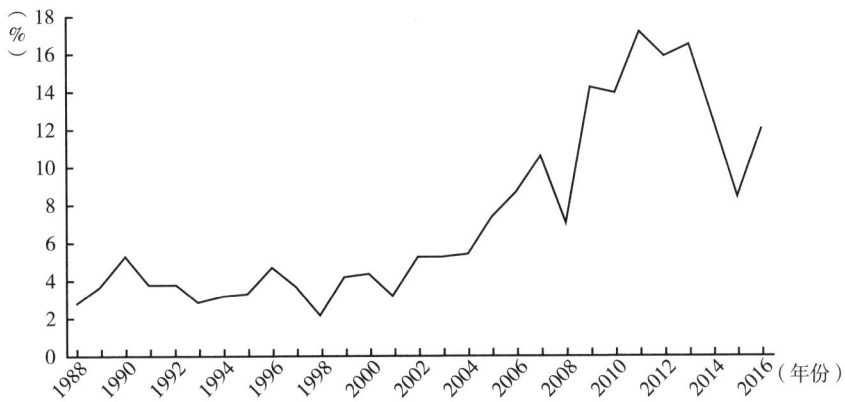

图 26　原油占出口比例

资料来源：加拿大统计局、加拿大统计局出版物和在线服务（CANSIM）表 228 – 8059。

官方国际储备最重要的组成部分，很大程度上反映了石油工业日益重要的地位（见图 27）。

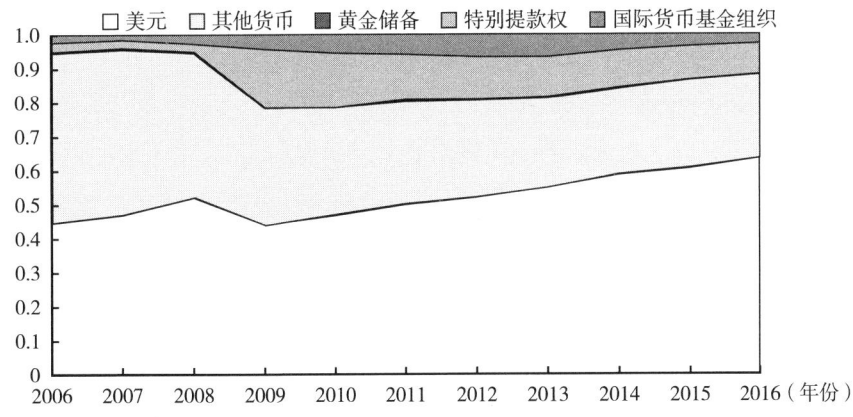

图 27　官方国际储备的构成

资料来源：加拿大统计局、加拿大统计局出版物和在线服务（CANSIM）表 176 – 0051，作者统计计算。

加拿大饱受"荷兰病"的困扰,尤其是阿尔伯塔省等地石油工业的成功,使安大略省和魁北克省的制造业在汇率变动过程中受到损害。当石油价格上涨,加元相对于美元升值。反过来却使持有美元的制造业出口更加昂贵,因此制造业受到损害。相反,如果石油价格下跌,加元相对于美元贬值,对制造业出口有利。图28显示了原油在国际市场上的价格变化。石油价格由2014年的每桶97美元下跌至2016年每桶49美元。① 随着国际市场油价的下跌,加元相对于美元也一路贬值(见图28)。

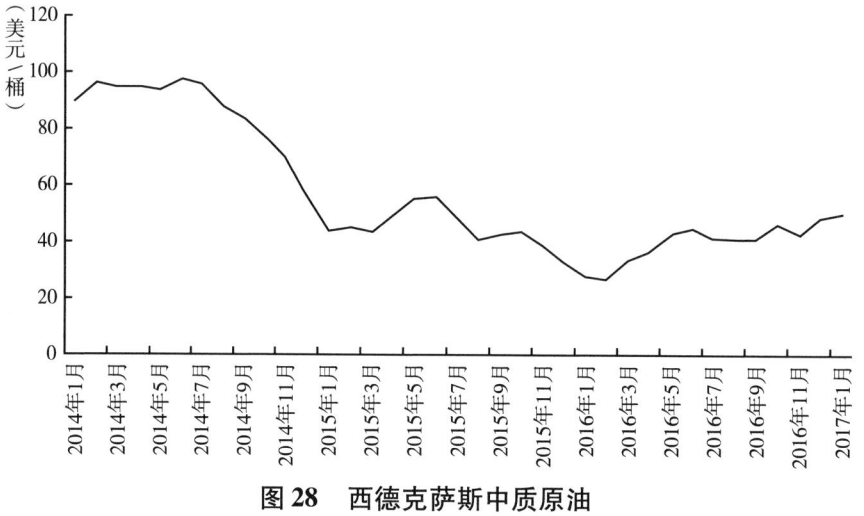

图28 西德克萨斯中质原油

资料来源:美国能源情报署,http://www.eia.gov。

(六)相对GDP增长

相对GDP增长是汇率的另一个决定因素。由于进口与国内生产总值同步增长,导致进口国货币相对于其贸易伙伴国的货币产生贬值。2015年和2016年,美国和经合组织(OECD)国家的经济增长

---

① US Energy Information Administration (2017). West Texas Intermediate First Purchase Price, F003048623. Retrieved from http://www.eia.gov.

大于加拿大。2016 年，加拿大经济增长了 1.43%，而美国和经合组织国家分别增长了 1.62% 和 1.79%（见图 29）。

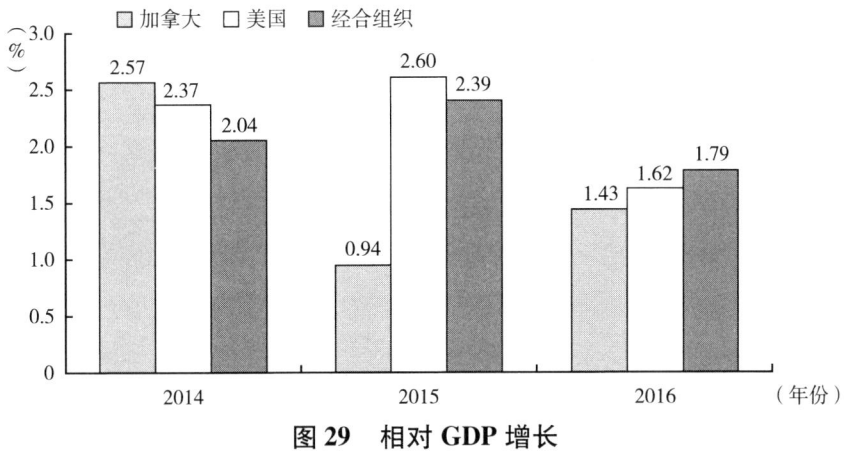

图 29　相对 GDP 增长

资料来源：经合组织季度国民账户，作者统计计算。

2015～2016 年，GDP 增速放缓，加拿大的进口下降了 2.6%，相当于 153 亿美元。进口额占 GDP 的比重从 2014 年的 36% 下降到 2016 年的 32%（见图 30）。在 GDP 增长乏力和进口下降的综合作用下，加元相对于美元产生全面贬值趋势。

图 30　进口额占 GDP 比重

资料来源：加拿大统计局、加拿大统计局出版物和在线服务（CANSIM）表 380 - 0084，作者统计计算。

（七）相对利率

图 31 比较了美国和加拿大的短期利率。在所有条件都相同的情况下，一国货币利率较高的时候，对该国货币的需求会比其他国家货币高，因为投资者想利用国家之间的利率差赚钱，这会导致该国货币相对于其他国家货币的升值。

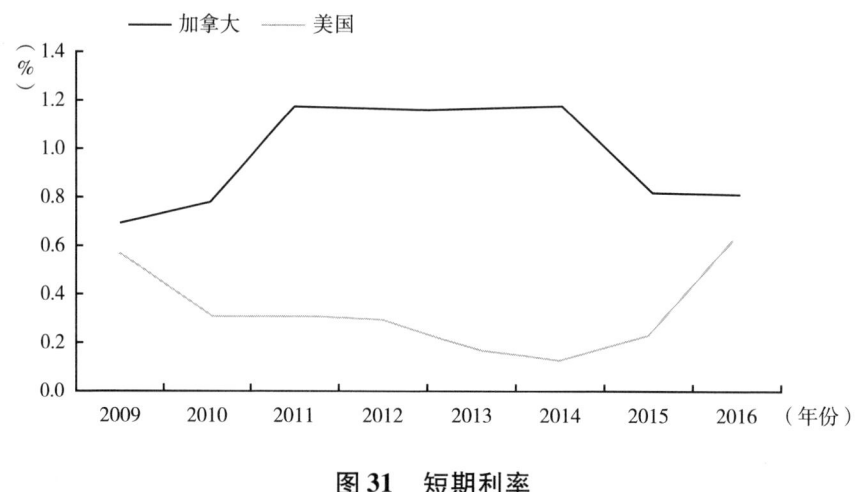

图 31　短期利率

资料来源：经合组织货币和金融统计月报。

图 31 和图 32 显示，近几年加拿大的短期利率高于美国的短期利率。特别是，2014 年，加拿大的短期利率为 1.17%，而美国的短期利率为 0.12%。此后，加拿大的经济命运恶化，加拿大银行通过下调利率进行应对。2015 年，加拿大利率为 0.82%，而美国利率为 0.23%。2016 年，加拿大短期利率维持在 2015 年的水平，而美联储则提高了利率。2016 年，美国的短期利率为 0.64%（见图 31）。

图 32 显示了加拿大和美国之间的短期利率差异。自 2008 年以来，加拿大的利率一直高于美国。然而，在 2014 年之后，两国利差下降，2014 年利差达到 1.05% 的峰值点。到了 2016 年，利差下降到

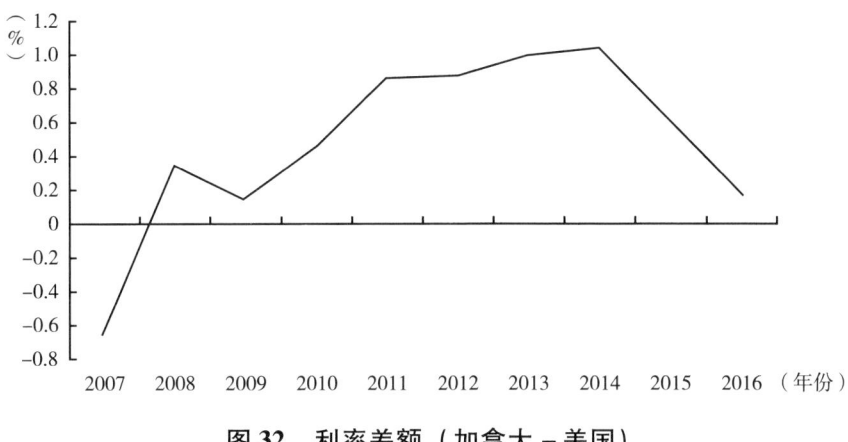

图 32 利率差额（加拿大－美国）

资料来源：经合组织货币和金融统计月报，作者统计计算。

0.17%。因此，尽管两国利差是正值，但它还不足以抵消加元对美元的整体贬值。

（八）相对通货膨胀率

相对通货膨胀率也会对汇率造成影响。当一个国家的通胀水平高于别国时，很少外汇持有者会购买该国货币，就会导致该国货币贬值。2014~2016 年，加拿大通货膨胀率高于其他国家。2016 年为 1.4%（见图 33）。这导致加元相对于美元贬值。

总而言之，石油价格、相对 GDP 的增长、相对利率和相对通货膨胀率使加元对美元贬值，从 2014 年的 1.15 美元下降至 2016 年的 1.33 美元（见图 25）。

（九）经常账户

2009 年，经常账户在 10 年内首次出现赤字。此后它一直处于负值。2014 年，经常账户是负 482 亿美元。2016~2017 年，它进一步下跌至负 677 亿美元（见图 34）。

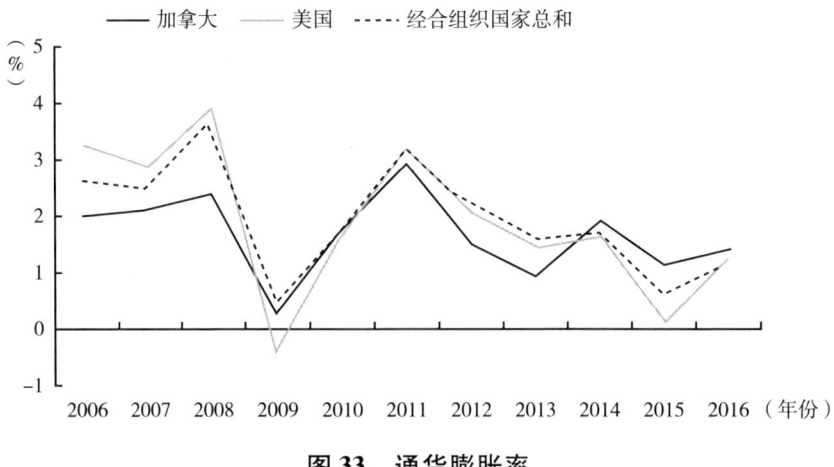

图33 通货膨胀率

资料来源：经合组织国家消费者价格。

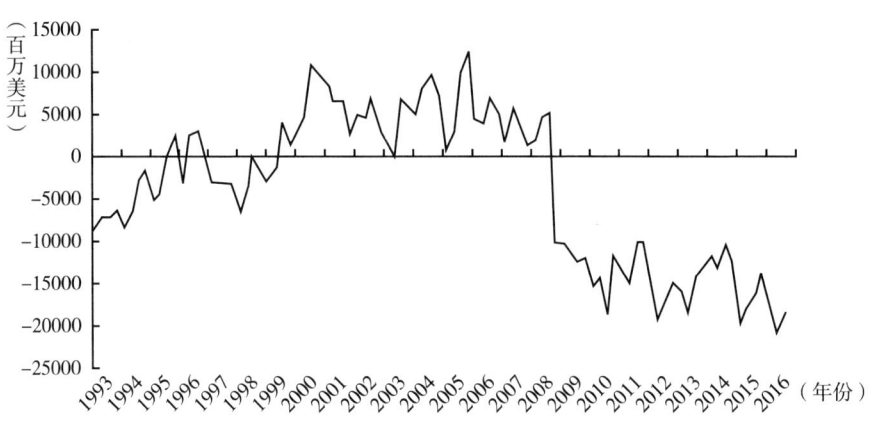

图34 经常账户

资料来源：加拿大统计局、加拿大统计局出版物和在线服务（CANSIM）表376-0103。

20年后，加拿大与全球其他国家的年度贸易差额仍然处于负值区间。然而，尽管在大衰退期间加拿大与美国的贸易差额显著下降，并一直保持较低水平，但它一直都是正值。近年来，加拿大与美国的贸易差额进一步下降。2014年为40亿美元，2016年达到27亿美元（图35）。

图 35 贸易差额

资料来源:加拿大统计局、加拿大统计局出版物和在线服务(CANSIM)表 228-0069。

(十)经济不稳定性

近年来加拿大经济的总体状况一直处于不稳定状态。企业盈利能力以及最近的全球经济衰退渗透至加拿大整个金融体系,反映在企业和家庭债务的增长,以及不断上升的房价和陷入困境的石油工业上。

(十一)企业和家庭债务

由于盈利能力不佳,企业转向资本市场筹集资金,以支撑业务发展。[①] 2012~2016年,商业贷款占银行资产的比例由15%增加到18%。同一时期,商业贷款总量增加了47%,从大约3000亿美元上升至约4400亿美元。[②] 企业贷款最大增幅是在2016年第四季度,当时企业的盈利能力开始大幅下降。经济大衰退之后,公司债券发售额

---

① Statistics Canada, CANSIM Tables 378-0121 and 176-0011.
② Statistics Canada, CANSIM Table 176-0011.

也增加了。然而,最显著的增长是在2014年第四季度和2015年第一季度。在此期间,公司债券的账面价值增加了11%,价值约590亿美元。① 因此,近年来企业承担了额外的债务。

(十二)房价

家庭债务和企业债务同步增长,引发了人们对加拿大房地产市场脆弱性的担忧。2013年之后,房价增长快于消费价格增长。2016年,房价增长了1.78%,而消费价格增长了1.42%。在加拿大实行了货币宽松政策之后,较低的抵押贷款利率进一步推动了房价上涨。②

房价上涨最为显著的是各省的城市中心区,其资本存量增幅也最大。2015年,资本积累最为强劲的是阿尔伯塔省、安大略省和英属哥伦比亚省。③ 同样,2017年加拿大房价最高的城市是温哥华、多伦多和卡尔加里(见图36)。

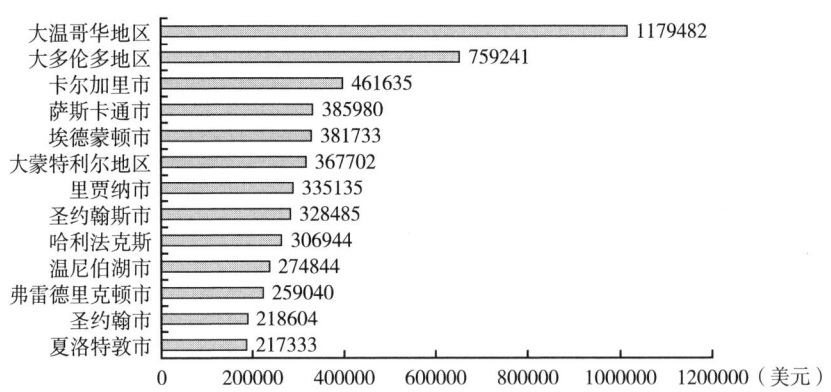

图36 2017年不同城市的平均房价

资料来源:《皇家房地产价格调查报告》,http://www.royallepage.ca。

---

① Statistics Canada, CANSIM Table 378-0121.
② Statistics Canada, CANSIM Tables 326-0021 and 327-0056.
③ $38.5bn, $30.5bn, and $13.7bn, respectively; Statistics Canada, CANSIM Table 031-0007, author's calculations.

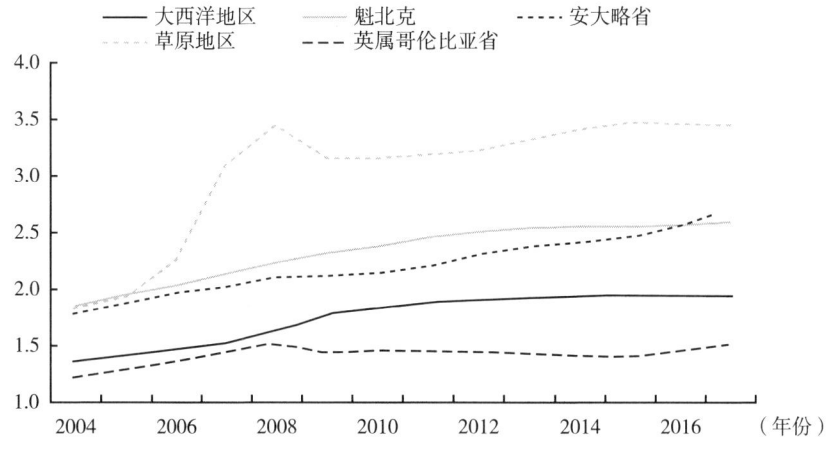

图37 各地区新房屋价格指数（1987=1）

资料来源：加拿大统计局、加拿大统计局出版物和在线服务（CANSIM）表格327-0056。

图37显示了各地区房价指数。草原地区房价增长最快，其中就包括阿尔伯塔省。2005年，该地区房价指数为1.93；2017年为3.44。2005年，魁北克的房价指数为1.85，2017年上升到2.58。同样，安大略省的房价指数由1.88上升到2.71。在大西洋地区，房价指数由1.42上升至1.95。最后，英属哥伦比亚省的房价指数由2005年的1.28增加至2017年的1.5。2015年之后，安大略省和英属哥伦比亚省房价指数增幅最大。安大略省的房价指数上涨了10.61%，而英属哥伦比亚省的房价指数则上涨了6.84%。草原地区房价指数下降了0.79%，反映了全球石油市场价格的下跌。

图38显示了加拿大三个重要城市的房屋空置率。三个城市的房屋空置率在2012年和2013年下降，而卡尔加里的房屋空置率由2014年的1.4%上升至2015年的5.3%，2016年为6.9%。经济增速整体放缓迫使不少石油行业工作者到外省就业。事实上，经过20年不间

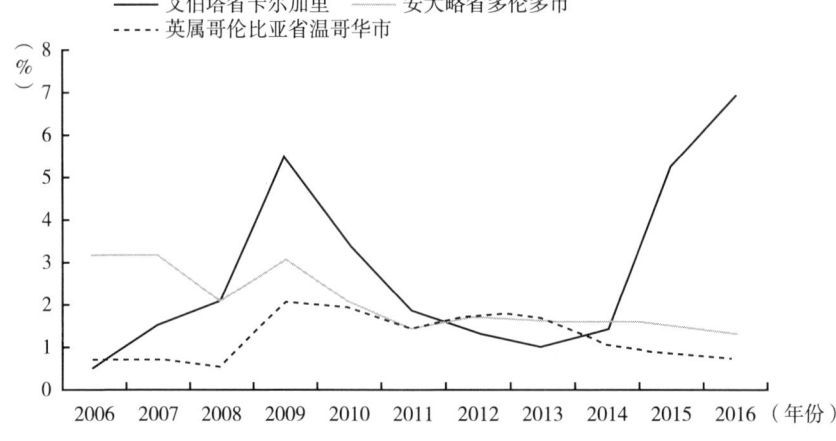

图38 房屋空置率

资料来源:加拿大统计局、加拿大统计局出版物和在线服务(CANSIM)表格027-0011。

断的移民,阿尔伯塔省2016年劳动者净流失量为13%。[1] 卡尔加里不断上升的房屋空置率反映了这一基本过程。因此,加拿大房屋租赁和房地产市场与石油工业的命运以及省际人口迁移关系密切。

抵押贷款负债率是按揭利息及本金支付与家庭可支配收入的比值(见图39)。住宅按揭贷款占特许银行主要资产的18%。因此,抵押贷款负债率是衡量整体财务稳定性的重要指标。它从2008年的6.16%下降至2016年的6.06%,一直远低于20世纪90年代的历史高点。非抵押贷款债务率也是如此,但它比2008~2016年平均水平高出1.83个百分点。[2]

图40显示了2015年加拿大各省和地区的债务比率。2015年,英属哥伦比亚省、安大略省和阿尔伯塔省的债务比率最高。其中,英属哥伦比亚省为7.21%,而安大略省和阿尔伯塔省分别为6.90%和

---

[1] Statistics Canada, CANSIM Table 051-0017, author's calculations.
[2] Statistics Canada, CANSIM Table 380-0073.

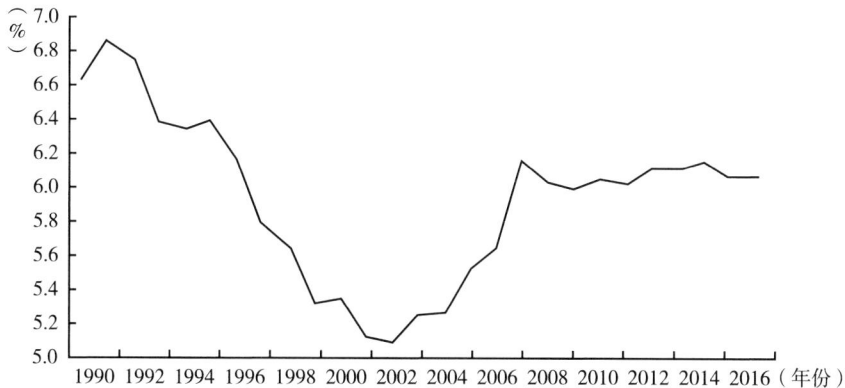

图 39　抵押贷款负债率

资料来源：加拿大统计局、加拿大统计局出版物和在线服务（CANSIM）表 380-0073。

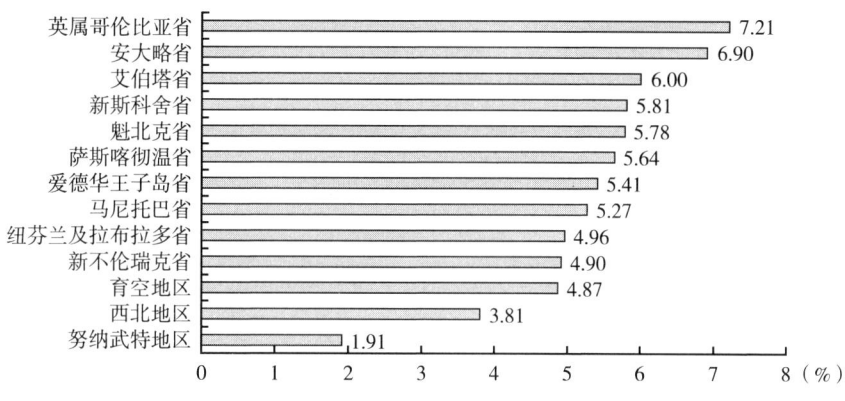

图 40　2015 年负债率（利息部分）

资料来源：加拿大统计局、加拿大统计局出版物和在线服务（CANSIM）表 384-0042。

6.00%。正如我们所见，这些省的省会城市温哥华、多伦多和卡尔加里的平均房价在全国最高（见图 36）。

总债务比率仍然是加拿大家庭经济状况稳定性的整体衡量标准。它是偿付利息和本金的可支配收入与贷款总额（包括抵押贷款和非抵押贷款）的比例。如果这一比例增加，表明家庭越来越难以负担它们的财务义务。正如我们所见，盈利能力表现不佳导致的资本积累放缓对公司产生负面影响，同时也会对就业和工资增长产生负面影响。由于资本积累速度放缓导致的失业率给工资增长带来了下行压力，因此，整个国家的负债率从2012年的6.03%上升至2016年的6.20%。[1]

上述分析显示，资本积累放缓造成某些金融资产的不稳定，特别是那些为企业和家庭的金融提供贷款的中介机构。加拿大银行调低利率同样会造成债务增长。联邦政府试图通过收紧抵押贷款政策来抵消这一风险，英属哥伦比亚省政府现在正向购买温哥华房产的国外买家征收15%的房产税，希望为房市降温。

（十三）石油工业

加拿大经济危机的重灾区是石油行业，该行业30%的加拿大资本存量被沉没。2014年，原油价格急剧下降。由于国际市场石油供应量不断增加同时需求下滑，石油供过于求，价格下降。加拿大的盈利能力下降与全球经济衰退、世界石油供应过剩以及石油价格的下跌直接相关。石油价格在2014~2017年下降了45%，因此，石油工业的资本积累放缓速度最为快速。

自2014年以来，石油行业的资本支出下降了47%。由于国际石油价格下跌，企业一直不敢投资。尽管石油和天然气部门资本支出下降，但后者仍然是加拿大最重要的资本积累中心。2016年，采矿、采石、石油和天然气开采业资本存量增加了477亿美元（见图41）。第五大新增资本存量的是制造业，达170亿美元。换言之，开采部门的资本存量增加量比制造业多181%。这些数据说明，尽管油价较

---

[1] Statistics Canada, CANSIM Tables 176-0043 and 380-0073.

低，但加拿大石油工业仍然占有重要的地位。上述分析为加拿大政府近年的政策制定提供了参考。

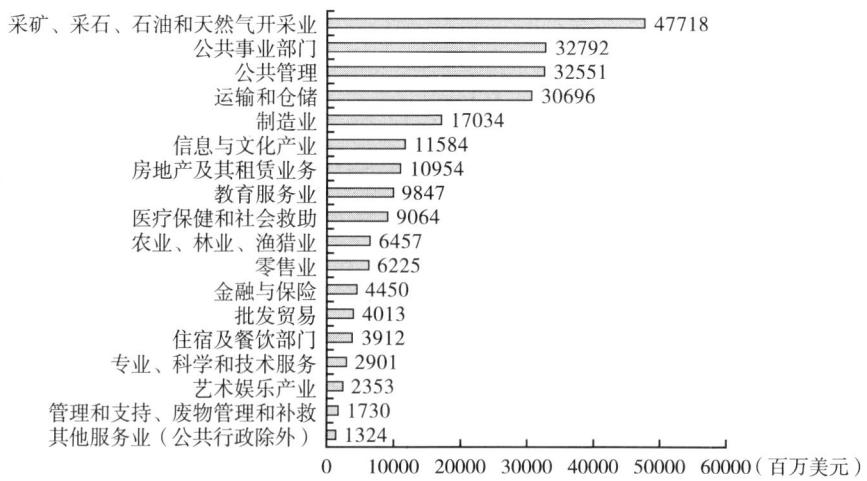

图41　2016年资本存量增加量

资料来源：加拿大统计局、加拿大统计局出版物和在线服务（CANSIM）表029-0046。

（十四）加拿大与小特鲁多政府

小特鲁多政府和哈珀政府出台的政策中，最引人注目的是它们的政策都具有非常强的连续性。一定程度上，它们均是根据经济的迫切需要制定相关政策。国际石油价格的疲软导致企业盈利能力的显著下降。同时企业和家庭债务水平的上升增加了金融系统的不稳定性。如果有人将其与房地产泡沫增长联系在一起，我们有理由相信加拿大经济正逐渐变得越来越脆弱。面对这些困难，加拿大国家加大努力促进资本积累。对加拿大而言，这意味着需要提高石油和天然气部门的盈利能力，使加拿大经济多元化并融入世界经济，调整财政和货币政策。

首先，加拿大30%的资本存量与石油和天然气产业相关（见图

42)。加拿大石油储量位居世界第三。因此,现任政府采取积极激进的政策将该国石油推向市场。2016年,小特鲁多总理批准了位于英属哥伦比亚省价值360亿美元的太平洋西北液化天然气大型项目,该项目由马来西亚国家石油公司马石油(Petronas)牵头,将天然气从英属哥伦比亚省东北部输送到海岸,再从那里出口到亚洲。此外,他批准了贯穿英属哥伦比亚省的金德摩根跨山管道项目和连接美国威斯康星州的安桥公司3号管线更新项目。美国总统特朗普最近还批准了"拱心石"XL输油管道项目。加拿大企业积累的7770亿美元货币和存款中,大部分都来自石油和天然气行业,国家必须找到促进这个行业有利可图的投资方式。因此,加拿大积极将石油推向市场的策略不仅仅是从焦油砂中获取固定资本利润(其价值目前约7000亿美元),还着力将资源部门及其他部门的"未流通资本"投入经济流通环节。由此看来,石油管道项目有利于石油和天然气部门的资本积累。

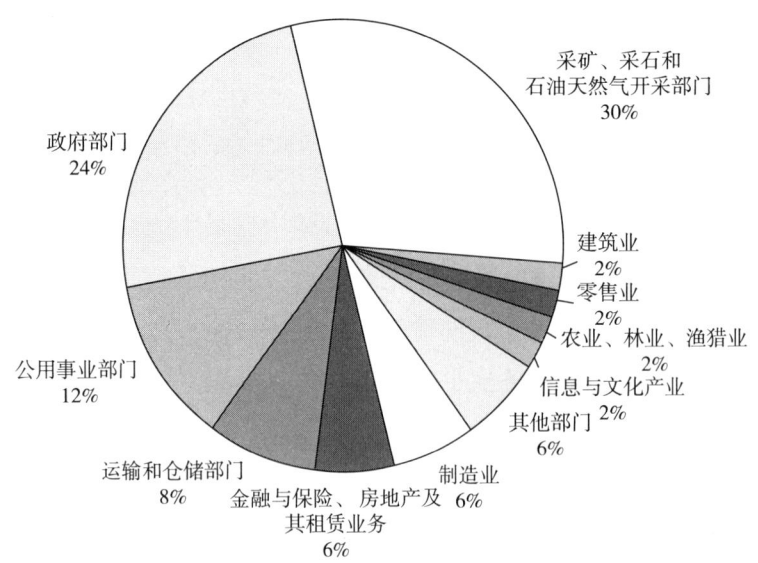

图42 各行业/部门资本存量份额

资料来源:加拿大统计局、加拿大统计局出版物和在线服务(CANSIM)表031-0005,作者统计计算。

其次，众所周知，加拿大非常依赖投资、贸易以及与美国的金融联系。从这个角度看，小特鲁多政府一直不断深化同中国和世界其他国家的关系，努力拓展多元化出口市场和开辟加拿大在国外商业投资的新途径。其中最重要的举措是申请加入亚洲基础设施投资银行（AIIB）和签署了加拿大-欧盟全面经济和贸易协定（CETA）。

中国是金砖国家的一员，但它比巴西、俄罗斯、印度、南非等经济体更为重要。① 中国是世界第二大经济体，是加拿大第二大贸易伙伴，因此加拿大优先考虑与中国建立更紧密的联系。自由党历来与中国政府保持着良好关系，加上其在众议院的多数席位使得两国更容易促成加拿大加入亚投行的项目。事实上，为了加强与中国的关系，加拿大已经申请加入亚洲基础设施投资银行。预计它将购买该行价值10亿美元的股份。② 加入亚投行能够通过间接投资国际基础设施为加拿大企业创造商机。

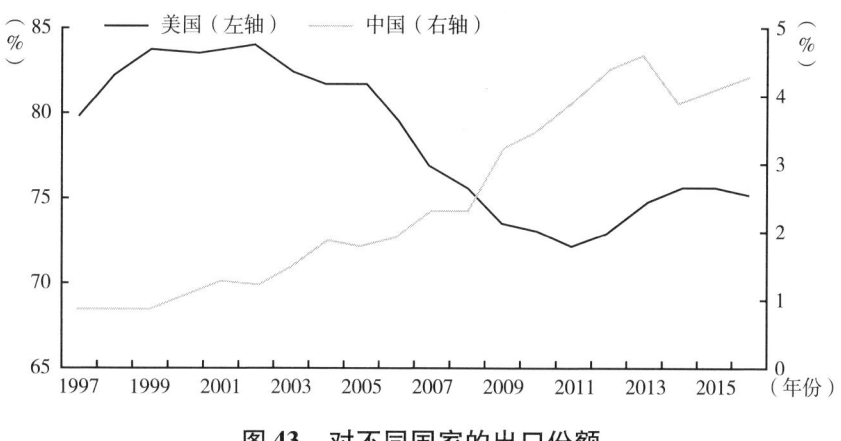

图43　对不同国家的出口份额

资料来源：加拿大统计局、加拿大统计局出版物和在线服务（CANSIM）表228-0069，作者统计计算。

---

① Burton, C. (2015). Canada's China Policy under the Harper Government. *Canadian Foreign Policy Journal*, Vol. 21, Issue 1, pp. 45~63. Retrieved from http：//www.tandfonline.com.
② Blatchford, A. (2016, August 31). Canada intends to join controversial Asian Infrastructure Investment Bank. *Huffington Post*. Retrieved from http：//www.huffingtonpost.ca.

图43显示了加拿大对不同国家的出口份额。在过去的几十年里,加拿大与中国的贸易额有了显著的增长。2006年,加拿大对中国的出口份额占出口总额的1.9%。2016年为4.3%。同期,加拿大与美国贸易的比例由79.7%下降至75.3%。

加拿大与中国建立紧密联系并不是没有遇到过挑战。两国某些制度方面的冲突阻碍了两国关系的深化。例如,加拿大对待外国投资企业和本国投资企业一视同仁,但中国对外国投资企业管制较严。因此,制度障碍的存在阻碍了加拿大企业在中国的投资。[1]

就双边贸易而言,加拿大最大的贸易伙伴是美国,其次是中国和欧盟。然而,就出口份额而言,欧盟是加拿大第二大重要的贸易伙伴。图44显示了1997~2016年加拿大对欧盟的出口比例。在过去的二十年里,欧盟对加拿大变得日益重要。例如,在1998年,加拿大对欧盟出口占出口总额的5.9%,2016年占8%(见图44)。

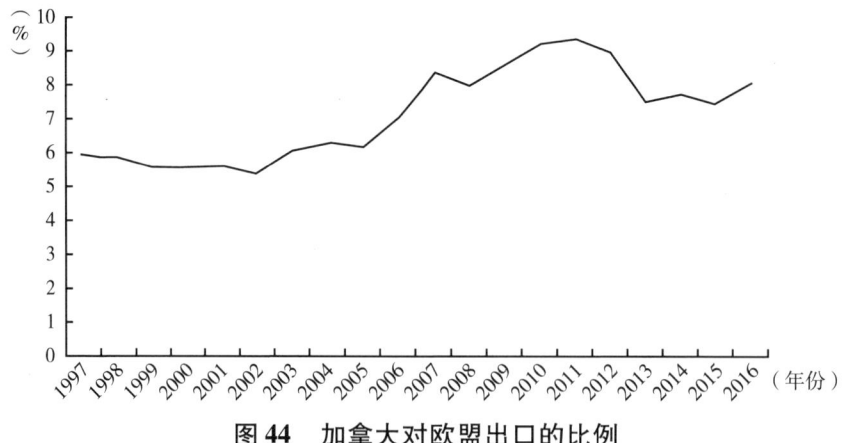

图44 加拿大对欧盟出口的比例

资料来源:加拿大统计局、加拿大统计局出版物和在线服务(CANSIM)表228-0069,作者统计计算。

---

[1] Burton, C. (2015). Canada's China Policy under the Harper Government. *Canadian Foreign Policy Journal*, Vol. 21, Issue 1, pp. 45-63. Retrieved from http://www.tandfonline.com.

小特鲁多政府积极寻求与欧盟建立更深层次的贸易关系。2016年，特鲁多签署了加拿大-欧盟全面经济和贸易协定（CETA），该贸易协定于2017年2月15日经欧洲议会投票批准。这项自由贸易协定将取消欧盟和加拿大之间的大部分关税。

在财政政策方面，图45显示了2006~2016年加拿大政府支出的变化情况。2015年，政府支出增长了1.9%，2016年增长了2.3%。2015~2016年，政府支出增长了79亿美元。2016年，政府总支出为352亿美元。

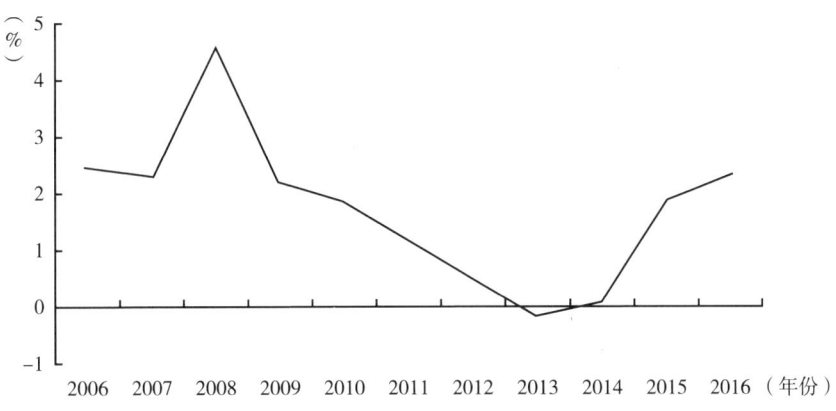

图45 政府支出变化情况

资料来源：加拿大统计局、加拿大统计局出版物和在线服务（CANSIM）表380-0084，作者统计计算。

加拿大总理小特鲁多因倡导以赤字支出促进经济增长而赢得大选，并于2015年11月4日就任。在选举期间，自由党承诺未来10年时间内，在基础设施上投资600亿美元（之前保守党政府承诺投资的600亿美元不计入在内）。投资项目包括住房、公共交通和供水系统，采用债务融资形式。

公共债务占GDP比重的增长反映了经济发展放缓。当经济发展放缓时，失业增加，政府支出增加，税收减少。图46显示了1993~

2016年加拿大联邦政府公共债务占GDP的比例。这一比例由1996年的141%下降至2007年的93%。当2008年经济大衰退席卷加拿大时，保守党政府实施了财政刺激政策，以抵消其对企业的危害，公共债务比例上升至98%。2016年上升至121%。

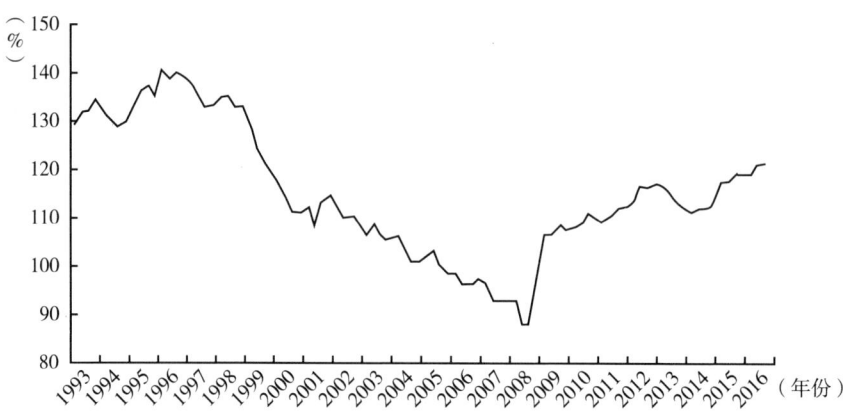

图46　公共债务占GDP比例

资料来源：加拿大统计局、加拿大统计局出版物和在线服务（CANSIM）表378－0121和380－0063，作者统计计算。

图47显示了各级政府，包括土著区、地方、省和联邦政府的财政债务。2006～2016年，每个级别政府的公共债务都呈上升趋势。在联邦政府层面，财政债务增长了55%，省政府债务增长了83%，土著区政府增长了58%。因此，在全球经济衰退期间，政府的财政刺激政策导致了加拿大公共债务的增加。2016年，公共债务总额为2.47万亿美元。

除了财政政策外，自2008～2009年经济危机以来，加拿大政府一直推行宽松的货币政策来刺激经济活动。2007年，加拿大银行的银行利率为4.75%。在2009年经济大衰退严重时期，银行将利率调低至0.5%。由于加拿大在全球经济低迷时期的经济表现相对良好，

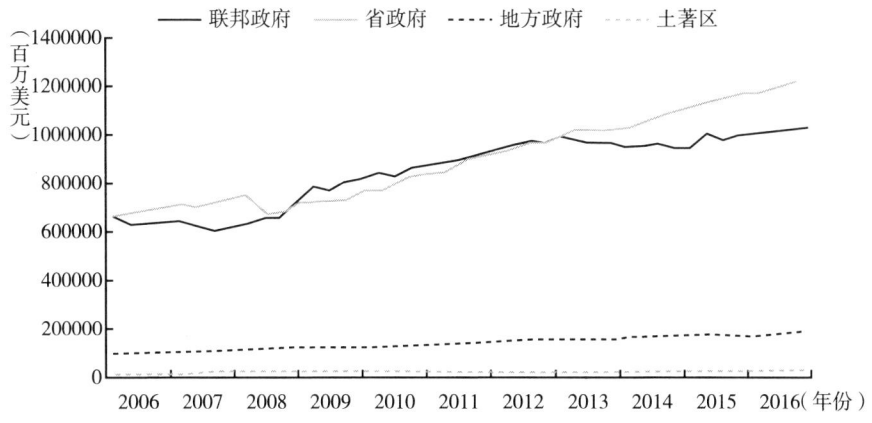

图 47 财政债务

资料来源：加拿大统计局、加拿大统计局出版物和在线服务（CANSIM）表 378-0121。

因此加拿大央行在2010年将银行利率上调至1.25%，并将其维持到2014年，直至加拿大经济开始产生波动。2015年，加拿大银行利率下调至0.75%，并一直保持至2016年（见图48）。

图 48 利率

资料来源：加拿大统计局、加拿大统计局出版物和在线服务（CANSIM）表 176-0043。

六 结论

近年来,加拿大经济相较于其他国家表现欠佳。2014年之后,加拿大经历了企业利润萎缩、资本积累放缓以及就业率下降。除了这些趋势以外,家庭和企业债务水平也在不断上升。由于全球油价下跌,石油行业成为发展减速最快的行业。除了这些变化外,房价通胀也为金融体系和整体经济增长带来了风险。受到房价上涨影响的大城市包括温哥华、多伦多和卡尔加里。石油行业长期强劲的盈利能力和资本积累导致阿尔伯塔省房价不断上涨。大量产业工人从加拿大各地,尤其是沿海省份涌入阿尔伯塔省,推动该省房屋价格的上涨。因此,阿尔伯塔省的房地产市场与全球石油价格密切相关。油价下跌后,阿尔伯塔省的盈利能力和经济增长放缓,影响了包括就业在内的整个加拿大经济。因此,卡尔加里房屋空置率大幅增长,引起了人们对房地产市场和加拿大整体金融和经济系统的担忧。为了应对这些趋势,加拿大特鲁多政府加大努力,先后批准了三个大型石油管道项目,旨在提高石油行业的盈利能力。然而,加拿大仍然面临着企业"未流通资本"的挑战。政府的刺激计划、宽松的货币政策和不断拓展的进入国外市场的渠道能够鼓励企业的进一步投资,成功实现盈利能力的提高。然而,这些政策也面临着风险。因此,尽管现任政府付出诸多努力,但加拿大经济的未来依然是不确定的。

B.6 小特鲁多政府的财政预算与社会政策变革

柳玉臻*

摘　要： 2016年3月，贾斯廷·特鲁多政府发布了其执政期内的首个财政预算报告，提出了一系列社会政策计划。本文介绍了小特鲁多新政府的财政赤字预算，分析了新政府的社会政策变革，并考察了其实施情况和社会影响。根据加拿大经济增长缓慢、失业率高的现状，小特鲁多政府提出增加政府公共支出的社会政策计划，包括减税和引入加拿大儿童福利金等项目。其实施在一定程度上推动了加拿大经济的复苏，使得加拿大多数人口受益；但积极性的社会福利政策增加了财政赤字，政府控制债务的压力增大。

关键词： 小特鲁多　财政预算　社会政策

一　小特鲁多政府的财政预算

2015年10月19日，由贾斯廷·特鲁多带领的加拿大自由党赢得众议院多数席位，成为加拿大的新执政党。2016年3月22日，小

---

* 柳玉臻，博士，广东外语外贸大学政治与公共管理学院副教授。研究方向为社会政策，社会工作，加拿大社会。

特鲁多政府公布了题为"增长中产阶级"（Growing the Middle Class）的2016~2021年五年期财政预算报告。考虑到中产阶级在社会阶层中的主体地位和中产阶级通过就业、投资和消费对经济的贡献，小特鲁多政府将帮助和增长中产阶级作为财政预算支出的目标。通过对收入状况的分析，小特鲁多政府注意到在过去的30年，加拿大人的平均工资增长缓慢，女性和男性工资的差距明显。然而，生活成本，包括食品支出和儿童看顾支出，特别是高等教育支出却增长迅速。另外，在过去30年，加拿大最富有的0.01%人口税后收入大幅增长，社会收入差距日益扩大。受2008年开始的世界经济危机的影响，加拿大在2015年名义GDP的增长率为1%，失业率达到7.3%，加拿大的中产阶级和努力进入中产阶级的人群普遍面临失业和不充分就业的风险。

针对经济增长缓慢、失业率高的状况，借助当下加拿大金融利率历史最低和政府公共债务负担不重的优势，小特鲁多政府提出通过扩大财政赤字来进行经济投资和社会投资的计划。2016~2021年五年预计项目总支出15421亿加元，产生1132亿加元赤字（见表1）。

表1 小特鲁多政府财政平衡预计

单位：十亿加元

年份	2016~2017	2017~2018	2018~2019	2019~2020	2020~2021	总计
财政收入（Budgetary Revenues）	287.7	302	315.3	329.3	344.4	1578.7
项目支出（Program Expenses）	291.4	304.6	308.7	314.2	323.2	1542.1
公共债务（Public Debt Charges）	25.7	26.4	29.4	32.8	35.5	149.8
财政平衡（Budgetary Balance）	-29.4	-29	-22.8	-17.7	-14.3	-113.2

资料来源：Canada Budget 2016, http：//www.budget.gc.ca/2016/home-accueil-en.html。

相比于哈珀保守党政府，小特鲁多政府的财政赤字预算将明显增加（见图1）。

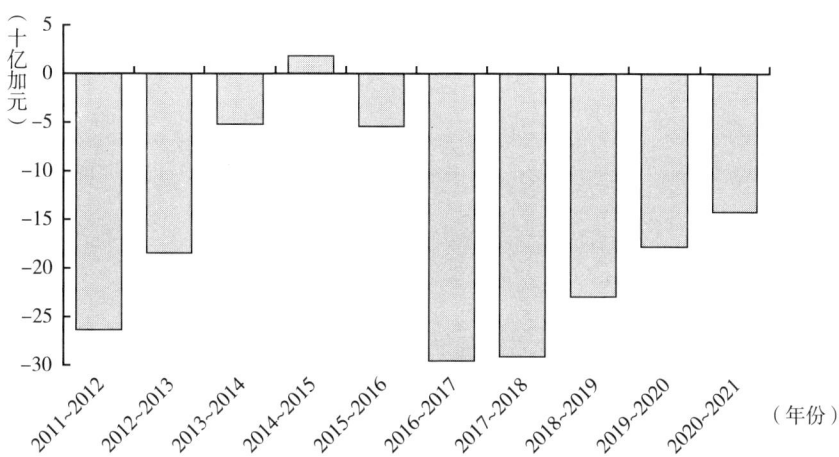

图1 小特鲁多政府财政赤字预算

资料来源：The Globe and Mail, Laura Stone, "Inside Trudeau's budget：Read the highlights", 2016年8月26日。①

财政赤字预算的扩大，一方面源于基础设施的投资和政府投资于科技创新、环境及国防开支；另一方面，小特鲁多政府积极地增加了社会福利支出。对于基础设施的投资，小特鲁多政府计划通过改善公共交通、水系统、住房等基础设施，以创造就业、推动经济发展（见图2）。从预算总额来看，2016~2021年联邦政府计划投入119亿加元用于基础设施改造，占政府财政预算的0.7%。

除增加基础设施投资外，小特鲁多政府还计划在教育、科研、经济和商业领域增加开支来引导和促进经济发展。在财政预算中，小特鲁多政府计划在2015~2018年投入22.61亿加元用于加强科学研究，

---

① *The Globe and Mail*, http：//www.theglobeandmail.com/news/politics/inside - trudeaus - budget - read - thehighlights/article29336681/.

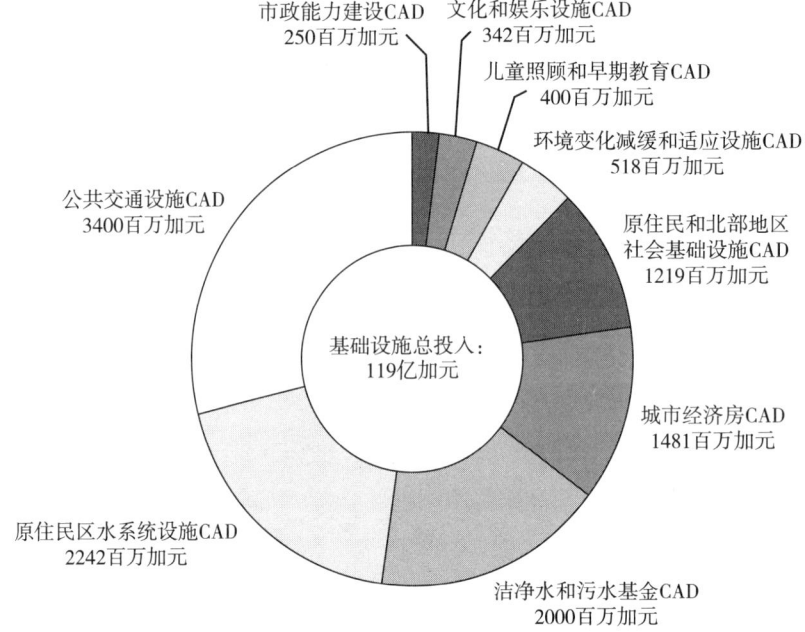

图 2　加拿大联邦政府基础设施预算支出（2016～2021 年）

资料来源：Canada Budget 2016, http://www.budget.gc.ca/2016/home-accueil-en.html.

投入 107.22 亿加元支持企业成长和革新，投入 21.47 亿加元用于清洁能源科技发展和环境保护。①

除上述基础设施和教育、经济支出外，小特鲁多政府还提出了一系列的社会政策计划，包括引入加拿大儿童福利金、改善就业保险、投资青年人和北部居民的教育和培训、提高老年人生活质量、加强医疗服务体系和改善贫困人口住房等项目。在财政预算的项目支出中，每年有 48%～50% 的资金用于社会福利支出，包括儿童福利、教育贷款、就业保险、住房、养老保险、医疗等领域（见表 2）。

---

①　Canada Budget 2016, http://www.budget.gc.ca/2016/home-accueil-en.html.

表2 小特鲁多政府主要社会福利项目支出

单位：亿加元，%

年份	2016~2017	2017~2018	2018~2019	2019~2020	2020~2021	总计
向个人转移支付（Major Transfers to Persons）	91.4	95.5	97.7	100.5	104	489.1
医疗转移支付（Canada Health Transfer）	36.1	37.1	38.5	40.2	41.9	193.8
社会转移支付（Canada Social Transfer）	13.3	13.7	14.2	14.6	15	70.8
上述社会福利支出占总支出的比例	48.32	48.03	48.72	49.43	49.78	48.75

资料来源：Canada Budget 2016，http：//www.budget.gc.ca/2016/home-accueil-en.html。

二 小特鲁多政府的社会政策变革

根据马歇尔（T. H. Marshall, 1965: 7）的定义，"社会政策"指以政府为主体，通过向市民提供服务或收入，提高民众福利水平的行动。社会政策的核心内容包括社会保险、公共（国家）救助、健康和福利服务以及住房保障政策。对于小特鲁多政府社会政策的分析，笔者将重点考察与社会福利相关的政府行动政策。当代加拿大的社会福利体系包括三个层次：第一个层次是全民享有的项目，包括老年保障金（Old Age Security Pension, OAS）、家庭津贴（Family Allowance）、医疗服务（Medicare）和基础教育（Elementary and Secondary Education）；第二个层次是缴费型项目，包括失业/就业保险（Unemployment/Employment Insurance, EI）、国家养老金（Canada/Quebec Pension Plan, CPP/QPP）；第三个层次是救助型项目，包括失业补贴（Supplemental Unemployment Benefit）、老年收入补贴（Guaranteed Income Supplement, GIS）等。尽管在过去几十年，特别是1990年之后，加拿大的社会福利体系逐渐向多元福利转变，包括鼓励地方政府和市场的参与等，但联邦政府在社会福利体系中依然扮演主要角色，特别是福利体系的规划、福利项目的设置和福利资金的管理（Rice & Prince, 2013）。在福利资金的管理上，联邦政府和省政府采取税收分成、均衡支付和成本分担的方式。在福利项目的成本分担上，联邦政府一方面通过向个人转移支付直接拨款到福利项目，另一方面通过与地方政府协商和转移支付（包括医疗和社会转移支付）间接支持和监管福利项目。

相比哈珀政府，小特鲁多政府社会政策的变革主要包括以下内容。

（1）中产阶级减税计划。自2016年1月起，年收入在45000～90000加元的个人收入税自22%降至20.5%，而年收入在20万加元以上的税率自29%提至33%。

（2）引入加拿大儿童福利金项目（Canada Child Benefit），废除儿童税收积分（Child Tax Benefit）和全民性儿童照顾福利金（Universal Child Care Benefit）。新的儿童福利项目基于家庭收入调查，其中，年收入在3万加元以下的家庭将领取全额儿童福利金（6岁以下儿童为4852加元；6～17岁儿童为3916加元）；随着家庭年收入的增长，儿童福利金降低；年收入在20万加元以上的家庭不能领取儿童福利金（见图3）。

（3）教育贷款，简化贷款申请程序，提高贷款额度。对来自低收入家庭的大专和大学学生，贷款额度从每年2000加元提高到3000加元；中等收入家庭学生从每年800加元提高到1200加元；偿还贷款的收入分水岭提高到毕业后年收入在25000加元以上。

（4）改善就业保险（Employment Insurance），包括领取失业保险金等候期自两周缩短至一周，第一次领取失业保险者连续缴费时限缩短（自910小时到665小时）；在12个高失业率地区，一般失业保险领取期延长5周，最长50周；对长工龄工人，另延长20周，最长70

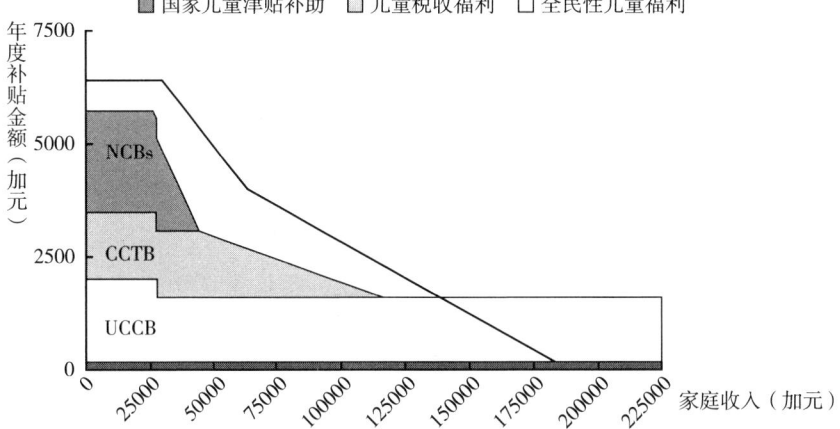

图3 加拿大儿童福利金（Canada Child Benefit，CCB）支出（6岁以下单个儿童）

资料来源：Canada Budget 2016，http://www.budget.gc.ca/2016/home-accueil-en.html。

注：CCB项目自2016年7月开始领取，取代了之前的NCB（国家儿童津贴补助）、CCTB（儿童税收福利）和UCCB（全民性儿童福利）项目。

周。另外，政府增加在技能培训上的投资。

（5）改善社会基础设施，包括住房、早期教育和儿童照顾场所、文化和娱乐设施、社区医疗服务设施。在住房方面，联邦政府将投资建设和修缮老年公寓、北部居民住房，支持经济型租赁房的建设。

（6）养老保险方面，恢复OAS和GIS的领取年龄至65岁，增加对单身老年人的GIS补贴，增加对分开居住的老年人配偶的补贴。

（7）医疗领域，加大对非政府机构和各种研究基金会的支持，增强国民的健康意识，促进科研成果向应用领域转化。

除上述社会福利项目外，联邦政府还将通过增加对各省的转移支付（包括医疗转移支付和社会转移支付）来提高各省和地区的公共福利服务，包括医疗、高等教育、儿童项目、社会救助和其他社会项目。例如，2016~2017年，联邦政府对省政府的转移支付将达到709

亿加元，比 2015～2016 年增加 29 亿加元，增长 4.3%。联邦政府承诺对省政府的转移支付会持续增长（见表 3）。

表3 加拿大联邦政府对各省和地区的主要转移支付

单位：百万加元

主要转移支付	2010～2011年	2011～2012年	2012～2013年	2013～2014年	2014～2015年	2015～2016年	2016～2017年
医疗转移支付（Canada Health Transfer）	25672	26952	28569	30283	32113	34026	36068
社会转移支付（Canada Social Transfer）	11179	11514	11859	12215	12582	12959	13348
均衡转移支付（Equalization）	14372	14659	15423	16105	16669	17341	17880
离岸补偿支付（Offshore Offset Payments）	869	787	443	350	196	125	49
地区财政补偿（Territorial Formula Financing）	2664	2876	3111	3288	3469	3561	3603
转移支付确保（Total Transfer Protection）	525	952	680	56			
联邦总转移支付（Total Federal Support）	55281	57739	60085	62297	65029	68013	70948
人均分配（Per Capita Allocation）(dollars)	1628	1683	1731	1774	1832	1899	1961

资料来源：Department of Finance Canada, "Federal Support to Provinces and Territories", http://www.fin.gc.ca/fedprov/mtp-eng.asp。

三 小特鲁多政府社会政策的实施状况和社会影响

根据加拿大当前的经济形势、财政能力和社会状况，小特鲁多政府提出了以扩大赤字预算来增加经济投资和社会投资的社会政策。根据2016年3月财政部的预测，这些社会政策计划在2016～2017年度创造4.3万个就业岗位，推动GDP 0.5%的增长；在2017～2018年度创造10万个就业岗位，推动GDP 1%的增长。从对个人的转移支付来看，中产阶级、低收入家庭和原住民将显著受益。特别是儿童福利金项目的提出，将使90%的有儿童家庭领取到比之前更多的福利津贴，帮助31.5万名儿童摆脱贫困。对于原住民，小特鲁多政府提出在未来五年内投入84亿加元来改善他们的经济和社会环境，包括教育、培训、医疗、住房和其他基础设施。

按照2016年的财政预算，加拿大联邦政府已开始了项目支付和资金转移。从加拿大财政部2017年3月发布的财政数据来看，除基础设施投资因政府间转移支付而出现滞后外，联邦政府在住房投资、个人税收和企业税收减免、社会转移支付等项目上资金使用进度都超过了75%。这些项目产生了很好的经济效益。2016年下半年加拿大经济开始复苏，经济增长速度在第三季度达到3.8%，第四季度达到2.6%，政府项目对GDP的贡献率达到0.4%。伴随着经济的复苏，加拿大的失业率从2015年年底的7.1%下降到2016年年底的6.6%。另外，由于减税计划和加拿大儿童福利金等项目，加拿大人的可支配收入增长，消费能力增长，加拿大零售业收入增长，增速达到4.3%。[1]

---

[1] Canada Budget, 2017, http://www.budget.gc.ca/2017/docs/plan/budget-2017-en.pdf, p12.

从受益群体来看，按照加拿大财政部的统计，在2016年，接近九百万纳税人的税负减轻，家庭纳税人平均年税负降低额为540加元；超过320万家庭从2016年7月起领取了加拿大儿童福利金，90%的家庭领取金额比之前有提高，平均年增长2300加元。加拿大的儿童贫困率明显降低，相较2014年儿童贫困数量减少了30万名，降低了40%。另外，在2016年有75万名老人拿到了更多的收入津贴，平均年度提高额度为947加元，因而帮助了约1.3万名老年人摆脱贫困。另外，按照2016年的预算，联邦政府扩大了就业保险领取的覆盖面，缩短了领取等待时间，增加了保险金领取者的就业项目，这些项目帮助了数百万的劳动者。①

从过去一年的实施效果来看，小特鲁多政府的社会政策计划起到了促进经济增长和提高国民生活质量的政策目标。因此，小特鲁多政府会继续其"增长中产阶级"的社会政策计划。2017年，小特鲁多政府计划增加在教育和技术培训上的投入，包括帮助成年人，特别是失业人群、女性、原住民、残疾人、退伍军人等群体继续接受高等教育、更新工作技能、参与就业等。另外，联邦政府会在基础设施项目、医疗和社会保障支出上增加开支。这些项目的支出会进一步扩大其在2015~2021年执政期内的财政预算，产生更大的财政赤字。根据2017年的财政预算报告，在2015~2021年五个财政年度期间，相比于2016年预算的1132亿加元财政赤字，2017年的预算赤字为1250亿加元，增加了118亿加元。②

截至目前，小特鲁多政府的社会政策计划收到了良好的成效，但从长远发展来看，小特鲁多政府要面对如何平衡财政收支和缩减赤字的压力。从政策理念来看，小特鲁多政府的社会政策与当前西方福利

---

① Canada Fall 2016 Economic Statement, http：//www.budget.gc.ca/fes-eea/2016/docs/statement-enonce/fes-eea-2016-eng.pdf, pp.4-6.
② Canada Budget, 2017, http：//www.budget.gc.ca/2017/docs/plan/budget-2017-en.pdf, p.256.

国家流行的"第三路线"接近，政府采取积极性福利政策，投资在教育、培训等方面，鼓励就业；将政府开支作为社会投资，创造就业机会，改善社区环境；政府重视与私营企业和民间组织的合作，引导经济发展；在社会分配上，政府通过税收和福利津贴促进资源平等，但更侧重通过教育和培训推动机会平等（黄晨熹，2009）。根据加拿大目前的经济状况和政府债务规模，小特鲁多政府采取了扩大财政赤字，增加公共支出的社会政策计划，但根据加拿大政党和政府的传统，特别是之前克雷蒂安自由党政府和哈珀保守党政府平衡财政收支的成功，再加上反对党对于政府财政赤字的批评和监督，预计小特鲁多政府在执政后期会考虑缩减赤字，努力控制政府支出。

参考文献

黄晨熹：《社会福利》，格致出版社，2009，第115~120页。

James J. Rice and Michael J. Prince, *Changing Politics of Canadian Social Policy*, 2nd ed. (Toronto, Buffalo, London: University of Toronto Press, 2013).

T. H. Marshall, *Social Policy* (London: Hutchinson University Press, 1965), p.7.

Trudeau Government's Financial Budget and Social Policy Reform.

B.7
小特鲁多多边外交及其走势

樊 冰 *

摘 要： 小特鲁多政府就任以来，积极开展多边外交，践行其"重返国际舞台"的承诺。从广泛参与，到在重点方向积极发挥作用，再到根据局势变化做适当调整，小特鲁多政府以多边峰会外交为主要形式，向世界展示了加拿大多元文化主义等核心价值观，并将"绿色"列为其外交优先考虑的品牌。上任一年多，小特鲁多政府在外交上取得一系列成果，但也面临更多的挑战。美国特朗普总统上台后的一系列立场和举措，影响并制约了加拿大多边外交施展的能力与空间。小特鲁多政府将在巩固与大西洋盟友之间多边关系的同时，深化拓展亚太地区的多边平台，并力求在全球治理领域贡献"加拿大方案"，为加拿大赢得更多的对外战略机遇。

关键词： 加拿大 小特鲁多政府 多边外交

长期以来，多边主义作为一种信仰原则被加拿大外交实践所推崇，这种多边主义的行为特性来源于其国家核心价值观——多元主义

---

* 樊冰，博士，华东师范大学博士后。研究方向为加拿大外交、中加关系。

思想。多边主义原则即为这种多元主义思想在外交上的国际延伸。加拿大的多边主义强调国际社会多元合作、多边参与理念，通过开展多边对话与合作等方式达成对外政策目标。从加拿大外交历史来看，第二次世界大战后，加拿大开始界定其在全球秩序中作为中等强国的功能与责任，多边外交往往被视为加拿大追求其国家政策目标、实现其国家利益最有效的策略，把参与国际组织视为扩大影响和促进加拿大全球利益的有效途径。尤其对于自由党而言，多边主义更是其长期恪守的外交原则。从皮尔逊开启加拿大外交"黄金时代"起，到皮埃尔·特鲁多，再到克雷蒂安、马丁执政时期，自由党历届政府莫不如此，并深谙其道。

因此，基于国家核心价值观与政党传统的双重影响，多边主义指导下的多边外交在某种程度上成为小特鲁多[①]政府的必然选择。在2015年11月4日新任总理就职的王座演说之后，小特鲁多正式宣布加拿大将"重返国际舞台"，积极参与国际事务。从小特鲁多竞选时的承诺，到其上任后的外交实践，可以清晰地看到，广泛参与国际事务已经成为小特鲁多对外政策的重要特征。

一 小特鲁多政府多边外交的实践与演进

自2015年11月上任至今，小特鲁多政府没有正式出台全面的外交政策文件，只是在首份施政纲领中有所提及。然而，小特鲁多对外政策基调的变化却十分明显，加拿大外交从哈珀时期赤裸裸的现实主义转向小特鲁多式的乐观主义和接触政策。[②] 具体而言，小特鲁多政府多边外交的实践大致经历以下三个阶段。

[①] 本文中小特鲁多是对贾斯汀·特鲁多的简称。
[②] David M. Malone, "Multilateralism in the Age of Trump", http://reviewcanada.ca/magazine/2016/11/multilateralism-in-the-age-of-trump/.

（一）广泛参与阶段：2015年11月至2016年2月

在宣誓就职后，小特鲁多马不停蹄地参加了一连串重量级的国际会议：2015年11月15~16日，参加在土耳其安塔利亚召开的二十国集团峰会（G20）；11月18~19日，参加在菲律宾马尼拉举行的亚太经合组织峰会（APEC）；11月27~29日，参加在马耳他召开的英联邦政府首脑会议；11月30日，参加在巴黎举行的联合国气候变化框架协定第21次缔约方会议（COP 21）；2016年1月20~23日，赴瑞士达沃斯参加世界经济论坛。借助各类多边外交平台，小特鲁多不仅代表加拿大在相关国际议题上发声，而且广泛地与美国、中国、英国、法国及英联邦国家、东南亚国家和国际组织领导人进行了会面与初步交流。

在广泛的多边外交舞台上，作为外交新秀的小特鲁多向世界提出了加拿大的倡议与承诺。在G20峰会上，小特鲁多提出加拿大修订版发展战略（Canada's Adjusted Growth Strategy）与投资战略（Canada's Investment Strategy）[1]，以基础设施投资为重点议题，宣布对其东盟第一大出口国印度尼西亚提供资助。在APEC峰会上，小特鲁多重点推出鼓励中小微型企业方案（MSMEs）[2]，并通过法国兴业银行项目向越南农业合作项目提供支持，旨在提高加拿大农产品产量和竞争力。[3] 在英联邦国家峰会上，小特鲁多发表重要声明：加拿大将在未来五年贡献26.5亿美元来帮助发展中国家应对气候变化问题；加拿大承诺在气候变化问题上积极作为，关注绿色经济及未来由此产

---

[1] "Canada's Adjusted Growth Strategy and Investment Strategy for the G20", November 15, 2015, http://pm.gc.ca/eng/news/2015/11/15/canadas-adjusted-growth-strategy-and-investment-strategy-g20.

[2] "Canada Pledges Support to Developing APEC Economies", November 19, 2015, http://pm.gc.ca/eng/news/2015/11/19/canada-pledges-support-developing-apec-economies.

[3] "Prime Minister Announces Support to Reduce Poverty in Vietnam", November 19, 2015, http://pm.gc.ca/eng/news/2015/11/19/prime-minister-announces-support-reduce-poverty-vietnam.

生的就业；加拿大将支持更具有可持续性且更具恢复力的低碳经济的转型。① 在联合国气候变化大会上，小特鲁多联合法国时任总统奥朗德、美国时任总统奥巴马和比尔·盖茨共同发起一项关于清洁技术合作倡议的创新计划（Mission Innovation），该项目包括了加拿大、美国及另外18个国家和一些主要的私营企业代表。②

（二）重点作为阶段：2016年3月至2016年年底

2016年是小特鲁多政府在重点方向积极发挥作用的一年。在这一年里，加拿大将外交重点放在联合国，并在经济领域、地区层面等多边外交场合表现得十分活跃。

第一，全面"重返"联合国。小特鲁多在2016年内前往联合国总部访问多达4次：3月16日至17日，小特鲁多率领阵容豪华的团队赴纽约访问联合国总部，吹起了加拿大全面重振其联合国地位的号角。在联合国总部，小特鲁多宣布加拿大"重返"联合国的雄心，并表明加拿大将谋求下一任联合国非常任理事国席位。③ 3月31日至4月1日，在参加华盛顿2016年核安全峰会时，小特鲁多承诺加将在核安全领域执行两个"礼品篮"项目（Gift Baskets）。4月20日至22日，小特鲁多赴纽约联合国总部签署《巴黎协定》。9月19日至20日，小特鲁多赴纽约参加联合国大会一般会议，与其他成员国一起重点探讨关于移民难民问题。

第二，重点参加多边经济活动。5月26日至27日，小特鲁多赴日本参加七国集团峰会，介绍加拿大对基础设施与清洁技术的投资策

---

① "PM announces investment global climate change action", November 27, 2015, http://pm.gc.ca/eng/news/2015/11/27/prime-minister-announces-investment-global-climate-change-action.

② "Prime Minister announces action on clean jobs and energy", November 30, 2015, http://pm.gc.ca/eng/news/2015/11/30/prime-minister-announces-action-clean-jobs-and-energy.

③ "Prime Minister announces Canada's bid for a non-permanent seat on the United Nations Security Council", March 16, 2016, http://pm.gc.ca/eng/node/40723.

略。9月4日至5日，赴中国杭州参加二十国集团峰会，特别强调了加拿大对中产阶级的增长繁荣以及全球贸易投资市场开放自由重要性的认识。通过对中产阶级的扶植和肯定、经济开放和强力支持国际贸易与投资来重申加拿大的国家价值观。10月30日，小特鲁多赴比利时布鲁塞尔参加加欧峰会，并签署《综合经济和贸易协定》（*the EU-Canada Comprehensive Economic and Trade Agreement*，CETA）。① 11月19日至20日，小特鲁多赴秘鲁参加2016年APEC峰会，并就中产阶级、经济增长以及自由贸易与投资等议题进行广泛交流。

第三，积极运作地区多边平台。北美地区，在与时任美国总统奥巴马的紧密合作下，小特鲁多积极操办6月29日在加拿大举办的北美峰会，美、加、墨三边关系得到提升。加拿大视"北美自由贸易协定"为其多边贸易平台中最优先考虑的重要合作项目。此次峰会的重点为可持续增长的绿色经济及低碳经济的转型。② 北约是加拿大在安全领域内最为重要的国际合作平台之一，受到小特鲁多的特别重视。7月8日至9日，小特鲁多赴波兰华沙参加北约峰会，不仅重申了加拿大对在拉脱维亚部署的北约多国部队③的领导责任，而且还承诺将采购大黄蜂战机以更好地履行其北约义务。④

（三）调整适应阶段：2017年年初至今

2017年1月，特朗普正式就职美国新一任总统。重新研究与适

---

① "EU-Canada Summit Joint Declaration", October 30, 2016, http：//pm. gc. ca/eng/news/2016/10/30/eu-canada-summit-joint-declaration.
② "Canada hosts North American Leaders' Summit", June 29, 2016, http：//pm. gc. ca/eng/news/2016/06/29/canada-hosts-north-american-leaders-summit.
③ "Prime Minister attends NATO Summit in Warsaw", July 9, 2016, http：//pm. gc. ca/eng/news/2016/07/09/prime-minister-attends-nato-summit-warsaw.
④ "Canada makes commitment to NATO Defence and deterrence measures", July 8, 2016, http：//pm. gc. ca/eng/news/2016/07/08/canada-makes-commitment-nato-defence-and-deterrence-measures.

应特朗普新政成为加拿大的首要任务。2017年2月13日，小特鲁多正式访美，开启调适加美关系之程。除了双边交往以外，加拿大也利用其他多边场合与美国新政府接触。2017年3月9日，小特鲁多赴美国休斯敦参加全球能源峰会，并发表演讲强调加美能源安全合作的重要性。4月6日，小特鲁多赴纽约参加全球女性峰会，与包括美国政商界在内的全球女性领导者们探讨性别平等与女性发展问题；在此前访美过程中小特鲁多与伊万卡·特朗普也对此议题进行了会谈。在5月25日北约峰会及26~27日七国集团峰会期间，小特鲁多与其欧洲盟国领导人商讨了美国新政府上台后的局势，以期在不同多边框架内共同调整适应与美国新政府的关系。

此外，2017年2月15日至17日，小特鲁多再次赴欧落实2016年加欧峰会的成果，见证欧洲议会投票通过实行《综合经济和贸易协定》，确保欧洲合作伙伴国（尤其英国脱欧后）贸易投资市场的开放性，同时小特鲁多再次表达了加拿大经济开放的国家核心价值观。2017年4月8日至10日，小特鲁多赴法国参加纪念维米岭战役①100周年的相关活动，彰显加拿大与欧洲国家血脉相连的自由国际主义观。

二 小特鲁多外交政策的基本特点

在执政一年多的时间里，小特鲁多积极拓展各种参与国际事务的机会，希望做更多与其前任哈珀不同并更出彩的事情。这种迫切性非常强烈而鲜明地表现在小特鲁多所确立的，以"加拿大重返世界"为导向的外交政策中，并在实践中得到有力的展现。小特鲁多外交的特征，就是以多边峰会外交为主要平台，突出显示加拿大多元文化主

---

① 维米岭战役是第一次世界大战期间加拿大与英、法共同进行的对德国的一场战役。

义与环境保护主义等国家核心价值观，同时积极塑造与展示了加拿大外交议程中的优先偏好。

（一）加拿大国家价值观的提升与强调

小特鲁多外交最大的成就之一是将加拿大的国家利益和国家价值观提升到新的高度。小特鲁多在竞选纲领中承诺，在主要的对外政策方面，他将与哈珀政府区别开来，这在许多方面引起加拿大人的共鸣，并激发了他们的独特国家价值观。① 这些价值观在小特鲁多的外交政策上体现为实施多元文化主义，放宽人口准入限制，承诺在2015年年底接纳25000名叙利亚难民；遵循环境保护论，加大控制气候变化力度；奉行反军事主义理念，将结束加拿大在伊拉克和叙利亚空中打击伊斯兰国的军事任务；重返联合国维和行动；打击恐怖主义分子；援助世界最贫穷国家，以及恢复贸易协定谈判等。小特鲁多在2015年12月4日就职演讲中再次强调了这些竞选承诺②。

多元文化主义作为加拿大的国家核心价值观在小特鲁多的多边外交活动中得到大力宣传与倡导。在2016年达沃斯世界经济论坛上，小特鲁多高调推广加拿大多元文化理念，并强调作为国家核心价值观与国家软实力，多元文化是加拿大包容、尊重与创新精神的根本来源，也是应对移民难民、气候变化与绿色经济等问题的指导思想。③

---

① Matthew Bondy, "Justin Trudeau is putting the 'liberal' back in 'Canadian foreign policy'", *Foreign Policy*, October 21, 2015, http：//foreignpolicy.com/2015/10/21/justin - trudeau - liberal - canadian - foreign - policy - syria - climate - change/.
② 小特鲁多就职演讲《实现真正的变革》（*Making Real Change Happen*），全文请参见：http：//www.speech.gc.ca/en/content/making - real - change - happen。
③ Justin Trudeau, "The Canadian Opportunity", *Government of Canada*, January 20, 2016, http：//pm.gc.ca/eng/news/2016/01/20/canadian - opportunity - address - right - honourable - justin - trudeau - prime - minister - canada.

小特鲁多认为，"理解多样化和差异性是巨大的力量源泉"。[①] 自上任以来，小特鲁多不遗余力地在各种国际会议与多边场合倡导加拿大多元文化价值，刻意将其打造为加拿大中等国家国际形象的新标签。与此同时，小特鲁多也特别强调环境保护主义。在巴黎联合国气候变化会议上，小特鲁多向与会各国代表团宣布："加拿大回来了。"加拿大在气候变化问题上的抱负、投入与成就也彰显了加拿大独特的环境保护主义和绿色发展的国家价值观。

此外，小特鲁多通过对移民价值的肯定、经济的开放和对国际贸易和投资的支持来显示加拿大独特的、开放的国家核心价值观，以及自由国际主义的人权价值观。通过在结束对伊斯兰国实施空中打击的同时，转向联合国框架下执行多边维和行动与强调北约集体防御，加拿大反军事主义价值观得到了国内外的肯定。

（二）以峰会外交为主的多边外交模式

小特鲁多就职后的一连串多边外交主要集中在多边峰会机制方面，包括二十国集团、亚太经合组织、英联邦政府首脑会议、七国集团峰会、法语国家联盟组织会议、北约峰会、北美领导人峰会以及联合国多边会议等。小特鲁多通过在中东、亚洲、地中海和欧洲地区参加密集的峰会外交活动，充分展示了加拿大参与全球治理的活力。

联合国曾是加拿大最为重要的多边外交平台，然而自哈珀执政以来，加政府对联合国的重视大打折扣，甚至与联合国的关系一度冷淡，使国内对哈珀政府颇有微词。这一问题在小特鲁多上任后得到极大的矫正与改善。2016年2月，小特鲁多在接见来访的联合

[①] 见小特鲁多2016年9月20日在联合国大会题为"我们是加拿大人，我们是来帮忙的"演讲。

国秘书长潘基文时,表达了加拿大"重返"联合国及争取联合国安全理事会席位的强烈意愿。① 随后3月,小特鲁多在出访位于纽约的联合国总部时,正式宣布加拿大将全力竞选2021~2022年任期内的联合国安理会非常任理事国席位。作为中等国家,加拿大将继续致力于通过联合国来讨论、处理全球事务。在反恐、维和、冲突管控、战后重建与人道主义救援等问题上,重新树立加拿大"调停者""维和者"的国际形象;在气候变化、难民问题、核不扩散问题、对外援助等议题中,积极作为,塑造加拿大积极参与的形象。

从一连串的峰会外交,到借助峰会平台衍生而来的双边会晤,小特鲁多俨然成了"国际政治舞台的摇滚之星"。除了单独专程访美以外,小特鲁多几乎所有的双边会谈与访问都是借助多边峰会场合或是在相关时段内实现的:在赴马耳他参加英联邦首脑会议之前,他顺道赴英国拜访加拿大女王和英国首相;在杭州G20峰会前,他先抵北京开启访华行程;在巴黎的联合国气候变化会议期间,他访问了法国;他在2016年G7峰会期间访问日本;在2017年参加北约峰会和G7峰会期间访问意大利,并与新任法国总统马克龙举行会谈;等等。频繁的峰会外交为小特鲁多与世界各国领袖对话提供了绝佳的平台,也大大提升了加拿大全球伙伴国的地位。

(三)小特鲁多多边外交议题中的"绿色"优先

小特鲁多执政一年多来参加的多边外交活动中,既有包括安全和经济等高政治议题,也涉及科技创新、女性权利以及疾病防治等低政

---

① "Canada will seek UN security council seat: Trudeau", *Global News*, February 11, 2016, http://globalnews.ca/news/2511956/justin-trudeau-to-speak-with-un-secretary-general-ban-ki-moon/.

治的议题。小特鲁多广泛关注气候变化、绿色经济、基础设施的投资、移民难民、反恐以及支持中产阶级、青年就业和性别平等问题，这些都不同程度地折射出加拿大外交议题设置中的优先排序和资源调配。加拿大擅长根据不同的外交议题构建不同的多边力量组合以实现加拿大的国家利益和目标。

然而，小特鲁多的外交议题虽涉及领域广泛，却各有重点。绿色发展与气候变化便是其重点考虑的优先议题。正如加拿大前总理保罗·马丁（Paul Martin）与多伦多大学知名学者约翰·柯顿（John Kirton）所说，小特鲁多将以一种大胆且新颖的外交议程设置领导加拿大并获得成功。通过创新来处理政府与私有部门之间的合作问题，并通过这种合作发展环境友好型经济，并促进清洁技术的运用是小特鲁多政府的优先议题。加拿大在这一领域具有优势，比如绿色运输、新能源、垃圾处理技术、燃料电池等。小特鲁多通过在国际场合强调经济向绿色转型，实际上也是在向世界推广加拿大的清洁技术。同时也将加拿大关注的问题塑造成国际社会共同关注的议题，展现了加拿大较强的国际议程塑造能力。加拿大积极推动在绿色发展与气候变化领域的多边外交，既符合加拿大的国家利益，又能提升其国际地位。比如2016年多伦多两家风投公司与中国科学院上海高等研究院联合建立了协助北美清洁技术公司对华出口业务的合作。这类合作伙伴关系将促进加拿大清洁科技公司分享其产品与技术，同时也提升了加拿大相关业务的国际知名度。

三 小特鲁多政府多边外交中的挑战与机遇

小特鲁多鲜明的外交风格及其政策非常引人关注，大体上存在相互争辩的两派观点：一派观点基本持肯定态度，认为小特鲁多外交带来"有限成功"，不仅吸引了全球注意力，而且建构了加拿大积极的

国际形象;[1] 另一派则对小特鲁多外交颇有微词,批评他仅仅是摆摆样子、拍拍照片,[2] 缺乏实质性内容,认为小特鲁多应该更加务实地将注意力多放在国内事务上。[3] 总的来说,小特鲁多执政一年多以来,在外交方面已经成功实现了转型。但是,无论从地区层面还是国际层面来看,小特鲁多的外交仍然面临着诸多考验,机遇与挑战并存。

（一）加美关系

2016年3月,小特鲁多上任后首次访美可谓相当成功,与时任美国总统奥巴马进行了十分友好的会谈,在气候变化等多个领域达成共识。然而2017年1月特朗普就任美国总统后,其逆全球化而动,以"美国优先"为口号推动贸易保护主义,对移民难民和少数族裔问题有所轻视,对气候变化问题满不在乎等政策倾向与加拿大国家核心价值观背道而驰,使加美关系迷失了方向。[4]

加拿大一贯将加美关系视为"多边框架下的双边关系"。[5] 一方面,加拿大需要借助美国的支持和力量实现其国际利益目标,另一方面又要避免失去其外交独立性。因此,对于加拿大而言,特朗普的当选对加拿大的外交努力带来较大的负面影响。首当其冲的便是北美自

---

[1] David Malone, "The Open Road", *Literary Review of Canada*, Vol. 24, No. 9, November 2016, pp. 26 – 27.
[2] Martin Regg Cohn, "How Justin Trudeau can streamline his summit selfies", *Toronto Star*, November 17, 2015, http://www.thestar.com/news/queenspark/2015/11/17/how – justin – trudeau – can – streamline – his – summit – selfies – cohn.html.
[3] Catherine Tsalikis, "A foreign policy report card for Justin Trudeau, one year on", October 19, 2016, http://www.opencanada.org/features/foreign – policy – report – card – justin – trudeau – one – year/.
[4] David Frum, Gary Doer, "What the U.S. election could mean for Canada", http://reviewcanada.ca/magazine/2016/11/what – the – u – s – election – could – mean – for – canada/.
[5] John W. Holmes, *The Better Part of Valour: Essays on Canadian Diplomacy*, Toronto: McClelland and Stewart Limited, 1970, p. 143.

由贸易协定。虽然特朗普承诺在北美自由贸易协定的重新谈判中对美加贸易的部分进行"细微调整",但加美贸易的不确定性以及北美自由市场的脆弱性显然加剧了。

此外,特朗普在应对全球气候变化问题上的消极态度也令加拿大深感担忧。2017年6月1日,特朗普宣布退出《巴黎协定》,这不仅成为加拿大在联合国推进气候变化问题上的巨大阻碍,也是对北极理事会框架下关于气候变化共识的严重打击。① 加上特朗普在移民和难民问题上的歧视政策、在北约军费分担问题上的发难,这都让加拿大以往在美国支持下推动其外交的发展受到制约。

虽然特朗普的政策对小特鲁多式的加拿大外交带来巨大的挑战,但也存在机遇。有学者认为,特朗普的当选可能为加拿大提供了一个绝佳的窗口来扮演与以往任何时候都不太相同的领导角色。②

(二)大西洋关系

加拿大外交中传统的大西洋主义,主要是指与英国和美国之间的三角关系。然而,面临特朗普政府以及脱欧的英国,这一传统的三角关系已黯然失色。与此形成鲜明对比的是,小特鲁多政府近期与大西洋彼岸,以德国和法国为领头羊的欧盟关系显得更加亲密。加拿大与英、法两国有着天然的血脉联系,与其他欧洲国家的关系也存在巨大的内在动力。2016年加拿大与欧盟签署《综合经济和贸易协定》不仅是加欧双边关系中大事,更是表明了双方对全球

---

① Yereth Rosen, "Uncertainty about US climate policy looms over marquee Arctic Council event", April 30, 2017, http://www.adn.com/arctic/2017/04/30/uncertainty-about-us-climate-policy-looms-over-marquee-arctic-council-event/.

② Fareed Zakaria, "Canada's Role in a Post-Trump World", February 1st, 2017, http://www.asiapacific.ca/blog/canadas-role-post-trump-world-lecture-john-h-mcarthur.

自由贸易市场的坚定维护。在移民难民问题上,小特鲁多对德国总理默克尔的立场态度表示认同并赞赏。而新上任的法国总统马克龙也与小特鲁有很多共同点。加强大西洋两岸关系不仅符合加拿大自由国际主义的政策偏好,而且也将成为小特鲁多外交非常现实的重要选择。

在安全方面,北约是加拿大防务政策的中心。小特鲁多政府积极履行其北约义务。2016年6月30日,小特鲁多政府宣布加拿大将调配士兵加入北约在拉脱维亚新部署的一支拥有4000名士兵的联合军队,并在其中担任领导之职。2017年北约峰会上,加拿大再次积极承诺对欧洲东部的防卫义务。

由于在全球自由市场、气候变化与移民难民治理等领域,加拿大与其大西洋盟国均面对来自美国的压力,因此,加拿大传统大西洋主义下的三角关系有望转变成加、德、法的新型三角关系。

(三)亚太关系

小特鲁多上任之初便十分重视加拿大与亚太的关系,"重返亚洲"是"加拿大重返世界"中的重要一环。[①] 加拿大亚太基金会主席斯图尔特·贝克(Stewart Beck)认为"更加深入地接触亚洲将成为加拿大的必选项"。[②] 除了与亚太国家发展双边贸易关系外,由于亚太地区面临日益复杂的国内国际问题,加拿大也希望能够在广泛的多边领域有所作为,比如地区安全、中产阶级增长、气候变化、水资源

[①] Hugh Stephens, Deanna Horton, "Now is the right time for Canada's return to Asia", *Toronto Star*, May 25, 2016, http://www.thestar.com/opinion/commentary/2016/05/25/now-is-the-right-time-for-canadas-return-to-asia.html.

[②] Stewart Beck, "Enough polite deliberations – deeper engagement with Asia is a must for Canada", *The Global and Mail*, January 28, 2016, http://www.theglobeandmail.com/report-on-business/rob-commentary/enough-polite-deliberations-deeper-engagement-with-asia-is-a-must-for-canada/article28418078/.

与食品安全、科技与创新、人口问题等。① 因此加拿大积极拓宽它在亚太地区的活动空间。

针对世界贸易保护主义上升及逆全球化的趋势,加拿大需要重新规划其贸易格局和形态,全面加强加拿大与亚太国家的经贸合作具有重要的战略意义。第一,积极加入中国倡导的"一带一路"框架下的亚投行。加拿大未来的贸易增长点在亚洲,与中国保持密切交往,符合加拿大的国家利益。第二,巩固在该地区传统的多边经济联系,在亚太经合组织框架内发挥积极作为,通过开拓亚太地区广阔的市场实现加拿大出口市场的多元化。小特鲁多上台后,比较集中地开展与东盟国家(如印度尼西亚、新加坡等)的外交活动,积极扩大与东盟的贸易与投资。第三,支持保留《跨太平洋伙伴关系协定》(TPP)。加拿大认为,虽然美国退出TPP,但是TPP仍具有积极意义,它可以促进加拿大扩大与环太平洋国家的贸易关系,包括日本、澳大利亚、新西兰、新加坡、墨西哥、智利、秘鲁等。②

(四)在全球治理层面上贡献"加拿大方案"

能否在全球治理层面上贡献亮眼的"加拿大方案",是小特鲁多外交成功与否的重要体现。在全球治理的若干重要领域,加拿大具有一定的成功经验,可以发挥积极作用。

首先,在应对全球气候变化问题上,加拿大不仅签订了联合国气候变化《巴黎协定》,而且在全国范围内积极予以落实。小特鲁多在

---

① The Asia Pacific Foundation of Canada, "Building Blocks for a Canada – Asia Strategy", January 28, 2016, http://www.asiapacific.ca/research-report/building-blocks-canada-asia-strategy.
② Pitman B. Potter, "Adjusting to New Realities: Diversifying Canada's Ties with Asia", http://www.asiapacific.ca/op-eds/adjusting-new-realities-diversifying-canadas-ties-asia.

上任后首次召开的联邦总理与各省总理联席会议（First Ministers' Meeting）上，便将此作为首要议题并提出"清洁发展与气候变化的泛加拿大框架"（Pan-Canada on Clean Growth and Climate Change），要求各省和地区拿出具体的可行性方案，实现2018年加拿大所有省级和地区政府都引入碳定价机制。小特鲁多政府特别重视通过清洁增长来应对气候变化，并将此列为国家重点任务。"清洁发展与气候变化的泛加拿大框架"的国内目标是推动绿色增长、实现低碳的未来，国际目标是推动加拿大成为全球清洁技术的领头羊。此外，加拿大对《联合国气候变化框架公约》（UNFCCC）保持活跃的积极态势，在COP 21后，加拿大主导旨在攻坚清洁技术的"创新计划"，同时还为一些发展中国家提供资助。

其次，加拿大在处理移民及难民问题上表现积极。加拿大对叙利亚难民采取积极接纳的态度，从2015年11月至2017年1月，加拿大共接收了超过4万名叙利亚难民。加拿大在难民及移民管理、融入问题以及相关法律条规的设定上都持积极态度并有一定的成功经验。虽然由于地理位置、经济、政治与社会等方面存在差异，加拿大与欧洲面临的情况和问题不一样，但是加拿大认为叙利亚难民问题正在侵蚀着对国际人道法的尊重，这样的趋势必须扭转。目前，加拿大已经正式成立以前外长阿克斯沃西（Lloyd Axworthy）为首的"世界难民委员会"（World Refugee Council），旨在为全球难民事务提供帮助，特别是从创新合作的视角来对全球难民管理系统进行结构性改革，完善难民体系以应对当前迫切需要解决的问题。①

---

① "Ex-foreign minister Lloyd Axworthy to lead new World Refugee Council in Waterloo", *The Canadian Press*, May 16, 2017, http://www.thestar.com/news/canada/2017/05/16/ex-foreign-minister-lloyd-axworthy-to-lead-new-world-refugee-council-in-waterloo.html.

2017年是加拿大建国150周年，小特鲁多政府"加拿大重返国际舞台"方面开局不错。但是世界多变，特别是特朗普执政下的美国、退出欧盟的英国、暴恐威胁下的欧盟、强势崛起的中国以及复杂的气候变化与环境问题等也给小特鲁多带来了严峻的挑战，他在接下来不到三年的执政期内如何应对这些挑战并赢得更大的发展机遇，值得关注。

B.8
加拿大反恐战略评析

——再平衡中的国家安全利益与公民自由权利

刘江韵*

摘　要： 哈珀政府执政后期通过的《反恐法2015》一度引起了加拿大国内对如何平衡国家安全利益与公民自由权利的激烈争论。总理贾斯廷·特鲁多上任后，履行竞选时的承诺，启动关于国家安全政策的全民咨询、建立跨党派监督委员会、改革国际反恐政策，一定程度上实现了国家反恐战略的"再平衡"。然而，受制于国内外严峻的反恐形势，加拿大反恐政策仍存在政策回摆的风险。

关键词： 加拿大　反恐战略　公民权利

加拿大的反恐战略是由一系列法律、文件和报告组成的。法律包括《反恐法2001》《公共安全法》《移民与难民保护法》《恐怖主义受害者正义法》《打击恐怖主义法》《核恐怖主义法》《加强加拿大公民制度法》《保护加拿大免受恐怖分子侵袭法》《防止恐怖分子旅行法》等[①]，政府文件和报告包括《建设反恐应变能

---

* 刘江韵，博士，上海外国语大学国际关系与公共事务学院。研究方向为加拿大政治与外交。
① "Protecting Canadians and Their Rights: A New Road Map for Canada's National Security", Report of the Standing Committee on Public Safety and National Security, House of Commons, Canada, 2017.

力——加拿大的反恐战略》、2013年和2014年发布的《加拿大恐怖威胁的公开报告》等。以2014年10月连续发生的两起恐袭事件为转折点,加拿大反恐战略在2015年至2017年发生了重大的变化。

2015年6月18日,备受争议的《反恐法2015》(又称《C-51法案》)获批后,加拿大进入国家安全机构权力膨胀上升的轨道。然而,随着2015年11月4日新任总理贾斯廷·特鲁多上台,加拿大反恐战略中"国强民弱"的趋势有所减缓,国家安全利益与公民自由权利得到初步的"再平衡"。特鲁多上台后即提出了一系列与反恐战略相关的政策倡议,具体包括:发起加拿大历史上首次针对国家安全政策的全国性咨询;推动关于在国会建立跨党派国家安全和情报监督委员会的《C-22法案》获众议院批准;宣布对伊拉克和叙利亚反恐战争的新政策;进一步增加对本国及国际社会接收叙利亚及其他难民的支持;等等。同时,加拿大政府发布了《2016年加拿大恐怖威胁的公开报告》和《2016年国家安全绿皮书》,阐明了加拿大面临恐怖威胁的新形势以及延续对国家权力与公民自由的讨论。国会公共安全与国家安全常务委员会在2017年5月发布的《保护加拿大人及其权利:加拿大国家安全的新路线图》,无疑为自由党政府随后发布的《关于国家安全问题的法案》(即对《反恐法2015》的修订法案)提供了背书。

上述重大政策倡议构成了小特鲁多政府反恐战略的三大特点,一是在保证国家和人民安全的前提下,更重视保护公民的人权和自由,增加对反恐执法行动和安全情报部门的约束和监督;二是改变国际反恐合作的侧重点,在退出直接军事行动的同时大幅增加军事训练与发展援助;三是重视通过难民政策提升加拿大的国际影响力。

一 《反恐法2015》的主要内容及引起的争议

《反恐法2015》是哈珀政府在执政后期推动通过的一部重要法律,该法史无前例地强化了加拿大国家安全和情报部门的执法权,具体包括授予17个政府部门共享公民信息的权力、扩大民航的"禁飞名单"、增加国家安全情报部门的职权、放宽对预防性执法的法律限制等。

该法的主要争议点包括以下几方面:

(一)跨部门情报信息共享

根据《反恐法2015》规定,《加拿大信息共享安全法》(Security of Canada Information Sharing Act,下文简称《信息共享法》)生效。《信息共享法》创制了明确的信息披露权,具体来说是授权17家联邦机构披露和共享与"有损加拿大安全的活动"相关的信息(包括公民个人信息)。其中"有损加拿大安全的活动"被定义为"有损加拿大主权、安全、领土完整或加拿大人民生命或安全的活动",如此宽泛的定义目的在于应对未来可能出现的新威胁。[①]《信息共享法》打破了联邦各部门间信息共享的壁垒,客观上有助于提高情报共享效率与情报效用,但同时一些问题也引起了激烈争议:如跨部门共享增加了公民信息被泄露和滥用的风险;宽泛的威胁定义可能导致环保、民权人士的抗议行动被监控干扰;《信息共享法》与《私隐权法》之间存在不少冲突;情报共享机制本身缺乏有力的外部监督,存在被滥用的风险。

(二)民航乘客保护计划

根据《反恐法2015》规定,《保护航空旅行安全法》(Secure Air

[①] "Our Security, Our Rights: National Security Green Paper, 2016", Government of Canada, 2016.

Travel Act，SATA）生效。根据该法，政府将执行民航乘客保护计划（Passenger Protect Program，PPP），即若当局认为某人将对航空安全构成威胁或正寻求通过搭乘航空器来达到实施恐怖主义目的，相关职能部门有权阻止其登机。虽然根据该法，"禁飞名单"需经多个部门组成的委员会审议，且至少每90天进行一次重估。但规定执行以来，"禁飞名单"已经闹了不少乌龙，如媒体报道称多达二十多名年龄从6个月到17岁不等的儿童或少年被错列为禁飞对象[①]，不少人仅因为姓名与名单内人名相同或相近而被禁飞，且申诉后迟迟未得到回复，导致与国外亲人长期不能相聚。

（三）修订《刑法》以强化司法部门的反恐权力

《反恐法2015》授权对《刑法》的部分条文进行修订，授予司法部门更多的执法权力。主要包括四个方面：一是使得治安官（Peace Officer）更容易从法院获得许可令以临时拘捕嫌疑人；二是增加"声援或推广恐怖主义"的罪名，最高刑罚为五年监禁；三是赋予法庭下令"没收和移走恐怖主义宣传品"和"清除网络恐怖主义宣传内容"的权力；四是加大对反恐司法过程中对证人的保护力度。

上述修订引起了民权组织对言论自由受损的严重关切，一是担忧"声援或推广恐怖主义"作为罪名会导致因言治罪。从人类思想发展的进程来看，极端化思想从来就不是罪行，一些极端化思潮甚至激发了思想上的创新；二是对"恐怖主义宣传品"的定义不够严谨，授权标准不清，条文有被滥用于压制自由言论的风险。

---

① Faisal Kutty："Canada's Secretive No-Fly List is Only Getting Worse"，Feb. 11, 2016，http://www.huffingtonpost.ca/faisal-kutty-/no-fly-list-canada_b_9198756.html.

（四）授权加拿大国家安全情报局在境内外采取行动瓦解恐怖主义威胁

根据《反恐法2015》修订《加拿大国家安全情报局法》，赋予加拿大国家安全情报局在境内外采取行动瓦解恐怖主义威胁的权力。在此法之前，加拿大国家安全情报局的主要职责只是搜集和分析情报，而现在该局则有权采取直接行动来消除或削弱恐怖主义威胁。加拿大国家安全情报局消除和削减恐怖主义威胁的手段主要包括：约谈嫌疑人、向社交媒体服务提供商披露嫌疑人的信息、要求嫌疑人的朋友进行干预、干扰嫌疑人通信、阻断可疑的金融转账、控制可能被用于恐怖主义活动的物品等。除上述措施外，该局仍不具备拘捕恐怖主义嫌疑人的权力，因此在直接反恐行动方面还需与加拿大皇家骑警合作。尽管如此，国家安全情报局权力的扩大还是触动了加拿大不少民众对情报机构的敏感神经。加拿大民权自由协会要求解除国家安全情报局采取行动瓦解恐怖主义威胁的权力，批评该法实际上授权情报机构履行警察职能，这违背了加拿大宪章的原则。[①]

综上所述，《反恐法2015》赋予反恐执法部门前所未有的权力，同时引发了各方对于国家安全利益与公民自由权利的激烈争论。该法案在2014年10月两起严重的恐怖主义袭击事件之后被提出，又适逢加拿大联邦大选临近之际，是当时哈珀争取连任的重要筹码。该法案在2015年1月被提出后，确实一度获得了高达82%的支持率[②]，但其后逐渐引起了在野党、民权人士、媒体和国际组织等的广泛关注和猛烈批评。新民主党党魁唐民凯（Thomas Mulcair）和绿党都明确表

---

① "Protecting Canadians and Their Rights: A New Road Map for Canada's National Security", Report of the Standing Committee on Public Safety and National Security, House of Commons, Canada, 2017.
② TABATHA SOUTHEY: "Why is Stephen Harper's Anti-Terrorism Bill so Popular?", *The Globe and Mail*, Feb. 27, 2015, http://www.theglobeandmail.com/opinion/columnists/why-is-stephen-harpers-anti-terrorism-bill-so-popular/article23226179/.

示反对该法案①,参议院的自由党领袖高云(James Cowan)表示将不会跟从党魁贾斯廷·特鲁多的立场,将对此法案投反对票②。在多伦多、温哥华和渥太华出现了数万民众反对《C-51法案》的大游行③,大赦国际表示了对法案的强烈关切,加拿大言论自由记者组织(CJFE)和加拿大民权协会(CCLA)在2015年7月21日向法院提起诉讼指该法案违反了《权利与自由宪章》④,加拿大的主流媒体也纷纷表达了对方案的不满⑤。然而,出乎意料的是自由党党魁,哈珀的竞争对手贾斯廷·特鲁多对该法案表示了有条件的支持,即总体上支持该法案通过,但承诺在自由党胜选后会对其中涉及公民自由和权利的条款进行修订。

二 贾斯廷·特鲁多上台后的反恐政策"再平衡"

(一)发起全国国家安全政策咨询及推动修订《反恐法2015》

为了充分聆听各方意见,小特鲁多发起了加拿大历史上首次国家

---

① Jim Bronskill and Joan Bryden: "Thomas Mulcair: NDP Will Oppose 'Dangerous' Tory Anti-Terror Bill", Feb. 18, 2015, http://www.huffingtonpost.ca/2015/02/18/ndp-to-oppose-dangerous_n_6706036.html.
② Althia Raj: "Bill C-51: Liberal Senators to Vote Against Anti-Terror Legislation", Feb. 12, 2015, http://www.huffingtonpost.ca/2015/05/12/bill-c-51-liberal-senators-terror-james-cowan_n_7267540.html.
③ JESSICA LEPORE: "Thousands Gather Across Canada to Protest Bill C-51", *The Globe and Mail*, Mar. 14, 2015, http://www.theglobeandmail.com/news/toronto/hundreds-protest-in-toronto-against-proposed-anti-terrorism-law/article23463005/.
④ "We Still Need A Full Review of Bill C-51 To Remove Charter Violations", July 22, 2016, http://www.huffingtonpost.ca/canadian-journalists-for-free-expression/one-year-after-initiating_b_11118818.html.
⑤ Metthew Coon Come: "Why Bill C-51 is a Threat to Aboriginal Rights", Apr. 08. 2015, http://www.theglobeandmail.com/opinion/why-bill-c-51-is-a-threat-to-aboriginal-rights/article23830829/.

安全全民咨询运动。从2016年9月至12月，通过设立意见收集网站、社交媒体在线提问、在各省举办多场市政厅会议、召集专业人士和利益攸关方举办圆桌会议等多种形式，征集全国各地区和各行业对国家安全政策的意见，特别是对《反恐法2015》所涉及的国家安全利益与公民自由权利关系的建议。

加拿大政府承诺在2017年对《反恐法2015》进行全面的重新评估。加政府已经把公众咨询意见在官方网站公开，承诺将根据咨询意见和政府研究报告对《反恐法2015》进行修订，使之符合加拿大基本价值观以及《权利与自由宪章》的精神。

（二）推动通过《国会国家安全和情报委员会法案》

作为西方"情报五眼联盟"（Five Eyes）的主要成员，加拿大是该联盟中唯一一个没有在国会设立情报监督机构的国家。特别是在《反恐法2015》通过后，加拿大公众对情报机构权力过大的忧虑上升至前所未有的高度。作为增强对国家情报和安全机构约束和监督的主要政策，小特鲁多在上台后积极推动在国会建立跨党派的情报和安全监督机构，争取国会在野党的支持，以平衡《反恐法2015》带来的权力失衡。现时，《国会国家安全和情报委员会法案》（又称《C-22法案》）已经在众议院获通过并在参议院通过了二读，预计将在近期生效。①

国家安全和情报委员会由主席和10名成员组成，成员身份必须为国会议员、内阁成员、政府部长或国会政务次长（Parliamentary Secretary）。委员会强调独立性，并非国会或参、众两院的下属委员会。委员会也注重平衡性，规定其成员中不得多于三名参议院议

---

① "BILL C-22", Parliament of Canada, June 16, 2016, http://www.parl.gc.ca/HousePublications/Publication.aspx? Language = E&Mode = 1&DocId = 8375614.

员、不得多于八名众议院议员、不多于五名同时为众议院议员和执政党党员的成员。

根据该法案，国家安全和情报委员会有权阅览加拿大情报与安全部门产生的大部分绝密情报信息，其职能包括全面评估国家安全和情报机关的相关工作，监督相关机构遵守加拿大法律并尊重加拿大的基本价值观。法案规定该委员会每年需向总理提交一份评估报告，报告内容为对情报和安全部门工作的分析评估以及提出相应的政策建议。对特殊事件或事项，委员会认为有需要可提交特别报告。

（三）改革加拿大的国际反恐政策

贾斯廷·特鲁多在竞选期间就承诺当选后将从伊拉克和叙利亚撤军。当选后，考虑到国际反恐形势的现实，其以更为中庸的方式进行反恐政策调整，即一方面退出在伊拉克和叙利亚的直接军事行动，另一方面加大对军事训练、军备援助和发展援助的投入，目的为既避免加拿大的直接人员损失，又继续承担国际反恐义务。贾斯廷·特鲁多在2016年2月8日的反恐政策演讲中称："虽然空袭行动对达成短期的军事和土地争夺目标来说很有效，但单凭军事行动不能为当地社会达到长治久安的目的"，"我们将会支持和强化当地武装，以使他们足以对伊斯兰国发起直接的战斗，他们将能重夺家园、土地和未来"。[①]

加拿大的新国际反恐政策由安全、发展和外交三大支柱构成。安全上，加拿大将会延长其在伊拉克和叙利亚的军事活动至2017年3

---

① Prime Minister Justin Trudeau: New Approach to Address the Ongoing Crisis in Iraq and Syria and the Impact on the Surrounding Region, Feb. 8, 2016, http://pm.gc.ca/eng/news/2016/02/08/talking – points – prime – minister – trudeau – new – approach – address – ongoing – crises – iraq – and.

月21日,但会提前退出直接的战斗行动,转而增加在后勤和培训方面的投入,具体包括将部署的军事人员数量从650人增加至830人,训练、顾问和援助团队规模均扩大三倍,为伊拉克安全部队以及盟军提供医疗服务和培训,向伊军提供轻型武器、弹药和瞄准器材,帮助伊军规划和执行打击伊斯兰国的军事任务。空军方面,在2016年2月22日之前停止空袭行动,撤出六架CF-188大黄蜂战斗机,保留现有的一架CC-150北极星空中加油机及两架CP-14极光巡逻机。在发展援助方面,加拿大重点援助那些在伊拉克和叙利亚反恐战争中受到最严重影响的民众,包括逃往邻国的难民。在2016年至2019年将与国际伙伴一道提供8.7亿美元的人道主义援助。加拿大还会向接收难民的国家和地区提供2.7亿美元的援助,帮助难民解决最基本的需求,包括基础建设、促进就业与经济发展、培育良好管治。除此以外,加拿大本身计划接收超过2.5万名难民。在外交方面,加拿大将在伊拉克、约旦和黎巴嫩展开一系列外交活动,增强与本地和国际伙伴的互动,通过多边方式解决危机和重建地区稳定。

(四)通过开放的难民政策和与联合国密切合作扩大国际影响力

贾斯廷·特鲁多把多元主义视作加拿大作为中等国家的软实力支柱。他认为,在美国及欧洲右翼保守势力崛起,普遍收紧难民政策之时,加拿大更应扛起人道主义的大旗,通过开放的难民政策扩大加拿大的国际影响力。贾斯廷·特鲁多上台后大幅提升了加拿大承诺接收的难民数量,从2015年10月至2017年2月,加拿大政府已经批准了超过4万名难民进入加拿大。[①] 作为一个3000多万人口的国家,这

---

① Rachael Revesz:"Justin Trudeau Defends Open Refugee Policy to Donald Trump at Meeting", Feb. 13, 2017, http://www.independent.co.uk/news/world/americas/justin-trudeau-donald-trump-refugees-syria-national-security-press-conference-meeting-a7578621.html.

一难民接收比例远高于美国和大多数西方国家。而且就在美国总统特朗普宣布针对部分伊斯兰国家的"限制移民令"发布之后,贾斯廷·特鲁多通过社会媒体公开发表言论坚持开放的移民政策,称"不管你皈依何种宗教,加拿大欢迎那些为逃离迫害、恐怖主义和战争,远道而来的人们"。①

然而,加拿大的大门也并非向所有难民打开,加拿大实施一整套不同于欧洲的接收难民的标准和程序。首先,加拿大在难民问题上与联合国难民署紧密合作。联合国难民署负责从难民营中挑选最需要得到救助的难民,然后推荐给加拿大。加拿大通常只接收由联合国推荐的难民,主要考虑是这些难民来自难民营,身份来历容易辨别,行为表现已经过一段时间的考验。② 其次,被选中的难民需经过层层审查。一是经由加拿大移民局官员在现居留地进行面试;二是加拿大国家情报安全局、加拿大皇家骑警队等情报和执法部门负责进行安全审查,利用多种来源的情报进行交叉比对,最大限度地减少恐怖分子混入的可能性;三是卫生部门对申请者进行身体健康全面检查,避免难民携带传染病进入加拿大,加大公共医疗负担;③ 四是出于安全考虑,加拿大政府拒绝单身男性难民的申请,只接收妇女、儿童和家庭。④

---

① Ian Austen:"In Canada, Justin Trudeau Says Refugees are Welcome", Jan. 28, 2017, http://www.nytimes.com/2017/01/28/world/canada/justin – trudeau – trump – refugee – ban.html?_r=0.
② "How Canada Resettles Refugees – After a Lengthy Process", *CBC news*, Oct. 14, 2015, http://www.cbc.ca/news/canada/refugee – claimants – 1.3264734.
③ "Here's How Refugees are Screened before Arriving in Canada", *Global News*, Nov. 19, 2015, http://globalnews.ca/news/2349421/heres – how – refugees – are – screened – before – arriving – in – canada/.
④ Rosemary Barton:"Canada's Syrian Refugee Plan Limited to Women, Children and Families", *CBC News*, Nov. 22, 2015, http://www.cbc.ca/news/politics/canada – refugee – plan – women – children – families – 1.3330185.

三 贾斯廷·特鲁多反恐政策"再平衡"的原因分析

（一）争取选民支持是贾斯廷·特鲁多调整反恐政策的首要考虑

与贾斯廷·特鲁多的父亲老特鲁多内敛而坚定的政治风格不同，小特鲁多更注重与选民的关系，在政策选择上更具灵活性，或者说更倾向于迎合选民心理。小特鲁多领导的自由党赢得2015年选战的重要因素之一是其以选民为中心的选举策略，即通过精心分析选民态度，设计符合选民心理的竞选口号和政策倡议，在稳定基本立场的基础上灵活调整政策。

由于2014年10月两起恐袭造成的社会心理震撼，哈珀政府提出的《反恐法2015》一度获得极高的支持率。因此，为了争取大多数选民的支持，贾斯廷·特鲁多出乎意料地选择支持该法案。然而，随着恐袭事件的淡化，选民对该法案导致的公民自由与权利受损的认识变得更为深刻，反对该法案的声音逐渐占据舆论的上峰。贾斯廷·特鲁多又对其反恐政策进行了调整，一方面发起全国性的国家安全政策咨询计划，实际上该计划有助于小特鲁多了解社会心态，并可以此为根据开展对《反恐法2015》的全面评估和修订程序；另一方面对受《反恐法2015》影响最大的伊斯兰群体表示善意，包括出席清真寺的祈祷仪式，坚定地把2017年1月29日对清真寺的袭击定义为恐怖袭击，公开反对特朗普的歧视性移民政策，表示加拿大欢迎任何宗教背景的移民。

（二）贾斯廷·特鲁多的自由主义倾向是其反恐政策的政治基础

小特鲁多上台后，即做出了倡导大麻合法化、参加多伦多的同性恋大游行、坚持接收难民等多项举措。而观察小特鲁多一贯以来的政策倡议，都充满了其对加拿大自由和民主价值观的珍视，对多元文化政策的推崇以及对加拿大更重要国际地位的追求。早在2012年，小特鲁多在保守党的强烈抗议下，坚持出席在多伦多举行的复兴伊斯兰精神大会并发表演说。他在演说中指出多元主义对加拿大的重要性："一个国家不是尽管多元却伟大，而是因为多元而伟大"，"我们用友谊和理解来尊崇我们的多元化，并且以此建设一个共同的、积极的未来"。[1] 由此可见，小特鲁多的政策有着明显的自由主义倾向。哈珀政府所推动通过的《反恐法2015》，导致了政府与公民权利的失衡，特别是对少数族裔权益、公民表达自由以及私隐权都产生了直接的负面影响，有损加拿大的公民权利与多元主义精神。因此，小特鲁多一上台即启动了对国家安全政策的全国性咨询和对该法案的修订进程。

（三）本土反恐的严峻形势是贾斯廷·特鲁多改革反恐政策的限制因素

虽然有上述两种因素的影响，但小特鲁多并不准备完全推倒哈珀政府的强力反恐政策，而只是进行"再平衡"，其根本原因是小特鲁多认识到加拿大现时面对的本土反恐形势相当严峻，相比之前发生了重大变化，加强反恐机关权力是必然之举。恐怖主义在加拿大本土的袭击方式、手段和执行者都发生了重大变化。2004年制定加拿大国家安全政策时，加拿大的首要威胁被定义为国际恐怖主义组织，典型例子为基地组织。虽然当时安全部门已经注意到一些加拿大公民与这些组织存在联系，但当时对本土产生的暴力极端分子关注度仍很低。然而，从2013年开始，加拿大每一年的恐怖主义威胁报告都把"独狼式"的本土暴力极端主义分子列为首要威胁。由于本土暴力极端

---

[1] 〔加〕贾斯廷·特鲁多：《传奇再续——特鲁多自传》，译林出版社，2016。

主义分子一般拥有加拿大公民身份，谋划时间长，发起袭击的时间突然，因此必须通过增强国内反恐执法权力、提高监控和打击恐怖分子效率的方式才有可能提早发现、密切监控和成功阻止悲剧的发生。部分公民自由和民主权利的让渡，是无奈但又必然的选择。

四 展望加拿大未来的反恐战略发展

（一）修订《反恐法2015》的进程将加速

小特鲁多政府在2017年6月20日向众议院提出了《关于国家安全问题的法案》（An Act Respecting National Security Matters，又称《C-59法案》）。该法案以一揽子的新法案及修正案对《反恐法2015》引起的争议予以回应，其核心原则是在保证国家安全的前提下更充分地保护加拿大人的权利和自由，使与国家安全和情报活动相关的法律真正符合《权利与自由宪章》的精神。虽然《C-59法案》仍需经国会审议等一系列法定程序才能通过，特别是其中包含的对《反恐法2015》不少重要条款的大幅度修订可能招致反对党的反弹，但作为加拿大政府经过全国性咨询以及深入研究后提出的一揽子法律方案，这标志着修订《反恐法2015》的进程已经进入实质性阶段。

《C-59法案》分为八大部分，涉及上文所述的政府监督机制、权力滥用风险、公民权力保护等关键争议点。核心内容包括：一是建立国家安全与情报评估办公室（National Security and Intelligence Review Agency，NSIRA），该办公室成员由总理提名、总督任命，任期五年，工作任务为对所有政府部门涉及国家安全和情报的活动进行合法性评估以及处理公众对国家安全情报局、通信安全局和皇家骑警队的投诉，该办公室的分析和建议报告将通过密级文件送达各相关部门的负责人；二是设立国家情报委员一职，由高等法院的退休法官担任，该职务具有独立性和准司法机构性质，工作任务是负责评估和审核政府各部长关于情报搜集及网络安全行动的命令和行动是否合法；三是新设《加拿大通信安全局法》，将原本由《国防法》管辖的通信安全局归为由单行法规管，对通信安全局针对加拿大公民以及加境内人员的信号情报搜集行动设置更为严格的审批程序；四是修订《加拿大国家安全情报局法》，收紧对国家安全情报局进行预防性执法的法律限制，增加须获得法庭许可令、须充分考虑保护第三方权益、禁止刑讯逼供和其他非人道行为等限制性条款；五是修订《信息共享法》为《信息披露安全法》（Security of Canada Information Disclosure Act），明确规定"支持、抗议、反对或艺术表达"等行为本身不能定义为"有损加拿大安全的活动"，只有当这些活动与其他对加拿大安全构成实质性危害的活动相联系时才可适用本法，另外每次信息披露都须记录在案且须向国家安全与情报评估办公室提交年度报告；六是修订《保护航空旅行安全法》，提出集中化处理搜集的旅客个人信息，缩小禁飞旅客名单的知情范围，对"禁飞名单"的申诉若政府未在120天内处理则自动解除禁飞限制等。

国会公共安全与国家安全常务委员会在2017年5月发布了《保护加拿大人及其权利：加拿大国家安全的新路线图》，该报告提出了41条与修订《反恐法2015》密切相关的建议，这些建议在《C-59法案》中都有所体现。预计国会将在下半年对该法案进行审议。

（二）进一步加大对社区反暴力极端化的投入

贾斯廷·特鲁多政府特别重视社区反恐与反极端化，预计将持续加大资金和人力投入。其中，核心任务为创建社区接触和反极端化协调办公室。加拿大政府计划在2020年之前额外投入3500万美元，加上现时每年1000万美元的反极端工作经费，合计高达8500万美元用

于未来五年该办公室的运作。①

该办公室计划根据"独狼式"恐怖袭击的特点,推动一系列社区反暴力极端化的措施。一是针对少数族裔群居的特点,与社区领袖建立密切联系,通过教堂、清真寺、学校来传播反极端主义的正面信息;二是建立社区早期预警和干预机制,培养一批"前线干预工作者",具体包括社会工作者、保释官、地区宗教领袖、心理咨询师等相关行业人员,一方面为潜在的暴力极端化人士提供心理辅导,起到早期干预作用,另一方面让相关部门及时掌握社区暴力极端化的发展动态,有助于这些部门采取预防性行动;三是把青年人和妇女设定为主要工作对象,因为青年人被极端主义影响的比例最高,而妇女对青年人来说,往往是最有感召力的;四是增强对社区反极端主义的研究力度,发动学界、智库参与到建立评价标准、评估工作绩效、提出批评建议的全过程,总结各省经验,加以宣传推广。

虽然现时国家层面的社区接触和反极端化协调办公室仍在筹建当中(现时加拿大政府正为该办公室物色负责人),但在省政府层面已经先行先试,其中蒙特利尔、多伦多和卡尔加里已经展开了各自的社区反暴力极端化计划。

(三)突发恐怖袭击事件仍可能导致政策回摆

贾斯廷·特鲁多上台以来,民调支持率一直较为稳定,对其反恐政策满意度也维持平稳。小特鲁多反恐政策获得支持的其中一个重要原因是其上台后加拿大国内未发生如2014年10月恐袭那么严重的事件,加拿大民众的敏感神经未受到强烈刺激。然而,至2017年7月止,加拿大国家恐怖主义威胁等级为中等,该评级自2014年以来未有更改。这意味着加拿大面临的恐怖主义威胁未见显著下降,针对加

---

① "Our Security, Our Rights: National Security Green Paper, 2016", Government of Canada, 2016.

拿大本土的恐怖袭击事件，特别是"独狼式"袭击发生的可能性仍现实存在。2017年以来全球针对西方国家的恐怖袭击频发，3月至6月期间英、法两国遭遇多达7宗"独狼式"恐怖袭击，分别发生在具有重要政治意义的英国议会大厦、伦敦桥、香榭丽舍大街等地，造成上百人伤亡。① 一旦此类事件在加拿大再度发生，小特鲁多政府很可能将迫于国内政治压力而采取更为保守的反恐政策，如增加"禁飞名单"上的人员、放松对侦听与拘捕的法律限制、收紧难民接收政策等，修订《反恐法2015》的进程也恐将受阻，政府提出的《C-59法案》可能难以在国会通过。②

---

① 《恐袭频发欧洲之殇：如何应对恐怖主义"内生化"》，凤凰网，http://military.people.com.cn/n1/2017/0605/c1011-29317737.html，最后访问时间：2017年6月21日。
② Tamara Khandaker："Counter-radicalization"，Feb. 6，2017，http://news.vice.com/story/canadas-anti-radicalization-centre-will-also-focus-on-right-wing-extremism.

B.9 加拿大的南海政策与立场

钱 皓*

摘 要： 第二次世界大战后，加拿大在亚太政策上与其邻国美国保持高度一致。但经过20世纪60年代老特鲁多时期的外交大辩论后，其自由主义思想指导下的"第三种选择"外交政策指导着加拿大在亚太地区的积极作为。冷战后，当南海主权归属及经济开发争议逐渐演化为亚太地区的安全隐患和局部冲突后，加拿大以其不同于美国的直接干预方式，力主通过"多边机制"和"二轨外交"的路径来缓和南海张力，以期在南海达到"均势再平衡"和共同开发、共同利用的共治模式，从而提升加拿大与中国、东南亚乃至亚太地区国家的经济合作，构建加拿大和平主义国家的海外形象。

关键词： 加拿大 南海政策 中国 智库

一 引言

加拿大是一个典型的北方国家，历史上长期没有过多关注地理上

---

* 钱皓，博士，上海外国语大学国际关系与公共事务学院教授，加拿大研究中心主任。研究方向为加拿大政治与外交。

的南方国家并介入亚洲事务。但第二次世界大战后,加拿大积极倡导并参与英联邦主导下的援助南亚以及东南亚国家战后重建的"科伦坡计划"。虽然加拿大长期积极参与塑造亚太地区安全秩序,但在南海问题上却选择"不站边"立场,无论是哈珀还是小特鲁多政府时期。这里面既有加拿大在北方地区的西北航道自由航行问题上与美国利益相左的原因,也有加拿大政府不愿卷入如此激烈的南海冲突的原因。但加拿大并非完全置身度外,特别是在小特鲁多当选总理后,他所倡导的"加拿大重返国际舞台"的非正式原则也影响了加拿大在南海问题上的立场。此外,加拿大智库和学者大都主张以"1.5轨"或"二轨外交"①的方式来调解南海争议,并相信加拿大可以做些斡旋,从而最终促使南海七国八方在多边谈判的框架下达成共同开发和治理的目标。

二 多边机制下的加拿大南海立场

加拿大从来就不是南海政治的主要参与者,但加拿大在南海区域有其地缘政治、安全和贸易的关切。长期以来加拿大借助区域多边机制来追逐其国家利益和投射其软实力,并卓有成效。从历史上看,特别是在冷战期间的东南亚安全问题上,加拿大加入了1954年《日内瓦协定》中关于越南问题的"国际监督和控制委员会"(ICSC),并在美国授意下主持了对越南战争的二次调停。虽然当时加拿大并没有对南海有特别关注,但却通过参与调停印度支那战争,建构了加拿大作为有益于地区安全的声誉,获得了亚洲的认

---

① 一轨外交是指政府间的各种合作进程,包括首脑峰会、外长会议、高官会议以及各种会中会;二轨外交是指各种非官方研究机构和非政府组织的活动,包括工作报告、工作坊、会议主席宣言、倡导书等间接影响官方外交决策的活动;1.5轨外交则是介于官方和非官方之间的各种"微妙"的学术活动、谈话、联合会议等。

可。1967年,"东南亚国家联盟"创立,加拿大随即表示欢迎和支持,并被邀请参加早期的峰会。十年后的1977年,加拿大成功申请成为"东南亚国家联盟"对话伙伴国,正式参与东南亚区域安全、经贸合作机制。80年代后,随着大批东亚移民和越南船民进入加拿大,加拿大与东亚地区产生多元利益链,使得加拿大与南海有了更紧密的关系,特别是加拿大从东亚快速的经济发展中看到了经济利益。1987年加拿大成为亚太圆桌会议的创始国;1989年,加拿大成立"加拿大-东南亚国家联盟中心",为加拿大参与东南亚国家事务提供了准入机会。同年11月,加拿大参加了第一届亚太经合组织第一届部长级会议,后又成为东南亚部长会议的对话方。冷战结束后,加拿大国际发展署(CIDA)积极资助"南海对话"机制,该机制由印尼智库在1990年发起,其主导的"南海潜在冲突的管理"系列工作坊就是针对南海争议各方在海上安全合作、科学研究和环境保护方面的管理,主张主权搁置,共同发展,是持续时间最久的南海问题工作坊,也是当下以二轨外交方式影响七国八方的重要平台。

作为域外国家,加拿大在南海问题上坚持多边机制,但经济关切是其南海政策的基点,而国内北极水域通道和领土声索是其"不站边"立场的关键性隐性因素。90年代初,加拿大参与了亚洲多边安全机制"东盟地区论坛"机制的创建。在此论坛上,加拿大提出以多边机制对话的路径解决南海的各声索方诉求,并得到除中国外东盟各国的附议。① 在2010年"东盟地区论坛"上,时任加拿大外交部部长约翰·贝尔德(John Baird)讨论了该区域的热点问题,如朝鲜半岛、缅甸国内局势和(南海)海上安全。贝尔德说:

---

① 在中国外交部发言人的讲话中该论坛被描述为"不是恰当的场合"来讨论南海争议事宜。中国认为最有效的方法是在五国六方声索国(中国、中国台湾、马来西亚、菲律宾、文莱和越南)中采用两两对话的双边协商机制解决,而非多边机制。

"我国政府的重中之重是经济和确保加拿大经济恢复。这是加拿大人给我们的硬性任务……加拿大将有限地介入缅甸的人权危机问题。"①由此可见,加拿大的经济利益是其保持不站边立场,尽量不全面卷入亚洲争议的关键性显性因素。2011年5月联邦大选后,获胜执政的哈珀开始明确表示将接触东南亚国家,特别是中国。哈珀上台后开始全面实施其以经济外交为主轴的对外政策,但南海的紧张局势对哈珀的政策选择形成威胁。2011年7月在印尼巴厘岛举行的以"海上安全问题"为主题的东盟区域论坛上,加拿大没有做出明确表态,加拿大的这种立场引起关注,②也被认为是发出"不站边"的最强信号。

2012年5月,中国与菲律宾在黄岩岛对峙,南海局势再度紧张。由于哈珀政府的优先政策是与中国提升经济合作,因此对中菲海上冲突仍选择保持沉默。③由于加拿大在西北航道自由航行问题上始终与美国意见不相统一,加拿大担心在南海问题上支持美国所谓的"自由航行"将最终影响其在北方的西北航道上的"内海"主张和航道主权,因此加拿大不愿在南海问题上确定其立场,甚至连仅仅做些象征性的协调作为都没有。④尽管美国、澳大利亚以及日本先后就中国

---

① Amitav Acharya, The South China Sea Remains a Dangerous Flash-point, August 3, 2011. See: http://www.asiapacific.ca/op-eds/south-china-sea-remains-dangerous-flashpoint.
② 从加拿大在该地区的外交纪录看,主要是支持海上安全议案,在这一政策领域,它有着外交积极性的历史。但在东亚海上航行问题上,加拿大一直保持缄默。加拿大的沉默与其以前针对东亚的越轨行为的尖锐批评的实例形成鲜明对比。如朝鲜在2010年对韩国的武力对冲行为、缅甸的人权问题都受到过加拿大的严厉批评。
③ James Manicom, Canada's Re-Engagement Challenge with South China Sea Disputes, in *The Globe and Mail*, May 31, 2012.
④ 加拿大学者詹姆士·马尼康认为西北通道的航海自由和南海的航海自由问题上的相关法律问题不同。南海是全球商业的动脉,联合国海洋法的规则可以清晰地应用在此区域,而西北航道仅是全球商业的可能动脉,而这种可能性在可预见的未来极不可能实现。如此,西北通道压倒一切的法律问题是环保。见:James Manicom, Canada's Re-Engagement Challenge with South China Sea Disputes, in *The Globe and Mail*, May 31, 2012.

在南海岛礁的建岛作为和东海航空识别区等表示出担忧，但加拿大仍坚持其"不站边"立场。加拿大亚洲问题专家马尼康（James Manicom）认为，在南海问题上，对加拿大来说，也许最聪明的方法是保持一种学习和安静的模糊立场。① 2014年5~6月中越在南海发生冲突，加拿大时任外长贝尔德对中、越海上局势表示关注，他呼吁各方尊重国际法，鼓励各方寻求解决争端的和平方案，避免采取任何进一步加剧此区域的紧张局势的对抗性或胁迫性行动。2015年4月15日，七国集团首次发表涉及东海和南海局势的《关于海洋安全的声明》，对东海、南海局势表示关切，并支持建立地区海洋安全多边合作机制，强调东盟－中国"南海行为准则"磋商在建立信任措施方面具有积极意义。② 该声明由日本推动发表，加拿大表示了支持。

2015年10月加拿大联邦大选后，自由党上台执政。事实上，新总理贾斯廷·特鲁多在其竞选纲领中并未将亚太政策作为其政府的优先政策，在其11月给加拿大外交部部长的授权信中未谈及中加关系，甚至在12月的就职演说中也没有涉及中加关系；自然也未包括其南海立场。③ 但10月25日贾斯廷当选加拿大新总理的第一周，《温哥华太阳报》报道说，来自菲律宾的数位人物在不列颠哥伦比亚大学（UBC）亚洲研究院进行了一场非官方游说，详细地讲述了南海的领土争端。UBC亚研院专家学者则阐述了东盟地区论坛和其他机构在南海问题上的有限性，指出东南亚现在是关于海上问题对话的大本营，但在一个区域性对话中，加拿大的参与可能会受到欢迎。10月30日，小特鲁多总理与日本首相安倍晋三通话时提出反对武力改变

---

① James Manicom, Troubled Waters: Canada and the South China Sea, in *The Globe and Mail*, May 21, 2012.
② 张伟：《七国集团声明首涉东海南海局势》，《新民晚报》2015年4月17日。
③ Peter O'Nai, Where is Trudeau Government Heading on China? *Vancouversun*, April 4, 2016.

东海、南海现状,希望以政治、外交手段和平解决。① 这是小特鲁多就任总理后首次与东亚领导人就东海、南海问题表明立场。② 此后,小特鲁多在就任后的一年中曾9次与安倍会晤,讨论亚太安全和经济合作问题。

2015年11月18~19日亚太经济合作论坛(APEC)年度会议在马尼拉召开,小特鲁多在会议期间会晤了亚太各国首脑,表达了加拿大愿意加大与此区域国家经济合作的意愿,以及加拿大在APEC的三个优先目标,具体是:(1)支持小型、中型企业在东盟国家的投资和经济行为,因为加拿大中小企业占私人劳动力大军的70%;(2)通过APEC平台,推动《跨太平洋合作伙伴关系》(TPP)的受益;(3)确定与中国签订双边自由贸易协定的重要性。③ 但值得关注的是,小特鲁多虽未公开支持奥巴马在马尼拉记者招待会上的立场,即"中国必须停止在南海有主权争议的海域填海造岛和美国将履行对菲律宾在防御和安保方面的承诺",但却将会晤印尼代表团的日程安排在会晤中国代表团之前,并支持印尼通过"南海潜在冲突管理"工作坊在南海问题上起积极主导作用。

小特鲁多回国后,为兑现其在安塔利亚峰会和马尼拉峰会做出的"加拿大重返国际舞台"(Canada is Back)和"加拿大是来帮忙的"(Canada is Here to Help)的承诺,2016年3月30日,加拿大向东盟派驻了一位新大使,而在此之前,加拿大驻东盟大使一直由加拿大驻其他东南亚国家的大使兼任。到职的玛丽·路易斯·汉南大使在向东

---

① 《加拿大新总理反对以武力改变东海南海现状》,http://www.bcbay.com/news/2015/11/01/374497.html。
② 根据多伦多大学蒙克全球事务研究院"G8/G20项目组"统计数据,小特鲁多自2015年10月当选至2016年年底,共计与日本首相会晤或会谈9次,与美国持平,并列第一;与中国的会晤/会谈为6次,排列在第3位。
③ Steward Beck, Three Critical Objectives for Justin Trudeau at APEC Summit, in *The Globe and Mail*, Nov. 16, 2015.

盟秘书长黎良明递交国书时表示,希望通过区域合作机制加强与东盟各国的合作,以及加拿大希望加入东亚峰会和东盟防长会议的意愿。① 加拿大还向柬埔寨和老挝派出常驻代表;在仰光开办大法庭;扩大了加拿大的亚洲发展援助国家重点,包括东盟四个国家——印尼、缅甸、菲律宾和越南,后两个国家正是南海冲突中的主要国家。

小特鲁多在其执政第一年"高调参与国际事务",急于超越前任哈珀,对国际和地区事务的反应表现得快速有效。在小特鲁多非正式的"加拿大回归世界"的原则中,这种变化非常强烈。在其执政第一年的十项决策②中,"与中国和解"(Accommodating China)政策排在第 8 位。为走出哈珀时期"唯经济外交"的对华政策框架,建构中加高层对话机制,小特鲁多于 2016 年 8 月 30 日~9 月 6 日对中国进行了正式国事访问,并参加了在杭州举行的 G20 峰会。随后中国总理李克强应邀对加拿大进行了回访。在两国总理互访期间,除双方签署了一系列经济、文化合作项目外,双方决定建立中加高级别国家安全与法治对话机制,拓展包括法治在内的务实合作与交流,深化司法执法合作,以建设性方式处理分歧和敏感问题。特别是加拿大方宣布有意愿申请加入由中国主导的亚投行,这将提升亚投行在世界经济秩序中的影响力,增加加拿大在亚洲事务中的影响比重。虽然目前小特鲁多总理尚未有明确的南海行动路线图,但从加拿大与东亚的系列互动分析,选取多边机制参与南海问题是加拿大首选路径,"不站边"是其立场,和平解决南海问题是其目标,在有条件下担当南海的调停者是其意愿。

---

① "加拿大加强与东盟的双边关系",http://afdc.mof.gov.cn/pdlb/dbjgzz/201604/t20160411_1945043.html。
② 这十项决策的优先排序是:(1)结束对伊斯兰国的空中打击;(2)接纳叙利亚难民;(3)控制气候变化;(4)支持20国集团经济刺激政策;(5)向沙特销售武器;(6)寻求联合国安理会席位;(7)加强与北约的关系;(8)与中国和解;(9)确保《综合经济和贸易协定》的签订;(10)采购18架超级大黄蜂战斗机。

三 加拿大智库对南海问题的建言

加拿大在南海问题上的"不站边"立场既出自其私利和自保的因素,也有其机制平台有限的原因。尽管加拿大一直期望成为东亚峰会成员,但目前仍未被接纳,因此加拿大在一轨层面上很少与东亚有特别的关联。同时,我们也不能忽略加拿大学者通过"1.5轨外交"和"二轨外交"渠道在南海安全合作与治理问题上发挥的作用。2013年11月12日,中国学者薛力在越南河内就"加拿大精英如何看待南海问题"与加拿大国际海洋法权威专家伊恩·汤森·高尔特(Ian Townsend-Gault)教授进行了讨论。伊恩多年来关注南海问题,曾游说加拿大国际发展署资助印尼倡导的"南海潜在冲突管理"系列工作坊。他从国际海洋法公约与国际法惯例出发,认为南海的小岛屿不能拥有200海里海域的管辖权,不主张在这些岛屿与大陆之间划中间线,赞同选择国际法解决南海问题。他还认为,从历史上看,五国六方都有人到过这些岛礁,但都没有提出主张。因此,每个国家都有自己的历史视角,需要慎重廓清。[①] 伊恩不赞同中国双边谈判路径的主张,推崇五国六方多边会谈。[②] 但伊恩相信南海的未来取决于南海周边国家,不需要把问题带到华盛顿。

在南海问题上,加拿大著名智库"国际治理创新中心"(CIGI)也非常活跃,它主持的"亚太安全的信心、信任和同情"的补充项目正是为了消除亚太地区的误解,减少冲突和威胁而设立的。该项

---

① 实际上,加拿大在北极领土和西北通道航海权利声索上,历史性权利是其最大的支撑理由。加拿大参加联合国有关北极领土归属问题的会议代表团中始终有居住在北极圈内的因纽特人随行,并让因纽特人在各种北极领土归属的会议上发言。加拿大还在1996年成立的《北极理事会》中专门设置因纽特人的位置。
② 薛力:《加拿大精英如何看待南海问题系列访谈一》,http://blog.sina.com.cn/s/blog_c50390f90102v9zv.htm。

目聚焦研究空防识别区，收集、厘清识别区历史、用途、目的、价值、程序以及国际法地位和意义，并就此提供信息和建言建策。在此项目下，CIGI积极在本国和亚太区域的相关国家举行公众活动，推进双边和多边对话和协商。CIGI在首尔、东京和上海定期举办了工作坊，以促进该区域的相互理解和沟通。CIGI资深学者詹姆斯认为，作为太平洋沿岸的中等国家，加拿大可以充当协调者，促使南海沿岸国家坐到谈判桌前并达成妥协。詹姆斯认为：（1）加拿大可以通过提供良好的事务处、工作场所来促进东亚区域和当地的法治和良治，从而改进商业合作的经济生态；（2）美国决策者应该支持加拿大的区域机制提案；（3）美国决策者不应该期望加拿大对可能引起中国愤怒的任何政策表示公开的支持，加拿大不可能将自己直接卷入南海的争端中，但会努力在较少争议的问题领域打造加拿大的区域"品牌"并有所作为；（4）加拿大在南海问题上任何有意义的贡献都是独立于美国的亚太地区的观念。加、美两国在亚太安全方面的联合声明应保持在最低限度。① 由于CIGI中心研究员与美国国家安全委员会关系密切，研究成果常常通报华盛顿的国安委以及驻扎在科伦坡的"亚太安全合作理事会"，而该理事会又是亚太地区最重要的二轨智库，具有提供政策咨询和推动东盟地区论坛合作议程的发展、完善论坛的原则和规范的机能，因此CIGI智库的建言建策具有重要影响力。

2016年2月4日，多伦多大学芒克全球事务研究院为纪念中加建交45周年召开了一场主题为"前行"（Moving Forward）的学术研讨会。约克大学政治学系教授大卫·德维特（David B. Dewitt）和滑铁卢大学政治学系教授大卫·韦尔奇（David A. Welch）向会议提交了两人合作撰写的报告《加拿大与南海》（*Canada and the South*

---

① James Manicom, Room for Canada in South China Sea Talks, in *Asia Policy*, July 8, 2014.

China Sea）。该报告认为：目前加拿大可以做并已经做的工作是：（1）激励官方支持二轨提案；（2）确定和优先考虑加拿大可以在南海的特殊且功能性的作用，如航空安全、休斯空防雷达以及海上安全；（3）加拿大应保持向更深层次、全方位介入此地区的全部区域问题的兴趣；（4）继续寻求东亚首脑会议的成员资格。[1] 德维特和韦尔奇个人工作背景特别，前者曾在 2011～2015 年担任 CIGI "研究与项目副总管"，长期为加拿大外交、防务、安全政策以及亚太国际和区域安全、武器控制和核扩散安全建言建策，为1.5轨学者，目前担任 "亚洲国际战略合作伙伴"（PISA）咨询委员会主席，而后者是 CIGI 全球安全项目主席和资深研究员，因此两位作者关于南海的工作报告得到与会代表的积极响应，并作为南海政策咨询报告递交给加拿大政府决策部门。

2016 年 2 月 10 日，卡尔顿大学诺尔曼·帕特森国际事务学院"帕特森"讲座教授史蒂芬·塞德曼（Stephen Saideman）在加拿大英语影响力最大的报纸《环球邮报》（Global and Mail）上发表文章，提出加拿大可以从三个方面在亚太地区发挥作用：第一，鉴于加拿大是第二次世界大战后幸存的富裕民主国家，加拿大理应比日本更有资历来指导此区域年轻的民主国家，同时，在这点上，加拿大比美国更有合作优势。加拿大不会引起中国的不满，加拿大化的民主比美国更少引起争议和问题，也不会卷入中美潜在的冲突中。第二，加拿大可以在亚太地区复兴皮尔逊式的和平主义，使其成为维和中心。加拿大比该地区任何国家在维和方面都更有经验，包括积极参加维和的日本。加拿大可以像过去那样训练维和士兵，这花不了许多钱，但会起到多种效果，也将再次使加拿大在国际和平和稳定中做出更为显性的

---

[1] David B. Dewitt & David A. Welch, Canada and the South China Sea, in *Moving Forward: Issues in Canada-China Relation*, Asian Institute and China Open Research Network, February 4, 2016.

贡献。第三，加拿大可以通过规范来促进和保卫国际法。既然中国没有必要来挑战现存秩序，且中国正在努力修订现存秩序和规范，他们在岛礁的建设显示了中国人对"争议水域"的不退让立场，但如果加拿大让美国独自谴责，该区域会将中国的建岛行为简单视作大国冲突……加拿大应该在规则、秩序和规范方面发声，并以此来阻止冲突。① 史蒂芬认为，一个和平、稳定的南海对加拿大企业进入中国是最好的投资环境。加拿大这么做，从长远利益来看对加拿大企业有好处，尽管短期成本有些高。② ……当中国面临国内和周边国家危机时刻，这正是加拿大的绝好机会来推动和平进程，支持国际秩序，这将使加拿大受益良多，无论是在经济上和国家威望上，加拿大如此做将毫无成本和风险。加拿大可以也必须同时向西向东。③

在加拿大亚洲问题专家和学者的认知中，加拿大应该并可以在南海问题上有所建树。但在如何做的问题上，专家们认为最好的方法是将此地区的冲突点勾画出来，而涉及冲突的各方应举行多边对话以替代那种双边对话，寻求各方可以并愿意妥协的方法，从而找出可共治点，达到"共治"。加拿大学者赞同用支持二轨这种相对成本低且容易操作的方式在南海作为，并相信这也是南海周边区域利益相关国家所欢迎的。同时，对小特鲁多政府来讲，通过二轨外交的方式也是一种比较自然地进入此话题讨论的方式，而此区域利益相关国家无疑将欢迎加拿大在各个方面的有益贡献，特别是在一些专业技术含量高、功能性强的领域提供支持。

---

① Stephen Saideman, Three Ways Canada Could Influence the Asia-Pacific Region, in *The Globe and Mail*, Feb. 10, 2016.
② Stephen Saideman, Three Ways Canada Could Influence the Asia-Pacific Region, in *The Globe and Mail*, Feb. 10, 2016.
③ Stephen Saideman, Three Ways Canada Could Influence the Asia-Pacific Region, in *The Globe and Mail*, Feb. 10, 2016.

四 南海仲裁书后加拿大的反应

2016年7月12日,海牙国际仲裁法庭对菲律宾诉中国的南海仲裁案做出终审裁决,加拿大媒体与政府对此反应不同。加拿大主流报纸《环球邮报》在7月12日当天也发表了三篇直接关于南海仲裁书的短论,分别就南海航运、渔业经济、战略要道以及国际法进行了阐述,虽观点有明显的右翼思潮,但也明确了一个观点,即中国太大,不能持忽略的态度,而南海占全球10%的渔业以及目前脆弱的生态系统需要引起关注。[1] 8月29日,正值小特鲁多总理启程前往中国进行首次国事访问,《环球邮报》在"观点"栏目刊登一篇题为"对中国友善的风险"文章,该文明确指出加拿大在南海裁决书的立场上过软,小特鲁多要想在与中国打交道时胜出,他必须要软硬兼施。[2]

然而,相对媒体的强硬态度,在政府层面,当美、日、澳、欧盟相继公开指责中国在南海的所作所为,并要求中国遵守海牙裁决书时,加拿大并未迅速发声和表明立场。整整九天后,时任加拿大外交部部长迪翁才对此裁决公开表示:"无论是否同意此裁决,加拿大认为各方应遵守此裁决。所有各方应以此契机为抓手,继续努力,依据国际法和平解决各方的争端。"迪翁在此讲话中非常小心地保持"不站边"的一贯立场。[3] 四天后,迪翁外长出席在老挝万象召开的东亚合作系列外长会议,他与王毅外长会晤时表明"加方对南海有关争

---

[1] http://www.theglobeandmail.com/search/? q=hagues-south-china-sea-ruling.
[2] Konrad Yakabuski, "*The Risk of Going Easy with China*", http://www.theglobeandmail.com/opinion/the-risk-of-going-easy-on-china/article31582386/.
[3] Konrad Yakabuski, "*The Risk of Going Easy with China*", http://www.theglobeandmail.com/opinion/the-risk-of-going-easy-on-china/article31582386/.

议不持立场,加方认为东盟国家对此次与中方发表的有关联合声明反响积极,希望这将为缓和地区局势发挥建设性作用。"① 此外,加拿大国防部长哈吉在采访时也坚持加拿大在此冲突中"不站边"。② 一个月后,当小特鲁多的中国的国事访问日程确定,其国内智库和内阁仅就人权问题告知贾斯廷,他需向中国领导人重申加拿大人权价值观,小特鲁多接受了这一建议。当小特鲁多与中国领导人会晤时,他并未像哈珀那样措辞严厉和生硬,而是和缓地陈述了人权价值观和环境保护是加拿大的独特国家价值观,中方表示尊重和理解加拿大的国情。

在加拿大学界和智库,CIGI 于裁决书发布的当天就召开了专家讨论会并发布专家声明,明确表示"对中国来说将此结果视作共赢非常重要。中国的高速发展和繁荣取决于拥有一整套清晰、广为接受的'交通'规则。"③ CIGI 资深学者韦尔奇主持了此场讨论会。随后,韦尔奇于7月18日在 CIGI 网站"观点"栏目发表了"你必须知道的关于南海裁决书的十件事"一文,认为:(1)《联合国海洋法公约》在海洋权利裁定方面有至高无上的法定地位;(2)依据国际法对岛屿的定义,南海没有争议岛屿,尽管菲律宾只对南沙群岛和黄岩岛提出裁决;(3)中国、中国台湾和韩国对日本声索西太平洋冲之鸟专属经济区的反对依据是《联合国海洋法公约》第121条第3款,此次对南沙群岛的裁决也是采用了此款;(4)裁决后的南海海洋权利的分配将更加简单;(5)南海仍有两个重大的法律问题尚未解

---

① 《加拿大外长:加方对南海有关争议不持立场》,http://www.sinoca.com/news/ca/2016-07-25/489854.html。
② Mike Blanchfield," Canada Calls on 'Parties' in South China Sea Dispute to Comply with Ruling", See: http://www.thestar.com/news/world/2016/07/21/canada-calls-on-parties-in-south-china-sea-dispute-to-comply-with-ruling.html.
③ "Statement by Asia-Pacific Experts on South China Sea Arbitration Ruling", *Expert Statement*, July 12, 2016. See: http://www.cigionline.org/articles/statement-asia-pacific-experts-south-china-sea-arbitration-ruling.

决,一是谁拥有这些"礁石",二是其他国家是否可以在他国的"专属经济区"举行军事演习(中国认为"不可以",美国说"可以");(6)美国无须继续其在南沙群岛实施任何"自由航行"的行动;(7)中国人造岛屿是不合法的;(8)中国已经在菲律宾专属经济区建造了一座人造岛屿;(9)中国虽坚称其人造岛屿目的为"非军事",但却给了裁判庭指责的口实;(10)50年前我们从未期待有这样的平台,那时强权国家决定世界海洋权利,弱国只有接受的份,但现在一切都进步了。① 四个月后,韦尔奇又应加拿大智库亚太基金会邀请,撰写了"海牙南海裁决:对东亚安全的潜在影响"一文,于2016年11月29日刊登在基金会的网站上。韦尔奇认为:用国际法来解决领土争端是非常复杂的,但原则上讲,解决航海权利则相对简单。韦尔奇认为此时正是加拿大大有作为的机会。第一,由于滥捕和缺乏管制,南海鱼类资源已经处于危机四伏的状态,迫切需要南海各方坐下来商讨环境保护、可持续性渔业管理问题。鉴于加拿大在渔业管理方面拥有丰富的知识和经验,加拿大可以在渔业管理方面提供技术和组织支持,并可以协调各方谈判和合作。第二,韦尔奇特别提及了加拿大作为国际民事航空组织总部所在国的优势,他认为加拿大在航空安全、救援等其他功能方面的经验也可用于南海灾难救助、海上搜索和人道主义援助,以及提供服务和救援策略。② 除在这些低政治领域介入南海问题外,韦尔奇认为,虽然加拿大不是利益的直接攸关方,但作为一个经济先发的多元社会和移民国家,加拿大理应最大化地参与全球化。因而,一个和平、有序、规制下的国际秩序符合加

---

① David A. Welch, "10 Things You Should Know About the Recent South China Sea Ruling", See: http://www.cigionline.org/articles/10-things-you-should-know-about-recent-south-china-sea-ruling.

② David A. Welch, "The Hague's South China Sea Ruling: Implications for East Asian Security", See: http://www.asiapacific.ca/canada-asia-agenda/hagues-south-china-sea-ruling-implications-east-asian.

拿大国家价值观。加拿大不希望在南海区域看到美中军事摩擦，也不能承受军事冲突所带来的全球经济损伤和人道主义灾难，加拿大有理由希望南海仲裁书是长远改善该地区安全治理的基础。①

此后，在智库二轨外交的推动下，2017年5月26日，应中国军方邀请，加拿大皇家海军"渥太华"号护卫舰抵达上海，对上海进行了7天的友好访问。在访问期间，加拿大军方与中国学者和军方就海上救援主题进行了小型学术研讨论。之后，"渥太华"号护卫舰与东海舰队"徐州舰"在东海海域举行了通信校验、编队运动、海上救援等科目的联合演练，此时离美日2017年5月7~10日的南海联合训练还不到一个月。虽然中加军舰海上演练只限定在低政治领域和人道主义救援方面，但加拿大"有所作为"的目标得到了一定的体现，且彰显了中加高层提升军事关系的强烈意愿。

总体上看，自由党政府延续了保守党哈珀政府在南海问题上的一贯立场，坚持"不站边"，体现了加拿大外交理念中的"自由国际主义"精神。但加拿大主流媒体有明显的"右翼"思潮偏向。加拿大学者和智库专家则趋向理性，不仅呼吁各方遵守国际法，同时也认为这是一个互赢局面，由此可以推动中国更好地熟悉国际规则，是中国学习如何与外部世界打交道的好机会。但值得关注的是，南海裁决书也促使部分智库专家和学者对小特鲁多"向前走"的对华政策提出了"不要走得太快"的修订意见，最终导致2016年9月李克强总理回访加拿大时，原定的中加《引渡条约》未能达成谅解备忘录，这其中既有哈珀执政遗留下的影响、保守党仍是下院最大反对党和加拿大多元民主社会特质的因素，也有这些智库学者作用的因素。

---

① David A. Welch, "The Hague's South China Sea Ruling: Implications for East Asian Security", See: http://www.asiapacific.ca/canada-asia-agenda/hagues-south-china-sea-ruling-implications-east-asian.

五　结论

加拿大自由主义学派认为，在南海争端这样的高政治问题上，加拿大没有杠杆能力，但它可以在几个功能性的问题上做些有益的工作。首先，在航空安全、人道主义援助以及疾病防治领域，加拿大具有国际公认的专业水平；其次，在渔业和资源管理方面，由于加拿大三面环海，渔业资源丰富，同时其抗击海盗经验丰富，加拿大可以并愿意提供这些领域的技术、人员培养、救援以及保护；最后，作为"斡旋外交"经验丰富的传统中等国家，加拿大也希望通过在南海争端中的斡旋提升国家声望。总而言之，加拿大在南海问题上可以起到最大作用的角色是：作为对话推动者和促进理解和调解的信息传播者。当然，加拿大参与亚太问题并不只是出于利他主义，加拿大也希望通过提供这些特别的公共产品来获得经济机会。经济关注也是加拿大在南海问题上采取"不站边"的关键因素之一，但同时也是加拿大愿意充当南海"中间人"的驱动力之一。

当下，小特鲁多提出的"加拿大回归世界"的原则是中国加大与加拿大全方面合作的契机，同时小特鲁多十项政策之六"寻求联合国安理会席位"和政策之八"与中国和解"也为中国与加拿大合作提供了抓手和政策契机。中国可以在"加拿大寻求在2021年担任任期2年的非常任理事国席位"一事上有所作为，以巩固和发展2016年中加总理互访后的新型中加战略伙伴关系。虽然目前中国的外交战略重点为"大国和周边"，但"多边外交、公共外交以及发展中外交"也是其外交侧翼，而与加拿大这样的先发资源型中等强国的全方位合作符合中国外交战略意图，顺应中加关系"新黄金时代"的潮流。

中加关系
China-Canada Relation

B.10
特朗普时代的加中关系

Jeremy Paltiel*

摘 要: 2015年10月19日,加拿大自由党领袖贾斯廷·特鲁多成为新任加拿大总理。2016年8月,小特鲁多在访华期间表示,中加双边关系尤为重要,加拿大可以帮助中国以更加积极的姿态参与国际事务。同时,中国对加拿大重返国际舞台也极为重要。鉴于此,小特鲁多表达了要与中国开创加中"积极合作新时代"的强烈意愿。虽然加拿大国内民众对加强同中国的合作事宜心存疑虑和不确定,但是,随着特朗普当选美国总统,美加关系凸显出的隔阂,加拿大国内对中国的态度有所缓和。所以,从长远看,中加关系会有进

---

* Jeremy Paltiel,博士,渥太华卡尔顿大学政治学教授,研究方向为中加关系。

一步的发展。

关键词： 加拿大 小特鲁多 特朗普 中加关系

2015年10月15日，贾斯廷·特鲁多当选加拿大总理，加拿大自由党回归执政受到了国内外的一致欢迎。小特鲁多及其年轻家庭展示了新任总理清新、年轻和正面的形象。新政府内阁成员性别比例均衡，分别由女性、少数族裔、难民移民者和原住居民担当要职，为其总理执政之路奠定了开明进步之风。小特鲁多对此给出的解释是，"因为这是2015年"。①

一 加拿大重返国际舞台

早在贾斯廷·特鲁多担任加拿大总理之前，他就已经把改善加中关系当作了优先事务。② 加中贸易理事会前会长及外交部前副部长皮特·哈德领导了政府过渡团队。小特鲁多领导的新政府立即表示愿意加强与中国的双边关系。加拿大前国际贸易部部长克里斯蒂娅·弗里兰收到的委任书中也特别提到了加中的贸易关系。③ 贾斯廷·特鲁多

---

① "Trudeau's 'Because it's 2015' retort draws international attention" *The Globe and Mail*, November 5, 2015, http://www.theglobeandmail.com/news/politics/trudeaus-because-its-2015-retort-draws-international-cheers/article27119856/.

② Peter O'Neill "Canada Must Get Serious about its relationship with China: Transition Document" *The Vancouver Sun*, October 2, 2015, http://www.vancouversun.com/news/canada+must+serious+about+relationship+with+china+transition+document/11407131/story.html (accessed May 10, 2017).

③ "MANDATE LETTERS FROM THE PRIME MINISTER TOMINISTERS ON EXPECTATIONS AND DELIVERABLES", November 15, 2015, http://www.davidmckie.com/Ministers%20Mandate%20letters%20Consolidated%20with%20Index%20Nov%2016%202015.pdf.

政府对中国的广泛定位,是加拿大回归国际事务宣言中的一项重要内容。① 加拿大政府明确表示,要寻求联合国安理会的非常任理事席位,恢复其在国际维和中的重要角色并在气候谈判中发挥积极作用,这一系列愿景与加拿大在外交政策上传统的国际主义定位相一致。② 加强与中国的双边关系对加拿大在国际中发挥更重要的作用至关重要。

二 加强双边关系

刚上任没几周,加拿大总理贾斯廷·特鲁多便与中国国家主席习近平利用APEC和G20峰会间隙举行了双边会晤。③ 小特鲁多很快拟定了深化加中关系的议程表。在加拿大前总理约瑟夫·克雷蒂安四月访华期间,李克强总理表示中加关系已经步入了"新的黄金时期"。④ 加中关系不断升温,并在2016年8月和9月双方领导人互访时达到顶峰。2016年8月和9月,在杭州G20峰会举行之前,加拿大总理小特鲁多对中国进行了正式访问,当月,李克强总理又对加拿大进行了回访。这是10年来中国总理第一次访问加拿大。两国总理签署了一系列合作协议。⑤

加拿大申请加入亚洲基础设施投资银行,将与中国就自由贸易展

---

① "We're back: Justin Trudeau says in message to allies abroad." *The National Post*, October 20, 2015 http://news.nationalpost.com/news/canada/canadian – politics/were – back – justin – trudeau – says – in – message – to – canadas – allies – abroad (Accessed May 11, 2017).
② "Canada Seeks UN Security Council Seat in an Effort to re-establish ties, Trudeau says" *The Guardian*, February 11, 2016 http://www.theguardian.com/world/2016/feb/11/canada – united – nations – security – council – seat – trudeau – ban – ki – moon (accessed May 12, 2016).
③ "Chinese President speaks of Pierre Trudeau's 'extraordinary political vision' at G20," *The Globe and Mail*, November 16, 2015.
④ http://english.gov.cn/premier/news/2016/04/19/content_281475330958761.htm. (Accessed May 14, 2017).
⑤ http://pm.gc.ca/eng/news/2016/09/23/joint – statement – between – canada – and – peoples – republic – china. (Accessed May 13, 2017).

开探索性对话,确立了副部长级别经贸对话的新框架,并建立了政府首脑年度互访机制。双方领导人宣布,到2025年两国双边贸易额将翻一番。加拿大媒体对中国领导人到访的报道错误地集中在有可能签订的引渡条约上。① 在计划与中国建立更紧密经贸关系以及申请加入亚洲基础设施投资银行方面,小特鲁多展示了要建立双边关系机制并进一步寻求多边合作的决心。② 但加拿大媒体普遍忽略了一个事实,即加中关系的升温和升级只是在努力追赶7个发达工业国的其余成员,还无法超越。

(一)双边议程与更广泛的外交政策议程

加拿大加强与中国的关系目的不仅是为了加强贸易和投资,而且也旨在提升加拿大在亚太地区的影响力,建立有利于提升加拿大国际形象的平台。贾斯廷·特鲁多政府签署了《跨太平洋贸易伙伴关系协定》(TPP),这不仅体现了加拿大对发展多边贸易关系的支持,同时也突出了其对亚太地区的重视。在这一背景下,加强与中国的贸易关系和继续巩固与加强同美国及其亚太国家盟友的关系不存在冲突。

为了使全球化国际议程和经济议程齐头并进,小特鲁多需要获得

---

① "Is Ottawa Playing into China's hands or vice versa: It's hard to tell," *The Globe and Mail*, September 24, 2016, http://www.theglobeandmail.com/opinion/editorials/is-ottawa-playing-into-chinas-hands-or-vice-versa-its-hard-to-tell/article32034182/; DougSaunders, "What are Justin Trudeau's endgame ambitions with China?" *The Globe and Mail*, September 23, 2016, http://www.theglobeandmail.com/news/politics/justin-trudeaus-end-game-ambitions-with-china-remain-unclear/article32042020/; Terry Glavin "The High Price of Our Relationship With China," http://ottawacitizen.com/opinion/columnists/glavin-the-high-price-of-our-relationship-with-china.; Matthew Fisher, "The Many Dangers of Cozying up to Beijing" *The Ottawa Citizen*, September 21, 2016.
② Joint Statement Between Canada and the People's Republic of China, September 23, 2016, http://pm.gc.ca/eng/news/2016/09/23/joint-statement-between-canada-and-peoples-republic-china.

环保团体和商界,尤其是能源部门的支持,前者关注气候变化,后者希望扩大加拿大的投资渠道并增加加拿大的能源出口。小特鲁多希望建立一个更为可信的气候变化方案,并承诺实施更为严格的环境评估,同时支持新的石油管道项目。小特鲁多认为,与美国总统紧密合作,能够保证其在经济和环境议程上的平衡。商业高管都大力支持签订自由贸易协定,而加拿大民意则保持审慎和犹疑的态度。①

小特鲁多努力修复与中国的关系并着手与其签订自由贸易协定,中国借此机会提出了一些条件。中国政府坦率地表示,希望加拿大放宽中国对其能源投资的限制,并坚定承诺铺设至海湾,尤其是太平洋港口输送油砂的管道。在中国看来,加拿大能源出口将是实现贸易平衡最为适当和自然的方法。② 愤怒的环保主义者反对任何对油砂的进一步开发,而阿尔伯塔省则从其利益出发,拼命想寻求新的市场,这让贾斯廷·特鲁多陷入两相为难的困境。利益冲突使得阿尔伯塔省与英属哥伦比亚省陷入敌对状态,加拿大石油是由英属哥伦比亚省的港口向外运输的。③ 阿尔伯塔省和英属哥伦比亚省各自独立实施了碳税制度,极大地助推了小特鲁多的碳价政策。④ 英属哥伦比亚省早前成为首个强制开征碳税的北美辖区。⑤ 小特鲁多希望能够巧妙地解决两

---

① Robert D'A Henderson "Liberals' China Dilemma" Diplomat and International Canada October 4, 2016, http://diplomatonline.com/mag/2016/10/liberals-china-dilemma/ (Accessed May 11, 2017).

② "China open to historic free trade deal with Canada under certain Provisos" *The Globe and Mail*, January 15, 2016, http://www.theglobeandmail.com/news/politics/china-open-to-historic-free-trade-deal-with-canada-under-certain-provisos/article28208595/.

③ "Ottawa must balance B. C. opposition, Alberta support in Kinder Morgan report" *24 Hrs Vancouver*, November 3, 2016, http://vancouver.24hrs.ca/2016/11/03/ottawa-must-balance-bc-opposition-alberta-support-in-kinder-morgan-report. (Accessed May 12, 2017).

④ "Alberta carbon tax regime to be the most stringent in Canada, Ecofiscal commission report says" *CBC News*, July 27, 2016 http://www.cbc.ca/news/business/alberta-carbon-tax-ecofiscal-commission-1.3696872.

⑤ Ministry of finance, British Columbia "Overview of the Carbon Tax", http://www.fin.gov.bc.ca/tbs/tp/climate/carbon_tax.htm.

省之间的利益冲突，因此一方面承诺强有力的气候变化方案以及环境评估，另一方面将油砂开发项目作为能源过渡的部分解决方案进行宣传。① 在巴黎气候变化大会召开前夕，贾斯廷·特鲁多政府宣布在全国范围内实施碳税制度。②

尽管加中政府加紧努力推进两国关系，但是受到加拿大英媒质疑性有时甚至是敌对性报道的影响，加拿大的公众舆论显得滞后。一些加拿大人担心加拿大会受到占主导地位的中国的控制。③ 出现这种情况的部分原因，一是上届政府总理斯蒂芬·哈珀一直对中国心存怀疑，二是中国的崛起让人产生困惑和怀疑，同时西方集团的信心受到侵蚀。

尽管加拿大国内一些人抱着敌视的态度，国内舆论支持不温不火，贾斯廷·特鲁多政府仍然坚持加强同中国的关系。2016年春，内阁拟就了一份对中战略，澄清加拿大政府将由试探性的自由贸易对话转向全方位谈判的意向。

起初，贾斯廷·特鲁多政府提出的"加拿大重返世界舞台"议程得到了美国时任总统奥巴马的热情支持，他表示"世界需要加拿大更多地参与其中事务"。④ 尽管饱受国内强烈反对声音的困扰，奥巴马仍然公开赞赏小特鲁多政府所秉持的价值观：女性主义、国际主义、开放的难民及移民政策以及应对气候变化的决心，这些都是两国

---

① "We need to phase them out' Trudeau draws fire over oilsands remark during Ontario town hall" *The National Post*, January 13, 2016 http：// business. financialpost. com/news/energy/we – need – to – phase – them – out – trudeau – draws – fire – over – oilsands – remark – during – ontario – town – hall. （Accessed May 12, 2017）.

② "Government of Canada Announces Pan-Canadian Carbon Pricing. " October 3, 2016 http：// news. gc. ca/web/article-en. do？ nid = 1132149.

③ Doug Saunders, " Thanks to Trump China is Poised to Dominate," *The Globe and Mail* , November 26, 2016.

④ In his speech before the Canadian Parliament on June 29, 2016 Obama stated this literally. "Obama: The World Needs More Canada" *CBC News*, June 29 2016, http：//www. cbc. ca/news/obama – the – world – needs – more – canada – 1. 3659172.

领导人共同关注的焦点。① 受到相同价值观和共同议程的鼓舞,小特鲁多寻求奥巴马的支持,以期重塑加拿大在全球的地位,并在世界舞台中发挥核心作用。

三 特朗普的"地震"效应

特朗普意外当选美国总统将加拿大和贾斯廷·特鲁多政府推向了被动防守的位置。小特鲁多不但无法再享受美国总统公开的溢美之词,而且还需防范其最大贸易伙伴对北美自由贸易协定的攻击以及特朗普重新谈判该协定条款的决心。"加拿大回归世界舞台"的外交议程也由积极勾勒新的愿景变成了维持现状。② 2017年1月,贾斯廷·特鲁多总理重组内阁,由前国际贸易部部长克里斯蒂娅·弗里兰接替史蒂芬·迪安任外交部部长,其首要任务就是集中处理对美事务。③ 正如《多伦多星报》所报道,加拿大已经将美国放在了外交事务的首要位置。④

在亚太事务上,特朗普抛弃了加拿大签署的《跨太平洋伙伴关系协议》。此外,特朗普还质疑美国对北约的承诺,并敦促美国盟友缴纳足够军费开支来兑现他们的承诺。在这种情况下,贾斯廷·特鲁多政府的外交政策资源只能用于固守其传统利益,没有更多的时间和

---

① http://www.cbc.ca/news/politics/hall-trudeau-obama-bromance-1.3486409,http://www.washingtonpost.com/news/the-fix/wp/2016/03/10/the-budding-bromance-between-president-obama-and-canadas-justin-trudeau-in-11-great-pictures/?utm_term=.d6461205f7f2(Accessed May 9,2017).

② Kelly McParland:"Kelly McParland:Trudeau's U.S. bromance was fun while it lasted,but now there's a new face in town",November 22,2016,http://news.nationalpost.com/full-comment/kelly-mcparland-trudeaus-u-s-bromance-was-fun-while-it-lasted-but-now-theres-a-new-face-in-town.(Accessed April 4,2017).

③ "Minister of Foreign Affairs Mandate Letter",http://pm.gc.ca/eng/minister-foreign-affairs-mandate-letter.

④ "Mandate for Canada's Foreign Minister is now to focus on America First." *The Toronto Star*,February 1,2017,http://www.thestar.com/news/canada/2017/02/01/mandate-for-canadas-foreign-affairs-minister-is-now-to-focus-on-america-first.html.

精力实施新的举措。虽然加强同中国的关系仍是优先事务,但与加拿大近邻——美国维持良好关系才是生死攸关的大事。

新的现实状况打破了小特鲁多在经济和气候议程上建立起来的谨慎平衡。他不能再指望碳定价机制会获得北美国家的广泛支持,同时不得不担心一旦加拿大实施了碳定价机制,其贸易地位会因为美国宽松的环保法规而受损。此外,任何对美国让步的做法都可能会削弱其国内的支持度,并且会损害小特鲁多在海外作为气候变化、女权主义、难民及人权事业积极捍卫者的形象。

不满足于单独授权外交部部长处理加美事务,小特鲁多总理还任用了其父亲的保守党宿敌布赖恩·马尔罗尼来斡旋加美关系,[①]寻求一切可以使用的办法。小特鲁多还邀请特朗普女儿伊万卡与其一道欣赏音乐剧《来自远方》的百老汇首秀,该剧歌颂了"9·11"事件发生后加拿大人民对迫降在加拿大的美国飞机乘客广施善举、伸出援手的故事。[②]尽管付出诸多努力,但美国总统特朗普仍然在4月24日对加拿大出口软木木材征收了重税。[③]数日后,加拿大官员获悉特朗普险些要撕毁北美自由贸易协定。[④]无论

[①] "Mulroney draws praise for Canada at Mar A Lago" *The Globe and Mail*, February 19, 2017, http://www.theglobeandmail.com/news/politics/mulroney-sings-at-trumps-mar-a-lago-praises-canada-and-trudeau/article34085505/;"Mulroney Takes on Role to help Trudeau despite rivalry with his Dad," *The Toronto Star*, April 5, 2017, http://www.thestar.com/news/canada/2017/04/05/former-pm-mulroney-to-brief-liberal-committee-on-us-relations-nafta-perspective.html (Accessed April 6, 2017).

[②] "Trudeau Hosts Ivanka Trump at Show about Canadian Hospitality" *CNN*, March 16, 2017, http://www.cnn.com/2017/03/16/politics/trudeau-ivanka-trump-trnd/.

[③] "Trump slaps duty on Canadian Lumber, Intensifying Trade fight", http://www.bloomberg.com/politics/articles/2017-04-24/trump-said-to-plan-20-tariff-on-canadian-softwood-lumber-j1wq4tyg.

[④] "How a Call from Jared Kushner started a NAFTA scramble" *The Globe and Mail*, May 8, 2017, http://www.theglobeandmail.com/news/world/us-politics/how-a-call-to-canada-from-jared-kushner-started-a-scramble-on-nafta/article34928505/ (Accessed May 13, 2017).

这种威胁是否真实,加拿大和墨西哥官员都不得不迅速同意重新谈判北美自由贸易协定。①

四 另寻中国伙伴关系

特朗普强势且持续性挑战加拿大使加拿大民意对加中关系所持的谨慎和犹疑态度有所缓和。② 中国国家主席习近平在访问联合国日内瓦总部后,于2017年1月在瑞士举行的达沃斯论坛发表演讲,提出中国是解决全球化问题和全球治理的平台。③ 当基于规则的多边贸易秩序受到特朗普、英国脱欧以及各类反全球化民粹政治人物威胁时,习近平的演讲将中国定位为多边贸易秩序最重要的捍卫者。加拿大在最后时刻克服了比利时人的反对④,涉险过关与欧盟签署了自由贸易协定。目睹这一切后,加上老盟友的不停攻击,加拿大人开始回心转意,认为另寻伙伴关系不仅是可能的,而且是至关重要的。

随着TPP胎死腹中以及多边贸易阴云笼罩,贾斯廷·特鲁多政府不仅将加强与中国关系视作一个目标,而且也意在对冲不稳定的加美关系所带来的风险。加拿大贸易部部长特别提及了习近平在达沃斯

---

① "Donald Trump agrees not to withdraw from NAFTA 'at this time' in phone call with Mexican and Canadian leaders" *The Daily Telegraph*, April 27, 2017, http://www.telegraph.co.uk/news/2017/04/27/donald-trump-agrees-not-pull-nafta-time-phone-call-mexican-canadian/. (Accessed May 12, 2017).
② 斯图尔特·贝克:《特朗普效应正改变加拿大对中国的看法》,《环球邮报》,2017年5月3日。http://www.theglobeandmail.com/opinion/the-trump-effect-is-changing-canadian-views-on-china/article34876913/(2017年5月10日)。
③ http://www.weforum.org/agenda/2017/01/full-text-of-xi-jinping-keynote-at-the-world-economic-forum; http://news.xinhuanet.com/english/2017-01/19/c_135994774.htm.
④ "Freeland 'visibly moved' During CETA Negotiations: Wells" *The Toronto Star*, November 7, 2016, http://www.thestar.com/news/canada/2016/11/07/freeland-visibly-moved-during-ceta-negotiations-wells.html.

的讲话，认为它是在新的不稳定环境下传递的"积极信号"。① 然而，加拿大负担不起亲近一个国家而疏远另一个国家的代价。加拿大与美国的关系源远流长、盘根错节，其重要性不允许出现任何犯险行为。② 因此，贾斯廷·特鲁多政府只能审慎把握机会加深同中国的关系，同时又不能够冷落美国。所幸的是，中美最高领导人在马阿拉歌庄园举行的习普峰会似乎缓和了特朗普政府最初对中美关系所持的敌对态度。当加拿大不得不应对贸易伙伴美国特朗普政府频频的攻击和破坏性行为时，持续改善加中关系至少不会恶化已经艰难的时局。尽管与中国签订自由贸易协定获得了更大的支持，但加拿大民意对加强加中关系仍然存在分歧。③

深化同中国关系的一些根本障碍来自国内。尽管贾斯廷·特鲁多政府支持将能源管道延伸至太平洋海岸并初步批准了金德摩根石油管道项目，同时搁置了北太平洋海岸的石油运输，并对于沥青出口可能招致的环保人士反对采取了极为审慎的态度。贾斯廷·特鲁多政府在人权问题和引渡谈判问题上十分注重尺度的拿捏。"我认为你不必做出选择，你必须采取正面和坦率的态度，以深思熟虑、尊重和建设性的方式来处理这件事"，④ 同时，在提及人权问题时，他一直保持谨

---

① "Canada seeks new 'coalition' on Asian trade after Trump kills TPP" *The Globe and Mail*, February 22, 2017, http：//www.theglobeandmail.com/report-on-business/economy/ottawa-seeking-new-coalition-on-asian-trade-after-trump-kills-tpp/article34115247/. (Accessed May 10, 2017).
② Joshua Brown and Wayne Farmer "Canada must look beyond China towards a broader Asian Trade Deal" *The Globe and Mail*, April 19, 2017, http：//www.theglobeandmail.com/report-on-business/rob-commentary/canada-must-look-beyond-china-toward-a-broader-asian-trade-deal/article34752224/.
③ Rober Fife and Steven Chase "Canadians wary of deeper economic ties with China：Poll" *The Globe and Mail*, April 10, 2017, http：//www.theglobeandmail.com/news/politics/canadians-wary-of-deeper-economic-ties-with-china-poll/article34659881/ (Accessed April 20, 2017).
④ Andy Blatchford："Trudeau Tells Chinese Leaders That Canada's Human Rights Record Not Perfect, Either", 09/06/2016, http：//www.huffingtonpost.ca/2016/09/06/trudeau-china-human-rights-hong-kong_n_11873422.html.

慎,避免出现尴尬或挑衅的局面。

然而,尽管加拿大的诸多疑虑引起负面报道,① 但中国坚持加拿大需对中国全面放开投资渠道和推动签订引渡条约等。作为回应,加拿大新任驻华大使、前自由党内阁部长约翰·麦家廉坚称,任何贸易协定的签订都不能够回避人权和劳工标准的问题。② 仅过数日,他又进一步澄清,双方距离签署任何引渡协定仍有很长的路要走。③

萦绕于双边关系上的问题和双边外交上的问题并不完全属于同一领域。不断攀升的房价,尤其是温哥华和多伦多地区的房地产市场成了影响加拿大民意的诸多问题之一。④ 但这种现象不能完全归咎于中国买家,更谈不上中国政府。⑤ 但是,住房是直接影响加拿大人民利益的民生问题,无论其是否可以用外交手段解决或在外交议程方面是否恰当,人们对外交关系的看法总会受到关涉切身利益问题的影响。

加拿大人对中国的看法并没有显著改观,但特朗普政府秉持的极

---

① Robert Fife and Steven Chase "Beijing pressing for full access to China's economy in trade talks" *The Globe and Mail*, March 24, 2017, http://www.theglobeandmail.com/news/politics/beijing-pressing-for-full-access-to-canadas-economy-in-trade-talks/article34412957/ (Accessed April 11, 2017); for negative response see, Robert Fulford, "An Extradition Treaty with China?" *The National Post*, March 31, 2017, http://news.nationalpost.com/full-comment/robert-fulford-an-extradition-treaty-with-china-peter-dahlins-detention-in-a-black-jail-all-you-need-to-know-about-the-idea. (Accessed May 4, 2017).

② "Human Rights on table in any Canada-China Trade Deal" *The Globe and Mail*, March 29, 2017, http://www.theglobeandmail.com/news/politics/human-rights-on-the-table-in-any-canada-china-free-trade-deal-mccallum/article34480066/.

③ Nathan Vander Klippe "Canada a long, long, way from China Extradition Deal" *The Globe and Mail* April 3, 2017, http://www.theglobeandmail.com/news/world/canada-a-long-long-way-from-china-extradition-deal-mccallum/article34560846/. (Accessed May 4, 2017).

④ See, "China is Buying Canada: Inside the new real estate frenzy" *Macleans*, May 9, 2016, http://www.macleans.ca/economy/economicanalysis/chinese-real-estate-investors-are-reshaping-the-market/.

⑤ "Foreign Buyers behind only 5 percent of Toronto home purchases in 2016" *The Toronto Star*, January 31, 2017, http://www.thestar.com/business/real_estate/2017/01/31/foreign-buyers-behind-only-5-per-cent-of-toronto-home-purchases-in-2016.html. (Accessed May 13, 2017).

其负面的观点却影响了加拿大人对美国的看法。① 据2017年加拿大亚太基金会的民意调查显示，加拿大人转向积极支持与中国签署自由贸易协定并认识到中国对加拿大未来经济的重要性，尽管加拿大的政治和经济可能会受到中国的影响让他们心存隐忧。②

五 结论：结交新伙伴 耐心求发展

贾斯廷·特鲁多政府清醒地认识到，当前的政治和经济现实要求加拿大需要将与中国的关系驶向稳定的轨道并逐步使双边关系制度化，这些发展的基础均是以与中国签订自由贸易协定为其初步目标。③ 为成功实现这个目标，加拿大政府希望得到所有利益相关者的支持，小心谨慎地向前迈进。④ 特朗普意外当选造成的外界环境的变化既包含挑战也带来了机遇。加拿大政府别无选择，只能捍卫与其最重要贸易伙伴的关系，但我们最紧密贸易伙伴行为上的变幻莫测使得加拿大必须寻求同其他国家建立一种稳定的关系。然而，维持现有关系所耗费的精力可能会限制加拿大投入更多精力发展与中国的关系。当加拿大对明显放弃对美伙伴关系所依赖的一些价值观感到失望时，

---

① "Canada's Opinion of US hits all-time low under Trump" *Newsweek*, May 9, 2017, http：//www.newsweek.com/canadas-opinion-america-hits-low-under-trump-poll-606315. (Accessed May 10, 2017).

② "2017 National Opinion Poll: Canadian Views on Engagement with China", *Asia Pacific Foundation of Canada*, May 3, 2017, http：//www.asiapacific.ca/surveys/national-opinion-polls/2017-national-opinion-poll-canadian-views-engagement-china. (Accessed May 11, 2017).

③ "Canadian Ministers Dine with senior Chinese Officials as trade conflict looms with the US" *The National Post*, April 27, 2017, http：//news.nationalpost.com/news/canada/canadian-politics/canadian-ministers-dine-with-senior-chinese-officials-as-trade-conflict-looms-with-u-s.

④ "Consulting Canadian on a Possible Canada-China Free Trade Agreement", http：//www.international.gc.ca/trade-commerce/consultations/china-chine/index.aspx?lang=eng.

他们对维持加中更密切伙伴关系的价值观也不够确信。我们各自的利益关系使得我们深化彼此之间的关系,但两国领导人需要找到更为坚实的基础来加强互信。这是我们领导人所面临的挑战,也是中国领导人及其抛出的"中国解决方案"所面临的挑战。①

---

① Xi Jinping first articulated this concept in his speech on the 95th anniversary of the Chinese Communist Party July 1, 2016, http://news.xinhuanet.com/politics/2016 - 07/01/c_1119150660.htm; Xi promoted inclusive global governance by China with the Chinese Communist Party at its core exercising leadership through providing public goods; See also, Lee Bo "What On Earth is the China Solution", http://www.china.org.cn/opinion/2016 - 07/14/content_38877919.htm.

B.11
加拿大国际教育交流合作研究

郑春生*

摘　要： 本文介绍了加拿大国际教育交流合作途径、机构及成效，分析了加拿大与英国、法国、美国、日本等发达国家，以及印度、印度尼西亚、马来西亚等发展中国家的国际教育交流合作状况，并重点分析了中加国际教育交流合作状况和所取得的成效，最后对中加教育国际交流合作进行了趋势判断并提出针对性建议。

关键词： 加拿大　教育　交流　合作

加拿大曾经是法国和英国的殖民地，其官方语言为英语和法语，历史、文化受到欧洲的一定影响。同时，作为美国的邻国和盟友，它在文化、经济等多个领域又受到美国的影响。因此，加拿大的高等教育体系不仅继承了传统欧洲教育体系的优点，而且引入了美国教育的优势，为加拿大与其他国家进行国际教育交流合作提供了良好的基础。近年来，加拿大已经逐渐成为中国留学、移民和工作的主要目的国。有鉴于此，加强对加拿大国际教育交流合作研究，具有重要的理论意义和实践价值。

---

* 郑春生，博士，广东外语外贸大学加拿大研究中心副研究员。研究方向为加拿大教育和人文交流。

一 加拿大国际教育交流合作状况

（一）国际教育交流合作途径

加拿大国际教育交流合作形式较为多样，且不失其鲜明的特色。其主要交流合作途径主要体现在以下几个方面。

第一，通过出台政策吸引国外留学生前往加拿大，并积极送留学生出国进行学习与实习。加拿大大学与政府通过各种补助，对出国与来加拿大学习的学生给予一定程度的支持。各大高等学校也纷纷通过与国外大学联合办学或签订合作协议等方式帮助学生前往国外进修学习，其中不乏加拿大大学联合会（Universities Canada）成员。

第二，积极培养学生学习第二外语的能力，使其更好地适应国际化的学习与研究需要。如约克大学，近几年先后增加了9种欧洲语言的课程，此外还设置了汉语、日语、朝鲜语、阿拉伯语等亚太语种，并把外语学习与专业课程学习有机结合起来。

第三，加强与国外教育机构的广泛交流合作，包括共同培养学生，以及教师之间的科研交流合作。尤其是科研交流合作，已经成为加拿大院校与欧美发达国家学校交流合作的主要方式之一。

（二）国际教育交流合作机构

加拿大国际教育交流合作机构总体上可以归纳为政府机构和非政府组织两个层面。

1. 政府机构

加拿大与许多国家启动国际合作发展项目，此类项目在推动高等国际教育交流合作中起到了重要的作用。如加拿大联邦政府出台的"加拿大创新战略"，基于此，人力资源部和工业部分别发布了《知识至关重要：加拿大人的技能与学习》，以及《追求卓越：投资于民众、知识和机遇》等文件①。同时，加拿大还通过多种方式促进两国之间的留学生双向流动：通过奖学金等确保相关国家能够获得稳定的生源；通过建立大学相关技术转化部门与国内外国际贸易机构的联系，促进相关科学研究成果产业化；通过联合加拿大外交部、工业部等部门，借鉴与印度建立产、学、研合作的经验，在其他相关国家推广类似的经验或模式等。②

除了国家层面外，其他各层面的政府间的合作也得以顺利开展。以阿尔伯塔省与我国教育部国际合作与交流司的合作为例，双方认同加强教育理想是两国和两国人民增进全球和文化理解、促进更紧密关系的最佳途径，双方相信国际教育之间的交流将促进学生和教育工作者在学术、社会、文化和专业方面的发展，双方同意签署《加拿大阿尔伯塔省教育部与中华人民共和国教育部国际合作与交流司关于教育合作的谅解备忘录》，为两国教育交流的发展建立合作框架，共同推动双方的发展。双方合作项目包括2014~2018年教师、管理者和学生交流项目等，双方代表每年形成一份关于申请合作项目的报告。③

目前，在高等教育领域，加拿大国际发展合作项目的形式主要为通过加拿大大学直接与合作学校之间签订合作协议，包括与发展中国家开展学生交流、交换项目；通过开展学校与企业的合作输出高新技术；派遣学者前往外国访学与提供技术资源；通过学生交流将不同国家的文化与理念融入教育体系，促进学生对他国文化的了解，并培养全球化意识等。

---

① 2002年，加拿大联邦政府出台"加拿大创新战略"。
② 2013年，负责此类项目的主要机构"国际开发署"（Canadian International Development Agency, CIDA）并入外交与贸易发展部，又称加拿大全球事务部（Global Affairs Canada），隶属于外交部。
③ 《加拿大阿尔伯塔省教育部与中华人民共和国教育部国际合作与交流司关于教育合作的谅解备忘录》，2014。

2. 非政府组织

除了加拿大联邦政府、国际开发署等政府机构以外，非政府组织也参与了国际教育交流合作。加拿大大学与学院联合会（Universities Canada）的目标在于在各大高等学校之间进行政策协调，为大学与学院提供政策指导与信息共享等，如该组织举办的南北科研计划，让加拿大学生前往外国参加实习，而实习的地点均为发展中国家或新兴经济体的企业，包括非洲、南美洲等发展中国家集中的地区。南北科研计划让加拿大各大高等学校"跨越大学自身的界限，与多方建立联合、伙伴关系，共同制订计划，以便应对世界所面临的共同挑战。"①

加拿大政府机构与非政府组织的积极参与，有利于进一步加强加拿大的国际教育交流合作，在客观上起到了积极的推进作用。

（三）国际教育交流合作的成效

国际教育交流合作，尤其是留学生的到来与促进加拿大经济发展联系密切。留学教育经济带来的直接经济收益数额巨大。除了学费等留学经济带来的直接经济收益以外，由国际教育交流合作带来的其他经济效应，包括留学生毕业后定居加拿大、在加拿大学习期间购置房产、购物、旅游探亲等的经济收益也不容小觑。②

根据加拿大战略规划，加拿大政府希望到 2022 年吸引 45 万名国际学生，将目前国际学生的数量增加一倍③。其中，中国是加拿大留

---

① 2005~2014 年举办了南北科研计划，让加拿大学生前往外国参加 3~6 个月的实习，实习的地点均为发展中国家或新兴经济体的企业。到 2014 年项目截止，共有 1515 名加拿大学生出国。SYMPOSIUM ON NEW MODELSOF NORTH-SOUTH PARTNERSHIPS, Organized by the Association of Universities and Colleges of Canada, Ottawa, June 12 – 13, 2012, http://www.univcan.ca/wp-content/uploads/2013/07/idrc-aucc-north-south-symposium-report-2012.pdf.
② 马媛：《加拿大高等教育国际化研究》，河北师范大学，2010。
③ CBIE, A World of Learning: Canada's Performance and Potential in International Education, 2015.

学生最大的来源国,据2016年3月16日中华人民共和国教育部统计数据显示,2015年中国出国留学生为52.37万人,回国人数为40.91万。[①] 而中国留学生数量占美国、加拿大两国留学生总人数的比例均超过30%。中国与全球化智库(CCG)发布的《中国海归发展报告》显示,2015年,中国的海归人数已经达到50万人,但在各国的中国留学生中,前往加拿大的留学生选择归国的人数是最少的。[②] 毕业后留在加拿大参加工作或创业的留学生将自己所学的知识运用到加拿大的社会经济建设上,为推动加拿大的经济发展做出了贡献。

二 加拿大与发达国家的国际教育交流合作

加拿大与英国、法国、美国、日本、韩国等发达国家均有着紧密的国际教育交流合作。加拿大曾是英国和法国的殖民地,而主要民族(英裔与法裔)也来自欧洲。独特的历史、文化与民族特点为加拿大与欧洲各国开展国际教育交流合作提供了得天独厚的土壤。加拿大大学联合会是该国最大的高等教育大学间组织,一直大力推进高等教育国家间的交流合作,而加拿大大学与欧洲大学的交流合作则是其重点之一[③]。在留学领域,加拿大大学联合会与法国共同开办了法国领事馆-加拿大大学联合会旅行补助计划(The French Embassy - Universities Canada Travel Grant)。该计划为前往法国留学或实习的全日制本科学生提供补助。

[①] 中华人民共和国教育部:http://www.moe.edu.cn/jyb_xwfb/gzdt_gzdt/s5987/201603/t20160316_233837.html,最后访问时间:2017年2月28日。
[②] 中华人民共和国教育部:http://www.moe.edu.cn/jyb_xwfb/gzdt_gzdt/s5987/201603/t20160316_233837.html。
[③] 加拿大大学与学院联合会(成立于1911年,简称AUCC),现在已更名为加拿大大学联合会(Universities Canada),是一个代表大学与学院的非营利性组织,目前共有97个成员,皆为加拿大境内的公立与私立大学和学院。

加拿大一向注重创新与科研,尤其是与世界各国的科研交流合作①。而欧盟也在"地平线2020"科研框架中计划在2014~2020年,为该框架拨款近800亿欧元。加拿大和欧盟极为重视双方高等学校及研究机构之间的交流合作,认为参加"地平线2020"不仅可以为跨国科研的发展提供动力,还可以协助加拿大创新科技产业的发展,促进经济增长,并提升加拿大的国际影响力。②

旨在促进加、欧双方大学的科研与创新合作ERA-Can+项目计划为加拿大大学提供了分享与欧盟国家开展国际教育交流合作的相关信息的渠道,并通过组建联合工作小组、圆桌会议与联网活动大力促进加、欧双方在科技、创新与学校设施建设领域正在进行的政策对话进一步发展。ERA-Can+项目中最有特色的就是信息共享会(Information Session),这些会议旨在向加拿大高等学校的研究人员介绍参与"欧盟科研框架计划"中最新的一个科研框架——"地平线2020"的途径。③

总体来看,加拿大与欧洲国家的高等国际教育交流合作之所以紧密,主要有以下几方面的原因:近年来,加、欧双方在科研创新方面的投资不断增加,推进了合作研究热度的持续提升;部分加、欧双方共同关注的热点问题成为加欧合作科研的话题;加拿大与欧洲的历史与文化源远流长,这为紧密的科研、教育合作提供了一定的基础;此外,加欧综合性贸易协定(CETA)的达成,有利于密切加拿大与欧

---

① 加拿大一向注重与世界各国的科研交流合作,联邦政府在2014年度预算中为加拿大第一研究卓越基金(Canada First Research Excellence Fund)划拨出15亿美元,以便让加拿大学者与世界领先的研究团队建立交流合作关系。
② ERA-Can+项目计划于2014年公布。A new era of Canada-EU innovation, Universities Canada, http://www.univcan.ca/media-room/media-releases/a-new-era-of-canada-eu-innovation/。
③ 该项目于2013年正式启动,至今取得了一系列的成果。ERA-Can+ Project, UniversitiesCanada, http://www.univcan.ca/programs-and-scholarships/era-can-project/。

洲之间的经济、贸易关系，对推进双方科研合作乃至学生与教学资源之间的相互流动大有助益。

此外，加拿大与美国等国家也有着紧密的国际教育交流合作。第二次世界大战之后，美国逐渐成为加拿大最亲密的军事、经济与政治伙伴。日益紧密的经贸联系为两国科研、教育方面的交流合作打下了良好的基础。如加拿大曾与美国加州建立了加拿大－加利福尼亚战略创新伙伴关系，共有21所加拿大大学与8所加州大学参与科研交流合作。2015年，共有12450名美国留学生赴加拿大学习，人数在所有加拿大留学生来源国中排名第六。

加拿大与日本等亚洲发达国家之间也存在教育与科研方面的交流合作，目前，加拿大与日本等国家的国际教育交流合作取得一定的发展，如加拿大与加拿大大学联合会下的田中基金项目（Tanaka Fund Program）旨在为加拿大各大学的学生提供更好的日语学习机会等。

三 加拿大与发展中国家的国际教育交流合作

加拿大不仅与欧洲国家、美国、日本等国家有着紧密的国际教育交流合作，与亚太其他国家如印度、马来西亚等发展中国家也有密切的国际教育交流合作。

加拿大"国际开发研究中心"（International Development Research Center）的职能旨在促进、支持和进行关于发展中地区的研究，并通过引入科技与其他知识促进这些地区的经济与社会发展[①]。

[①] 从20世纪60年代开始，在加拿大国际开发署的前身——外援办公室（External Aid Office）的资助下，英属哥伦比亚大学与马来西亚大学于1961年签署了第一个大学间的国际合作协议，以求在会计与商务管理方面开展合作项目。同时期，英属哥伦比亚大学也与印度的拉贾斯坦邦建立合作关系；多伦多大学与西印度群岛大学敲定合作协议等。1970年，"国际开发研究中心"（International Development Research Center）成立，取代了外援办公室的职能。

很明显，这种科技与知识的引入离不开由高等教育学校引导的科研合作；而亚太地区的大量发展中地区自然也属于国际发展中心的工作范围。当前，加拿大国际发展中心已在印度、印度尼西亚、孟加拉共和国、缅甸、柬埔寨、老挝、马来西亚、尼泊尔、巴基斯坦、菲律宾、斯里兰卡、泰国与越南设立了分支机构。随着国际开发署的诞生，加拿大高等学校及研究机构与亚太地区发展中国家的联系更加紧密了。

目前，亚太地区正成为教育人员（学生或老师）、项目、课程、服务，乃至教育观念、价值观与知识跨国界流动的中心之一。正如加拿大多伦多大学的简·奈特教授在《激流中的高等教育》一书所写的那样："亚洲无疑是观察跨境教育新进展最合适的地区。"比如，越南的河内科技大学正与国外的一些高校合作提供硕士和学士学位项目，参与其中的合作者包括1所比利时大学、1所美国大学、8所法国大学、1所德国大学，以及2所新加坡大学。新加坡国立大学已经与中国复旦大学开发了联合MBA学位课程，招收来自新加坡和中国两国的学生。而随着印度教育改革的推进，教育课程与服务的输入与输出也不断增加；例如，卡帕罗集团（Caparo Group）与美国卡内基梅隆大学合作，在印度成立了一所新大学。加拿大历来积极推进高等国际教育交流合作，故不会满足于在亚太地区做一个单纯的旁观者。[①]

四　中国和加拿大国际教育交流合作

与政治、经济交流相比，人文交流更着眼于未来，起到了为构建新型国际关系夯实民意基础的作用。目前，中国已分别与美国、俄罗

---

① 简·奈特：《激流中的高等教育》，刘东风、陈巧云译，北京大学出版社，2011。

斯、英国、法国和欧盟建立了人文交流机制，这些实践活动充分发挥了中国作为文化大国的资源优势，成为推动我国双边、多边关系健康发展的重要力量。教育作为人文交流的重点领域，发挥了积极的作用。

（一）中加国际教育交流合作概况

中国是加拿大在亚太地区最大的教育合作伙伴。中加国际教育交流合作日益密切，对推进两国的教育事业，促进我国教育改革的发展大有助益。从 1981 年到 2001 年，加拿大政府共通过 CIDA（加拿大国际开发署）向三个项目投资了 6870 万加元：中加管理教育计划（CCMEP）、中加大学联系计划（CCULP）与特殊大学联系计划（SULCUP）。中、加两国均有大量大学与学院参与了这三个项目，对"文革"之后中国教育、科研体系的恢复与改革起到了重大作用。

上述计划包含了一系列与中国的社会改革息息相关的研究方向：自然科学、海洋科学、工程学、管理、法律、农业、医药、教育、少数民族文化与女性研究。一位在戴尔豪西大学获得 MBA 学位的中国学者后来设立了中国最大的会计公司之一。在上述三个计划执行的头几年里，加拿大是唯一愿意与中国大学联系的西方国家。当时，加方的计划主要旨在提升中国教育工作者的知识与教学水平。

迄今为止，加拿大与中国的高等国际教育交流合作方式一般以各高校之间直接对话的方式，而非联邦政府包办。许多中国与加拿大学校通过 CCMEP、CCULP 和 SULCUP 计划得以建立交流合作关系。在加拿大，教育并非联邦政府的管辖范围，加拿大无法动员大量政府财政资金（公共资金）用于加拿大与中国之间的国际教育交流合作项目，正因为此，参与交流合作的大学就有更大的自主权可以根据自身需要开展与中方的交流合作。

（二）中加国际教育交流合作运行成效

中加已经达成紧密的教育合作，其交流合作内容与成效可以概括为中加学生留学、中加学者互访、中加合作办学等几个方面。

1. 中国学生赴加拿大留学概况

加拿大教育体制对世界各地的学生具有很强的吸引力。从1978年到2015年年底，中国各类出国留学人员累计达404.21万人。其中126.43万人目前正在国外进行相关阶段的学习和研究；277.78万人已完成学业；221.86万人在完成学业后选择回国发展，占已完成学业群体的79.87%。这说明仍有20.13%留学人员选择留在国外发展。[1] 中国学生前往加拿大留学主要是进入加拿大的高等院校，包括本科学习和研究生阶段的学习；此外，也有一些有条件的家庭在中小学阶段送孩子出国留学。根据加拿大国际教育局（CBIE）统计，2014年共有336497名来自外国的留学生在加拿大就读，而仅中国留学生占了其中的32.96%，达到110918人，人数位居第一，远高于位列第二的印度（11.56%，38891人）。[2] 至2015年年底，在加拿大就读的国际生以中国留学生最多，高达11万人，占国际生的1/3，是居第二位印度的留学生的三倍。[3]

根据驻温哥华总领馆教育组统计[4]，不列颠哥伦比亚省和阿尔伯

---

[1] 中华人民共和国教育部：http://www.moe.edu.cn/jyb_xwfb/gzdt_gzdt/s5987/201603/t20160316_233837.html，2017年2月28日。

[2] FACTS AND FIGURES——Canada's Performance and Potential in International Education, Canadian Bureau For International Education, http://cbie.ca/media/facts-and-figures/.

[3] 《加拿大：去年中国留学生达11万人》，凤凰网，http://news.ifeng.com/a/20160428/48619508_0.shtml。

[4] 驻温哥华总领馆教育组统计分别在不列颠哥伦比亚省（BC）和阿尔伯塔省（AB）高等教育厅的支持下，获得领区内由两省政府统计出来的中国留学生（交国际学费的学生）数据。

塔省中国留学生增长迅猛。5年两省中国留学生数分别增长116%和91%。2015年中国留学生占BC省国际学生总数的39%。[①]

表1 BC省国际学生发展情况

单位：人

教育机构	2010年	2011年	2012年	2013年	2014年	2015年	2015年较2010年增长(%)
公立高校	28490	31185	33330	35845	39595	45130	58%
私立高校	49834	54697	60740	67406	72767	67965	36%
中小学校	11713	11918	12588	13040	14135	16958	45%
合计	90037	97800	106658	116291	126497	130053	44%

表2 BC省中国留学生增长情况

单位：人

国籍	2010年	2011年	2012年	2013年	2014年	2015年	2015年较2010年增长%
中国	23660	29185	35980	44170	50680	51130	116%

表3 AB省中国留学生增长情况

单位：人

教育机构	09/10年	10/11年	11/12年	12/13年	13/14年	14/15年	15/16年	最新较09/10年增长%
高校	3615	3989	4572	5142	5753	6388		77%
中小学	228	298	400	614	766	935	948	316%

中国学生选择加拿大留学的原因除了宽松的签证政策、相对低的教育成本外，中加双方的政策支持以及两国教育机构、组织之间日益紧密的合作关系等，均为国内学生创造了前往加拿大深造的更好条件，而加拿大有很多世界一流的大学，完善的教育体制与丰富的教学资源则造就了学生奔赴加国学校的热情。另一主要因素是对留学生移

[①] 驻温哥华总领馆教育组编写：《加西教育简报》2016年第5期，2016年7月27日。

民申请的政策优惠。相对于其他类别的移民申请，具有加拿大留学经验的留学生，毕业后有三年工作签证，可以通过移民部的经验类移民（Canadian Experience Class）项目相对快速地申请移民身份。

此外，加拿大的教育的吸引力是与加拿大在安全、价值观教育、文化等的良好口碑分不开的，比如，相当一批留学生之所以没有选择英国和美国，而是来到加拿大读书，主要原因是由于英国不是移民国家，美国的公立学校不对国际留学生开放等。而加拿大邻近美国，社会福利好，治安又比美国强。不少独生子女的家长既看重留学安全问题，也希望孩子毕业后有多重选择。

另外加拿大政府也积极地在国外市场对其高等教育进行品牌宣传，以教育来促进对外贸易和经济发展。如2006年9月，加拿大发起了所谓的"Edu-Canada"的品牌化倡议，旨在为教育部门提供更好的服务，通过开展针对中国、印度、美国、韩国、日本、墨西哥、德国、法国、巴西、海湾地区、北非、东盟（包括印度尼西亚、马来西亚、泰国、越南）等优先国家和地区留学生的营销活动。为解决各省、地区各自为政设立高等教育政策的不利局面，2010年年底，加拿大各省和地区又一致同意联合发起一项名为"国家高教品牌"（National Higher Education Brand）的海外推广活动，从2011年起启动该国际教育营销项目。目前共有87000名留学生在加拿大的高校学习，本科生和研究生的比例分别为67%和33%，合计共占加拿大高校在校学生的7.6%，其来源国主要为中国、美国、法国、印度和韩国。

2. 中加学者互访情况

当前，中国学者主要有两种前往加拿大访学的渠道：一是教育部留学基金委的合作渠道，二是所在单位或个人合作渠道。前者主要是指留基委等相关部门与国外留学机构合作安排学者出国，比如国家留学基金管理委员会与加拿大英属哥伦比亚大学合作奖学金项目就是根据留学基金委员会与英属哥伦比亚大学签订的合作备忘录设立，旨在联合资助中国具有较大发展潜力的优秀人才赴英属哥伦比亚大学作为访问学者或博士后开展3～12个月的出国研究。当前，与留基委签订备忘录并设立面向中国访问学者的合作奖学金的还有多伦多大学、康考迪亚大学、麦吉尔大学、英属哥伦比亚大学、维多利亚大学、韦仕敦大学、圭尔夫大学、卡尔加里大学、纽芬兰纪念大学、萨斯喀温彻大学与拉瓦尔大学等一系列加拿大高等学校。

中国学者通过所在单位或个人派出渠道出国访学的项目包括青年骨干教师出国研修项目、地方合作项目、西部人才特别培养项目、艺术类人才特别培养项目、国家公派高级研究学者，访问学者与博士后项目等。这些项目的受理单位各不相同，既有国家留学基金受理机构及"211工程"建设高校，也有签订相关协议的省级政府教育厅，更包括各类其他单位——比如新疆生产建设兵团教育局就是西部地区人才培养特别项目的受理单位之一。

加拿大学者到中国访问的项目也非常广泛，既有政府的支持，也有独立的研究项目。比如，中加博士后赞助补贴（Canada-China Postdoctoral Fellowships Supplement）就是专门为获得加拿大自然科学与工程研究委员会（NSERC）博士后赞助的加拿大学者前往中国进行为期1年至2年的访学而设立的，补助金额达到每年上万加元。该项目由NSERC与中国国家自然科学基金委员会合作建立，其基础为双方于1987年签订、并于1995年续签的谅解备忘录。

"中加学者交换项目"（Canada-China Scholar Exchange Program, CCSEP）是目前中加学者互访项目中影响最大，最具重要性的一个。1973年，该项目由中国教育部和加拿大外交、贸易与发展部（DFTAD）共同签订谅解备忘录设立，成为中、加两国政府之间的重要教育合作项目。加拿大驻华大使馆和中国国家留学基金管理委员会共同负责"中加学者交换项目"的推广活动。项目通过派遣中国学者赴加拿大研修，同时也接受加拿大学者来华研修①。以前往加拿大研修为例，这个项目的中国学者可以分别获得中、加双方的经费赞助：其中，奖学金、加拿大入境城市至留学目的地的食宿费用，以及医疗保险费用等由加拿大政府承担，而学者的一次性往返国际旅费则由中国留学基金委员会负责。据统计，20世纪90年代至21世纪前10年，共有467位中国学者通过CCSEP项目到加拿大各高等学校进行了4~12个月的学习与访问。根据加方统计，从1973年项目启动到2016年的43年中，加拿大共有超过1000名学者参与了CCSEP。参加CCSEP的加拿大学者不仅为中、加两国之间学术与技术交流做出了贡献，也促进了加方对中国教育体制乃至社会各层面的了解。

3. 中加合作办学情况

加拿大教育体制的特色之一就是灵活的办学模式。1995年，我国出台的《中外合作办学暂行规定》，允许中国学校和外国组织或个人合作办学；而2003年的《中外合作办学条例》则更进一步细化了上述规定中的内容，提升了此类学校的法律地位，该条例的出台加速了中外合作办学的发展，为中外合作办学提供了法律基础。目前，中加合作办学涉及幼儿园、中小学与高等教育各级各类的教育层面。

中小学合作办学以在中国境内设立海外学校为主要形式。1995年，第一所加拿大海外学校在中国成立，英属哥伦比亚（BC）省成为加拿大第一个允许在国外进行合作办学的省份。这些学校均为私立，资料显示，这些学校不仅同时受到BC省与中国大陆的法律制约，而且采用的是BC省的课程、学习目标和教材等，所雇用的师资也是在BC省获得资格认证的教师与校长。此外，这些学校还必须经过BC教育部的认证，并定期接受检查。值得注意的是：在由BC省

---

① Education Act, R. S. O. 1990, 2012-9-12, http://www.search.e-laws.gov.on.ca/en/isysquery/d032e8d9-abf7-4c70-a600-6ec4d7e1bc16/17/doc.

参与进行中外合作办学设立的学校获得高中文凭的学生有机会直接前往加拿大或其他英语国家就读大学，而无须接受 TOFEL 等外语考试。中国的 BC 省海外学校增长迅速，2006 年时全国仅有 7 所，到 2009 年年初就已增长到 13 所，还有 5 所正在等待认证，均为中学。BC 省在中国办学的成功引来其他各省纷纷效仿，到 2007 年全国共有约 80 所中加合作办学机构。

在高等教育领域，中加合作办学也是两国国际教育交流合作的重要形式。目前，大学阶段中外合作办学的形式大致分为两种：一是引入国外教学资源（师资、各种信息、数据和资料等），学生在境内校方的管理下完成学业，由加拿大大学颁发学位或资格证书。二是学生在国内修完一定年限，或完成大多数课程后，转入境外合作学校继续就读，获得境外大学的学位或资格证书。

此外，中加大学的合作科研与合作人才培养（教师发展）也是两国国际教育交流合作的主要形式。2004 年，中国国家留学基金会（China Scholarship Council，CSC）与加拿大国际管理学院（Canada International Management Institute，CIMI）合作设立"中加教育合作与人才培养项目"，为中加教育合作开拓了新的领域[①]。2010 年，中国教育技术协会与加拿大多伦多大学安大略教育学院又主办了"中加教育与技术研讨会：构建全球研究共同体"，提出了利用网络技术实现中加人员共同研究，共建"知识共同体"的新思路，以及在网络技术的支持下进行教师培养与课堂教学改革等一系列建设性意见。

如今，越来越多的国内大学派出教师与研究人员前往加拿大访学，丰富了两国之间学术交流的内容。

---

① 翁朱华、希建华：《教育技术研究的新动向——"2010 中加教育与技术研讨会"述评》，《开放教育研究》2010 年第 6 期，第 21~24 页。中加教育合作与人才培养项目"出国与就业"，2004。

加拿大蓝皮书

五 加拿大国际教育交流合作的趋势与建议

人文交流作为中外构建新型国际关系的第三大支柱,与战略互信、经贸合作一道成为中国对外关系的三驾马车,在外交中已发挥着越来越重要的作用,成为中国外交工作的新亮点。当前,在高层对话机制框架下,中外人文交流呈现宽领域、多层次、高水平的特点,未来双边的人文交流具有广阔的发展前景。

(一)加拿大国际教育交流合作的趋势

1. 加拿大大学将国际化列入了战略规划之中,有助于进一步推动加拿大与各国的国际教育交流合作

2015年9月,联合国纽约峰会通过了《2030年全球可持续发展议程》;11月,联合国教科文组织大会通过了《教育2030:行动框架》,该议程和行动框架为未来15年世界教育的发展指明了方向。

加拿大作为高等教育大国,却没有设立全国统一的教育部。各大学虽然在很大程度上拥有自治权,可以由董事会委托校长自主制定发展目标、规模、方向与管理,但绝大多数大学却不约而同地将国际化列为自身的重要目标——根据UNIVCAN在2014年所公布的调查结果,96%的加拿大大学将国际化列入了战略规划之中,[①] 以应对全球化挑战的需要。加拿大国际教育交流合作是与加拿大政府的政策支持分不开的,是加拿大顺应世界教育发展方向,应全球化挑战需要做出的选择。

---

① UNIVCAN, International Education at Canadian Universities, 2014。参见: http://www.univcan.ca/wp-content/uploads/2015/07/quick-facts-internationalization-survey-2014.pdf。

2. 中加关系目前正处在难得的机遇期，两国国际教育交流合作正处于崭新起点上

由于加拿大没有全球战略，与中国没有历史恩怨与领土纠葛，不存在潜在而不可避免的冲突。近年来，两国政府领导人频繁往来，在政治、经济、文化等诸多个领域取得了合作成果。2015年11月16日，时任我国国家主席习近平在土耳其安塔利亚会见加拿大总理贾斯廷·特鲁多。贾斯廷·特鲁多在会见中表示，加拿大希望全方位深化同中国的友好合作关系。双方应该密切高层特别是领导人之间的往来，增强政治互信，加强经贸、农业、城镇化、人文等各领域交流合作，推动加中关系在互利共赢基础上更好发展。2016年，小特鲁多于8月30日至9月6日对中国进行正式访问，并参加9月4日至5日在中国杭州举行的G20领导人峰会。这是2015年加拿大联邦自由党赢得大选上台后，总理贾斯廷·特鲁多首次访华。访华期间，小特鲁多寻求推动加拿大与中国进行更广泛的对话，加方代表团将与中方紧密合作，促进共同繁荣，推动加拿大中产阶级的成长。2016年9月21日至24日，我国总理李克强应加拿大总理小特鲁多邀请，对加拿大进行正式访问。总理的访问成果之一是签订了《中华人民共和国和加拿大联合声明》[①]。中加两国总理成功实现互访，为今后两国人文交流制定了新的更高目标，相信不断深化的人文交流将进一步夯实中加友好的社会和民意基础。

3. 中加政治、经济等领域的深入合作有助于推动国际教育交流合作的进一步深化

教育对外开放及国际化是当前教育发展的重要趋势之一。我国的

[①] 《声明》指出："双方认识到两国民间交往的重要性，同意扩大人文交流，深化文化、教育、旅游等领域合作。双方致力于增加人员互访，扩大双向留学生交流，并为此简化签证受理程序。"

《教育部2016年工作要点》中明确提出，应当完善教育对外开放战略，深入开展国际教育交流合作，并要求进一步推进深化办学、教育体制方面的改革。2016年上半年中办、国办印发了《关于做好新时期教育对外开放工作的若干意见》，强调要坚持扩大开放，做强中国教育，推进人文交流，不断提升我国教育质量、国家软实力和国际影响力。中加教育和人文交流合作在促进加拿大与其他国家和地区的民心相通，加强国别和区域合作，提升在加拿大软实力和影响力方面具有重要的意义。在国家对加重大战略需求下，在我国教育对外开放大格局中，国际教育交流合作也扮演着重要角色，发挥着越来越重要的作用。因此，扩大包括对加在内的国家和地区的教育开放，加强与加拿大的国际教育交流合作，具有举足轻重的作用。而随着中加政治、经济等领域的深入合作，中加教育和人文交流也将得到进一步深化。

4. 以教育为重点领域的人文交流合作将是中加合作重大格局中的重要增长点之一

虽然中加关系中人权和价值观方面的矛盾可能仍在较长一段时间内影响加拿大对华政策和中加关系的发展。但小特鲁多政府正试图走出一条有别于哈珀政府的执政和外交路线。据《渥太华太阳报》2016年4月4日报道，小特鲁多领导的政府正在考虑对华未来政策走向，计划通过增进两国教育交流项目等，以加强两国关系。正如加拿大阿尔伯塔大学中国学院院长侯秉东认为的那样，小特鲁多政府亚洲外交的中心是中国，小特鲁多执政后将延续自由党大力发展中加关系的传统，书写中加关系的新篇章。[1] 李克强总理对加进行的访问并签订的联合声明，也极大地推动了中、加两国的国际教育交流合作，

---

[1] 季凌鹏：《"特鲁多时代"的加拿大将走向何方?》，新华网国际频道，http://news.xinhuanet.com/world/2015-11/11/c_128417891.htm。

有利于通过形式多样的公共外交,有效促进中加关系,让中加国际教育交流合作再上新台阶。

(二)加拿大国际教育交流合作的亮点、不足与建议

中加教育合作取得丰硕成果,成为两国交流的亮点,但同时也存在一些不足。

1.中加国际教育交流合作的亮点与不足

第一,由于加拿大没有全国统一的教育部,中加在教育领域,尤其是高等教育领域的合作经常直接在学校与学校、学术组织之间进行。这种合作呈现很大的灵活性,操作起来也非常快捷和有效。从中国政府的层面,目前教育部也给予各个学校很大的自主性,有利于未来更加全面的交流合作。

第二,中、加两国经贸合作的深入推进有助于加强两国国际教育交流合作。随着中加国际教育交流合作的日趋紧密,中、加两方互派留学生、交换生以及教师访学渐渐增多。留学和访学活动促进了中加教育领域的相互了解,在个体层面促进了教育、研究水平的提高和科研上的交流合作。

第三,教育交流不对等,留学移民不平衡。随着中加合作办学和留学项目的增长,中国与加拿大在教育方式和教育内容上的对接越来越密切,促进了、丰富了中国的教育市场。由于合作办学和留学项目常常将中国学生引入加拿大大学,而加拿大政府又通过移民政策优惠来吸引优秀的留学生定居,这在一定程度上造成了中国的人才外流。在笔者对新移民的个案访谈中发现,留学不平等是有原因的,但不一定来自政府,这一点短时间内比较难改变。比如很少见到加拿大学生来到中国攻读学位,因为大多数加拿大的雇主不相信中国文凭。如果学生拿的是中国文凭,在加拿大比较不容易找到好的工作。他们以亲身经历告诉笔者,尽管拥有本科学历,但与很

多新移民一样,很多人是在加拿大读书,拿到了加拿大的文凭后,才找到技术工作。

2.中加国际教育交流合作的建议

第一,对于加方来说,建议小特鲁多政府在推进与中国的双边关系中,采取更加包容的态度,改变以往政府对中国"人权问题""文化渗透"等问题的错误判断。唯有理性客观地看待中国的和平崛起,才是加拿大对华关系中符合加拿大长远利益的正确的态度。当前加拿大已经采取了积极的对华政策,而保持这种政策,则需要加拿大政府做出更大的努力。

第二,对于中方来说,要在进一步推动改革开放发展经济,增强国家实力基础上,推动中、加两国各个领域的合作与往来,广泛开展多层次的交流,消除包括加拿大在内的西方国家对中国人权和价值观方面的偏见和误会,从而进一步推动中、加两国关系向更深层次、更广领域发展,使中加关系上一个新的水平。具体到教育领域,做好教育对外开放工作,是新时期中国积极参与全球教育治理、推进国家教育现代化的重要战略。针对中加教育交流不对等,留学移民不平衡的问题,中国政府和教育部门需要一系列的宣传和优惠项目来吸引中国留学生和移民回归。

第三,就中、加两国而言,则要从战略高度看待中加人文交流,深化以教育为重点领域的中加人文交流。"国之交在于民相亲,民相亲在于心相映,心相映在于人文交流。"加强务实合作固然重要,但人文交流却是推动积极合作、建立更紧密联系的重要方式。两国的关系不仅需要通过政治和经济交往来加强,更需要通过人文交流来增信释疑。未来的国际交往将更加关注两国人民的互相认知、了解和信任。

双方不断加强和深化的中加战略合作伙伴关系,不但符合两国和两国人民的根本利益,而且有利于维护地区与世界的和平与稳定。人文交流有其自身发展规律和行事特点，其长远效应的充分显现需要更长时间。但是，人文交流也是双边合作中非常活跃、极具潜力的领域。中加双方应争取在更大范围、更高水平、更深层次上，深化以教育为重点领域的人文交流，推动两国国际教育交流合作互利共赢，为两国关系更好更稳发展开辟新的增长点、提供新的推动力。只要中、加两国以务实求真的态度积极推动双边关系，中、加两国关系有望提升到一个新的水平。

调查报告
Survey Report

B.12
加拿大人看中国（2016）
——加拿大亚太基金会民意调查*

Eva Busza 金彩红**

摘　要：　2016年亚太基金会调查的最新数据显示，与前两年相比，加拿大人感觉与亚洲联系更紧密，态度更积极，对未来的双边关系也更加乐观。加拿大人对中国的态度自2014年以来已经回暖。近一半（49%）的加拿大人认为中国崛起是机会而不是挑战，近四分之一（24%）的加拿大人认为中加关系正在改善。此外，

---

* 本文节选自加拿大亚太基金会《2016年民意调查报告——加拿大人看亚洲》，http://www.asiapacific.ca/surveys/national-opinion-polls/2016-national-opinion-poll-canadian-views-asia。

** Eva Busza，博士，加拿大亚太基金会副主席；金彩红，博士，加拿大亚太基金会高级项目经理。译者罗慧琼，广东外语外贸大学加拿大研究中心办公室主任。

50%的加拿大人表示，如果能了解更多信息，自己有可能支持更紧密的中加经济关系。

关键词： 加拿大　中加关系　中国

加拿大亚太基金会（APF Canada）旨在促进加拿大与亚洲的接触，为亚洲了解加拿大牵线搭桥，在研究和分析加拿大与亚洲的关系方面处于领先地位，有深厚的研究和分析基础，能提供清晰、明确而可行的政策建议和指导。

加拿大亚太基金会重点关注经济，致力于通过贸易、投资和创新，加强加拿大和亚洲的联系，有助于加拿大为亚洲国家提供帮助，应对气候变化、能源、食品安全和自然资源管理方面的挑战；培养包括年轻一代的加拿大人处理亚洲问题的技能；使加拿大人更好地理解亚洲及其不断增长的全球影响力。

亚太基金会汇集了众多研究资源，与加拿大和亚太地区的决策者、业界领袖、学术专家和舆论界保持密切联系。

近12年来，加拿大亚太基金会定期进行全国范围的民意调查（NOP），以了解加拿大人对加拿大-亚洲关系的态度和看法。2016年民意调查由加拿大亚太基金会委托EKOS研究会通过Probit线上调查平台进行，共有3526位加拿大成年人参加，为了解加拿大人对亚洲崛起的态度提供了有价值的参考信息。

调查时间从2016年6月28日到7月21日。所有样本的误差幅度——用来衡量抽样变异性——是±1.6%。根据加拿大统计局的人口统计资料，EKOS分别按年龄、性别和所在地区设置了权重值，保证样本能够代表整个加拿大成年人群体。由于四舍五入的关系，各项总和会略有出入。

一 调查结果概述

加拿大亚太基金会2016年全国民意调查——加拿大人看亚洲的结果显示:与两年前相比,加拿大人感觉与亚洲联系更紧密,态度更积极,对未来的双边关系更加乐观。综观从贸易协定到教育合作的几个重要指标,加拿大人对双边合作的支持率都有所上升。

中国是加拿大在亚洲最大、全球第二的贸易伙伴,加拿大人对中国的态度自2014年开始回暖。近一半(49%)的加拿大人认为中国崛起是机会而不是挑战,近四分之一(24%)的加拿大人认为中加关系正在改善。此外,50%的加拿大人表示,如果能了解更多信息,自己有可能支持更紧密的中加经济关系。

与2014年相比,加拿大人感觉与亚太地区的关系更加密切。超过三分之一(34%)的人认为,加拿大是亚太地区的一部分,而2014年持此观点的仅占受访者的22%。对亚太地区的归属感增加,使加拿大人更支持政府发展与亚洲的经济文化关系。

2016年调查显示,加拿大对与亚洲的贸易和合作更加积极,加拿大人对中国、印度、日本和韩国更为友好,61%的人同意在亚洲开设更多省级贸易办事处,而2014年的支持率只有45%。同样,支持双方文化交流的比例也从53%跳升到69%,支持教育交流的从43%跳升到59%。

总之,加拿大人对亚洲及加拿大发展与亚洲各国的关系比两年前更加乐观。2014年,只有46%的人认为亚洲对自己所在的省份很重要,2016年升至60%。48%的人相信加拿大的外交政策应该优先考虑与亚洲的政治经济关系,两年前只有37%。在贸易方面,近一半(46%)的加拿大人支持与中国的自由贸易协定(FTA),2014年是36%。支持与其他国家和地区签订自由贸易协定的比例更高,如日本

（2016年72%；2014年56%）、印度（2016年55%；2014年38%）、东南亚国家联盟（2016年54%；2014年37%）。

虽然2016年加拿大人对亚洲的很多看法比较乐观，但仍然存在令他们担忧的因素，特别是中国的内政外交。近一半人（46%）相信，亚太地区未来10年会出现大规模军事冲突（比2014年的43%有所上升），65%认为中国的军事实力增长会对亚太造成威胁（比2014年的60%有所上升）。

加拿大人相对欢迎来自亚洲的私人投资，不信任外国国企（SOEs）投资，尤其是中国国企（仅11%的人支持中国国企在加拿大投资），其次是马来西亚（13%）和印度（20%）。

也许更加值得注意的是，加拿大人对亚洲人权问题态度强硬，观点一致。多数人（51%）愿意为了人权问题而牺牲商业机会，并广泛支持政府将改善亚洲人权状况列入本国外交政策。四分之三的人（76%）表示，加拿大应该主动提及亚太国家人权问题，不能当作他国内政而置身事外。同时，加拿大认为中国人权状况在改善的人数呈下降趋势，从2014年的39%降到2016年的35%。调查结果表明，对人权的定义，加拿大人首先考虑的是政治因素，而不是经济和社会权利。

二 主要发现

1. 支持与亚洲交往的人数增加

与2014年亚太基金会的调查结果相比，加拿大人对亚洲的态度更加友好，对亚太地区的归属感增强，三分之一的人（34%）认同加拿大是亚太地区的一部分，而2014年只有22%。加拿大人认为亚洲对他们的经济繁荣越来越重要。2014年，只有46%的人认为亚洲对自己所在省份的繁荣起着重要作用，而2016年，这个比例跳升至

60%。

加拿大人对亚太的归属感增强并认识到亚太的重要性，使加拿大政府在与亚洲有关的一系列问题上得到更多民众的支持。例如，支持各省在亚洲设立贸易办事处的占受访者的61%，高于2014年的45%；59%的人支持学校开设亚洲历史文化课程，高于2014年的43%。2016年全国民意调查充分显示，加拿大人对加拿大与亚洲的关系比较乐观，对亚太抱有更加积极的态度，这或许是因为加拿大政府换届及其传达出的政治信息。

2. 普遍支持与亚洲的贸易协定

贸易保护主义和反贸易言论主导了美国2016年大选，但在加拿大没有立足之地。特朗普将批评贸易协定作为大选的纲领，希拉里也改变了之前对TPP协定的支持态度，但调查结果显示，加拿大坚决支持自由贸易协定。四分之三（75%）的加拿大人声称他们总体上支持自由贸易协定，高于2015年（66%）和2014年（68%）。

近一半（46%）的加拿大人支持与中国签订自由贸易协定，而2014年只有36%。支持与其他国家和地区签订自由贸易协定的呼声更高，如日本（2016年72%；2014年56%）、印度（2016年55%；2014年38%）和东盟（2016年54%；2014年37%）。

3. 大力支持教育合作

在支持与亚洲有关的国内、国际教育项目方面，加拿大落后于美国、澳大利亚等友好的竞争对手。但2016年调查显示，缺乏民众支持并不是落后的原因。加拿大人（69%）大力支持所在省的高校加强与亚洲学校的交流和联系。

多数人认为所在省的教育系统应该更加重视亚洲，59%的人支持增加有关亚洲的教学内容，高于2014年的43%。

大西洋沿岸省份74%的受访者表示应增加交换生数量。在另一边的太平洋沿岸，BC省（不列颠哥伦比亚省）赞成加强亚洲教育的人最多,63%的受访者支持在课堂增加关于亚洲的内容,超过50%的人支持在高中教授亚洲国家语言。

4. 加拿大与中国的关系复杂而多面

在经济方面,加拿大人对中国更加乐观。自2014年以来,加拿大人对中国更加友好,近一半(49%)的人同意"中国崛起是机遇而不是挑战"的观点,不同意的占43%,2014年是41%同意(47%不同意)。

加拿大人对更紧密的中加经济关系持开放的态度。支持的人数占20%,大部分人(50%)表示,如果了解更多信息,自己有可能支持更紧密的经济关系。①

加拿大人对中加关系相对乐观,大约四分之一(24%)的人认为双方关系正在改善,接近一半(46%)的人认为没有变化,只有16%认为双方关系在恶化。

加拿大人看到了中国经济提供的机会,但仍然担心中国的内外政策。大约三分之二(65%)的加拿大人将中国军事实力的增长视为对亚太地区的威胁,近一半(46%)的人担心,中国在加拿大日益增长的存在感会对加拿大的价值观和生活方式产生威胁。只有35%的人认为过去10年中国的人权状况有所改善。

5. 加拿大人仍然关注人权和地区安全问题

接近一半(48%)的加拿大人认为加拿大外交政策应该优先考虑加强与亚洲的政治经济关系,高于2014年的37%。然而,加拿大人在某些方面愿意与亚洲交流,在其他一些方面则不然。尽管加拿大人认为亚太的军事冲突会影响加拿大安全,但只有40%的人认为加拿大应该更多地参与该地区的安全事务。

---

① Abacus Data, The Canada-China Relationship, http://abacusdata.ca/the-canada-china-relationship.

至于人权问题,加拿大人普遍支持加拿大将改善人权状况列入其外交政策。四分之三(76%)的人表示政府应主动提及亚太国家人权问题,不能当作他国内政而置身事外。如果存在人权问题,多数加拿大人愿意在某种程度上牺牲商业机会——51%的人表示,加拿大可以因为人权问题而停止与亚洲的商业往来。大部分(59%)的加拿大人同意将促进亚洲民主作为加拿大政府外交的主要工作。

三 调查结果分析

1. 亚太身份及其含义

随着全球化加剧,加拿大人比2014年更深入地认识到加拿大与亚太地区的关系,更了解亚太地区及其成员国。

2009年,39%的加拿大人认同"加拿大是亚太地区的一部分"这一观点,2013年降至18%,2016年升至34%,接近历史最高水平(见图1)。

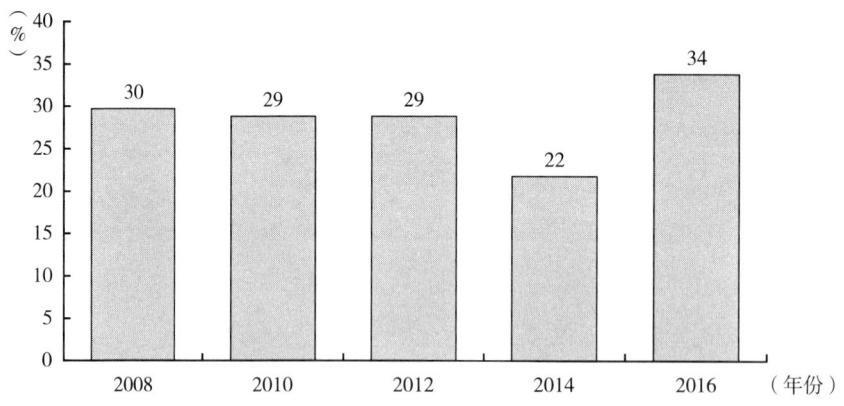

图1 加拿大人感觉与亚太联系更紧密

注:①基数:所有受访者。2008年(N=1058);2010年(N=2903);2012年(N=3179);2014年(N=3487);2016年(N=3526)。
②Q7:你是否同意下列说法:"我认为加拿大是亚太地区的一部分。"

与以前的调查结果类似,BC省的居民对亚太地区的依附感最强,过半人(52%)同意加拿大是亚太地区的一部分。值得注意的是,萨斯喀彻温省居民的依附感显著增强,同意此说法的人数从2014年的18%跃升到38%,反映出该省特别是农作物生产区与亚洲经济往来的迅速发展。①

亚太地区国家政治经济各有不同、社会文化丰富多样。为了评估加拿大人对亚太国家和文化的了解程度,亚太基金会针对中国、印度、日本和韩国这四个主要国家,设计了一系列判断题。

加拿大人在测评中总体表现不错。对"中国大部分人从事农业生产"的说法,多数人(58%)判断正确,选择了"错误"。中国城镇化发展迅速,联合国数据显示,中国的城镇人口已经从1990年的26%上升到2014年的54%,大部分加拿大人了解这一变化(见图2)。②

2016年调查也问及媒体对中国的报道是否公正。受访者要回答的问题是"你认为加拿大媒体对中国的报道是太负面、太正面还是不偏不倚?"加拿大人总体觉得媒体是公平的,近一半(45%)选择"不偏不倚",只有9%选择"太负面",大约22%的人选择"太正面"(见图3)。

2. 对亚洲国家及其与加拿大关系的认识

加拿大人更多地把亚洲经济增长看作机会,而不是威胁,如果他们了解更多信息,会乐于支持双方发展更紧密的关系。

加拿大人对亚洲国家的感情一直没有太大变化,但2016年调查

---

① Globe and Mail, "Demand from India spurs record lentil seeding in Canada", http://www.theglobeandmail.com/report-on-business/industry-news/energy-and-resources/canadian-farmers-planting-record-lentil-and-pea-crops-in-2016/article29714241.

② United Nations, Department of Economic and Social Affairs, Population Division (2014), World Urbanization Prospects: The 2014 Revision, Highlights (ST/ESA/SER.A/352), http://esa.un.org/unpd/wup/Publications/Files/WUP2014-Highlights.pdf.

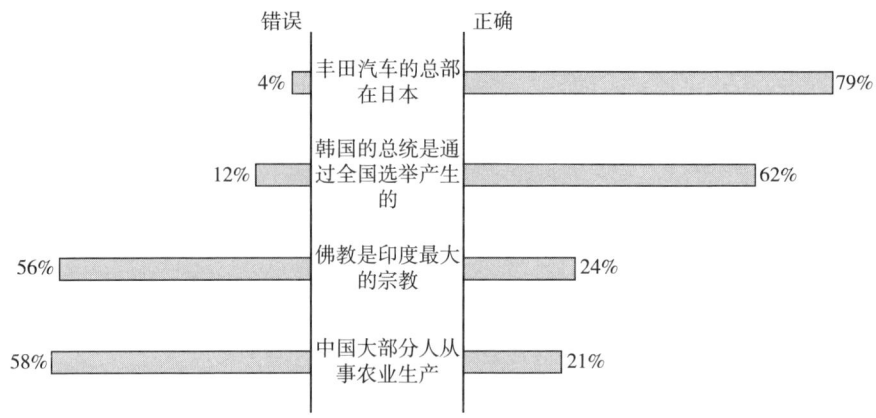

图 2 大部分加拿大人对亚洲国家有基本的认识

注：①基数：所有受访者。2008 年（N=1058）；2010 年（N=2903）；2012 年（N=3179）；2014 年（N=3487）；2016 年（N=3526）。

②Q7：你是否同意下列说法："我认为加拿大是亚太地区的一部分。"

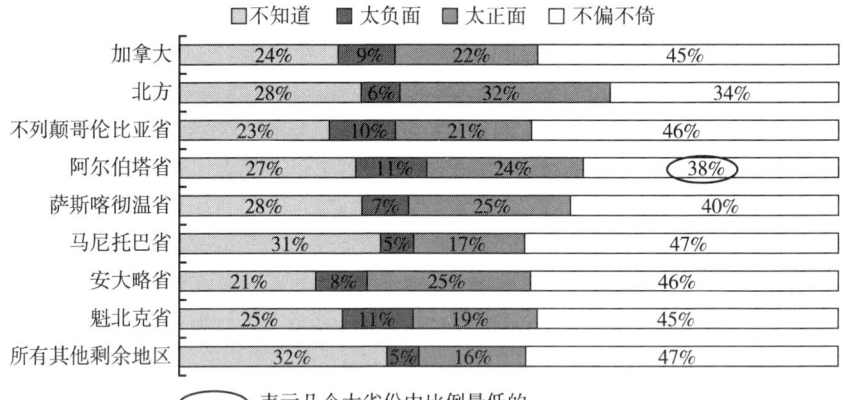

表示几个大省份中比例最低的

图 3 加拿大人认为媒体对中国的报道不偏不倚

注：①基数：所有受访者（N=3526）。

②Q4：你认为加拿大媒体对中国的报道是太负面、太正面还是不偏不倚？

结果显示有"变暖"的迹象。亚太基金会设计了一个关于亚洲国家的"感情温度计",设1~10分共10个等级,1表示"最冷淡",10表示"最友好"。

加拿大对澳大利亚"最友好",平均得分为8,日本、韩国次之,分别为7和6(见图4)。

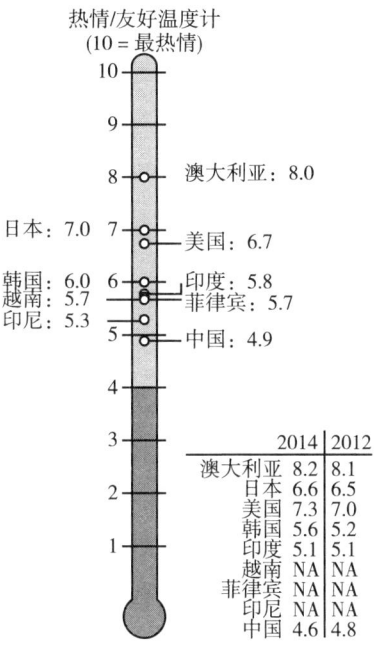

图4 加拿大对亚洲国家态度更友好

注:①基数:所有受访者。2012年(N=3129),2014年(N=3487),2016年(N=3526)。

②Q5:请按你对这些国家的感情评分,10表示非常友好、喜爱,1表示非常冷淡、讨厌,5表示不特别友好也不特别冷淡。可以用1~10中任何一个数字,数字越大表示越喜欢。

③NA:没有可用的数据。

中国和印度这两个大国得分相似,印度平均得分5.8,比2014年的5.1有所增长,中国得分最低,只有4.9。虽然加拿大人对中国的感情温度比其他国家低，但与2014年的4.6相比，仍有显著增加，是2010年提出这个问题以来得分最高的一次（见图5）。

对特定国家的感受从1（负面）到10（正面）								
	加拿大	北方	不列颠哥伦比亚省	阿尔伯塔省	萨斯喀彻温省	马尼托巴省	安大略省	魁北克省	所有其他剩余地区
澳大利亚	8.03	7.88	7.79	8.20	8.04	8.11	8.09	7.96	8.06
日本	7.01	7.07	7.18	6.96	6.80	6.92	6.96	7.11	6.80
美国	6.77	6.17	6.24	6.83	6.70	6.78	6.80	7.08	6.70
韩国	6.02	6.21	6.25	6.03	5.49	5.82	6.14	5.84	5.95
印度	5.77	6.21	5.79	5.53	5.47	5.77	5.73	5.94	5.97
越南	5.72	6.19	5.74	5.46	5.25	5.51	5.60	6.17	5.62
菲律宾	5.72	6.20	5.89	5.73	5.68	6.14	5.68	5.61	5.74
印尼	5.29	5.42	5.33	5.13	5.05	5.26	5.20	5.50	5.38
中国	4.89	4.64	4.74	4.72	4.54	5.14	4.76	5.30	4.97

[⸺] 表示比其他省份更高
(⚪) 表示比其他省份更低

图5　加拿大人总体上对亚洲怀有正面感情，魁北克省更甚

注：①基数：所有受访者（N=3526）。
②Q5：请你为这些国家或地区打感情分。

加拿大人倾向于将亚洲大国的经济增长视为机会，而不是威胁。近半（49%）的受访者同意以下观点，"中国作为日益重要的经济大国，更多的是机遇而不是威胁"。与2014年的41%相比有了明显上升。同样，三分之二（67%）的人同意"印度作为日益重要的经济大国，更多的是机遇而不是威胁"（见图6）。

亚太基金会2016年问卷新设了一个问题"在你看来，加拿大和以下国家的关系是在改善、恶化还是保持原状？"最普遍的回答是"保持原状"。

受访者对中加关系的看法分歧较大，选择"保持原状"的不到一半（46%）。加拿大人对与中国的关系确实也出现了乐观的迹象，

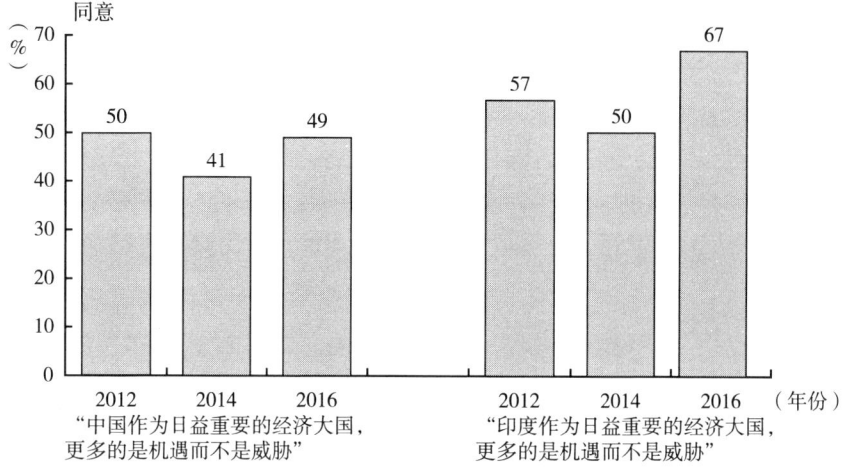

图6 加拿大人对中国和印度的经济力量持更正面的看法

注：①基数：所有受访者。2012年（N=3129），2014年（N=3487），2016年（N=3526）。

②Q8：关于加拿大与亚洲国家的关系，你是否同意下列说法？

约四分之一（24%）的人回答两国关系正在改善，只有16%认为在恶化。与之相比，20%的加拿大人认为与美国的关系在恶化，35%认为有所改善，39%认为保持原状（见图7）。

加拿大人也愿意考虑与中国发展更紧密的经济关系。2016年泰克资源调查问卷中的一个问题稍作修改后被放入本年度的亚太基金会问卷，让受访者从中选择最接近的观点："我支持加拿大与中国发展更紧密的经济关系""如果我了解更多信息，可能会支持加拿大与中国发展更紧密的经济关系""我就是不能接受加拿大与中国发展更紧密的经济关系"。①

一半（54%）的加拿大受访者说，自己有可能被说服支持与中

---

① Abacus Data, The Canada-China Relationship, http：//abacusdata.ca/wp-content/uploads/2016/01/Abacus-China_Canada-2016-01-EN2-1.pdf.

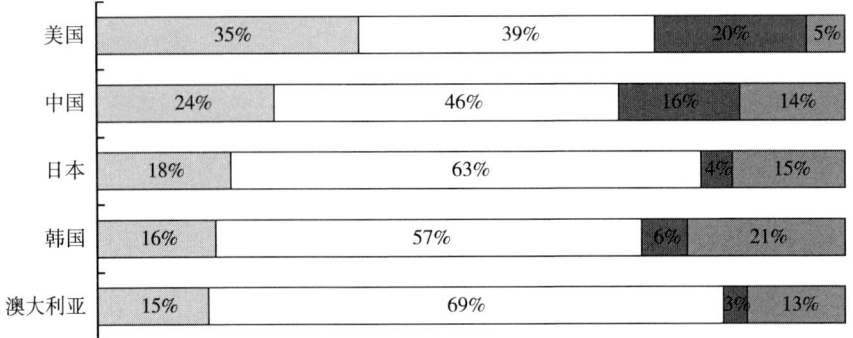

图7 加拿大人认为与亚太国家的关系保持原状或是正在改善

注：①基数：所有受访者（N=3526）。
②Q6：在你看来，加拿大和以下国家的关系是在改善、恶化还是保持原状？

国发展更紧密的关系。支持中加发展更紧密关系的占21%，不能接受的占25%（见图8）。

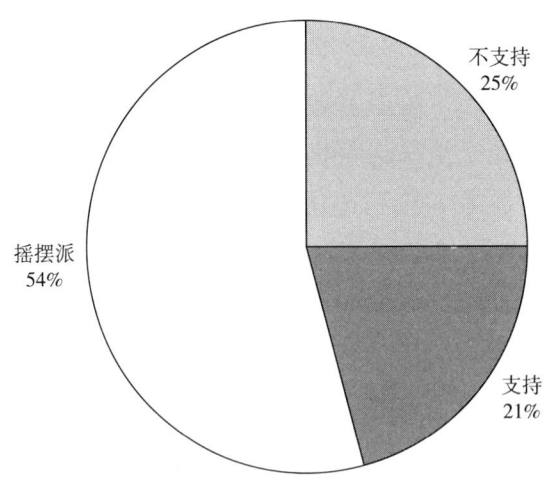

图8 如果了解更多信息，加拿大人可能支持与中国更紧密的经济关系

注：①基数：所有受访者（N=3526）。
②Q12：以下哪种说法更接近你的观点？

更多人察觉到亚洲发展带来的机会,对双方关系持乐观态度,也更加重视双方政治经济关系的发展。2012 年,55% 的人同意"加拿大外交政策应该优先考虑加强与亚洲的政治经济关系",2014 年下降到 37%,2016 年反弹到 48%,接近历史平均水平。

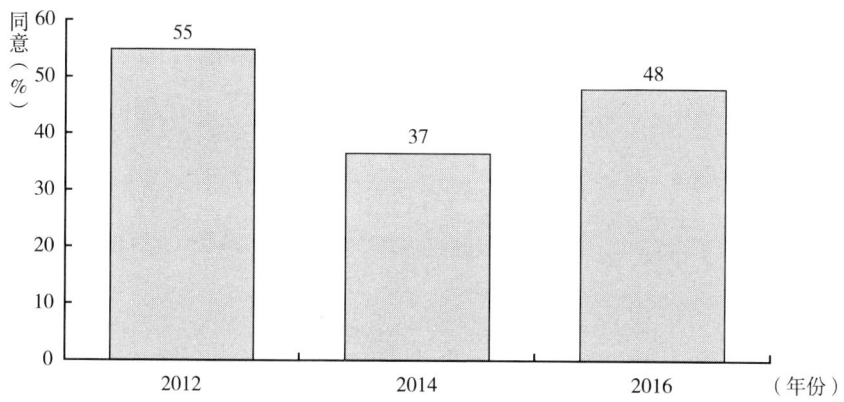

图 9　同意加拿大外交政策应优先考虑亚洲

注:①基数:所有受访者。2012 年(N = 3179),2014 年(N = 3487),2016 年(N = 3526)。

②Q8:关于加拿大与亚洲国家的关系,你是否同意下列说法?

3. 对加拿大 - 亚洲经济关系的看法

加拿大人认识到,亚洲这一经济伙伴越来越重要,从而支持政府加强双边交往,推动贸易和投资发展。

2014 年,亚太基金会发现,加拿大人普遍认为亚太国家比拉美和非洲等其他新兴市场重要,但仍然比不上欧盟和美国等传统伙伴。

此次调查发现,加拿大人认为亚洲的经济伙伴对加拿大的经济繁荣越来越重要。我们为受访者设置了 1~7 的评分标准,为一系列国家评分,7 代表最重要,1 代表最不重要。

与过去几年的结果一致,加拿大人仍将中国列为加拿大在亚洲最重要的经济伙伴。大约 40% 的受访者选择将中国列为"非常重要"

(6或7分),高于2014年的35%。三分之一(34%)的受访者将日本列为"非常重要"——也比2014年的31%有所上升。认为印度"非常重要"的占24%,韩国占16%,东盟占15%。

亚洲国家的重要性与加拿大的传统贸易伙伴相比如何?澳大利亚属于亚太地区,22%的受访者认为它"非常重要",比2014年略低(26%)。美国一如既往,被列为对加拿大繁荣最重要的伙伴,超过五分之四(81%)的受访者将它评为"非常重要"。有趣的是,欧盟的重要性并没有受到英国脱欧的影响,超过半数(53%)的受访者将欧盟列为"非常重要",高于2014年(46%),比2012年(32%)有显著上升(见图10)。

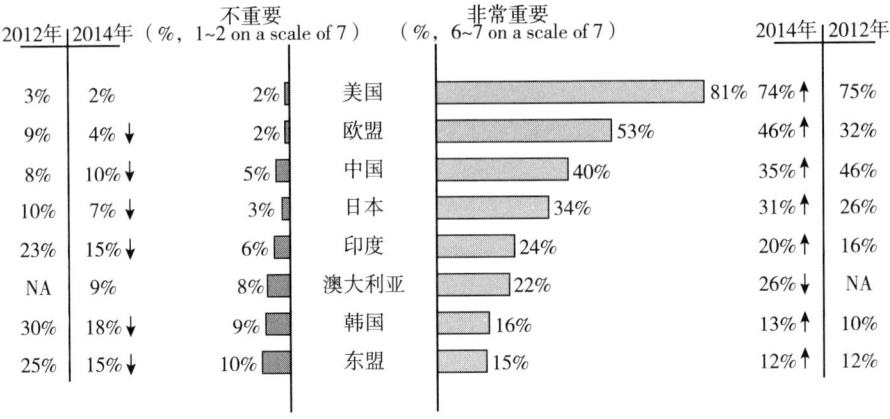

图10 越来越多加拿大人认为亚洲国家对加拿大的经济繁荣非常重要

注:①基数:所有受访者。2012年(N=3129),2014年(N=3487),2016年(N=3526)。
②Q11:大致来说,你觉得下列国家对加拿大繁荣是否重要?
③NA:没有可用的数据。箭头表示具有统计意义的年度变化。

尽管公众认为亚洲经济伙伴的重要性有所提高,但他们对亚洲的发展依然不安。83%的加拿大受访者同意"加拿大难以与亚洲的廉价劳动力竞争",与2014年(82%)相近。过半(51%)的人同意"亚洲在经济上超越加拿大是件坏事",比2014年的58%有所下降。此外,56%的受访者同意"亚洲国家的支持使亚洲企业在加拿大市场占有优势,这是不公平的",高于2014年(53%)。总之,调查结果显示加拿大人对崛起的亚洲伙伴仍然焦虑不安。

加拿大人的态度总体上不悲观,也不赞成孤立主义。五分之三(60%)的人同意"加拿大政府应该进一步推动加拿大企业在亚洲国家的贸易投资",高于2014年的47%。44%的受访者同意"更多亚洲投资有利于加拿大发展",与2014年(41%)相差不大。44%的受访者认为"加拿大应该给予经济刺激,鼓励更多本国企业在亚洲设立办事处",高于2014年的35%(见图11)。

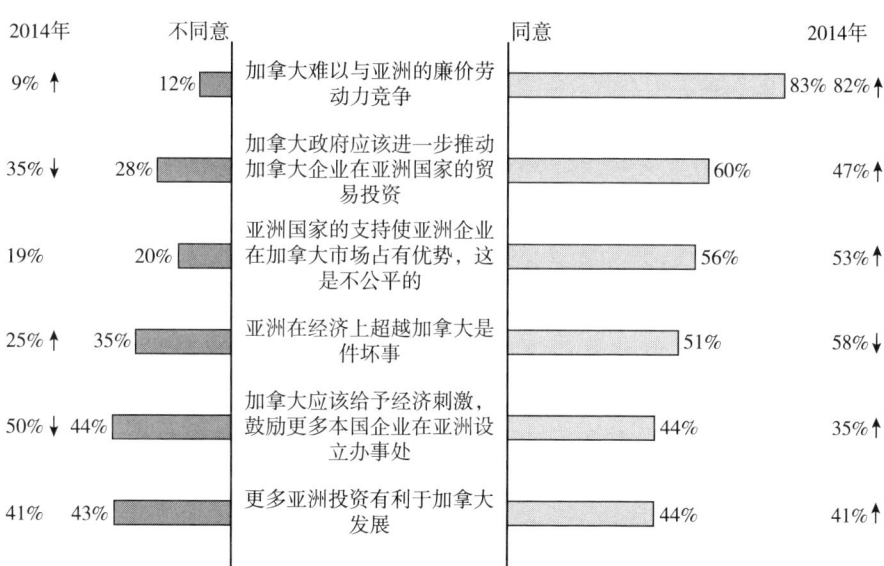

图11 加拿大人担心与亚洲廉价劳动力的竞争;希望政府支持加拿大各界在亚洲的贸易投资

注:①基数:所有受访者。2014年(N=3487),2016年(N=3526)。
②Q14:你是否同意下列关于加拿大-亚洲经济关系的说法?箭头表示具有统计意义的年度变化。

4. 对亚洲在加拿大投资的看法

加拿大人对亚洲投资的支持度因投资国和投资类型而异，私企投资广受欢迎，一旦涉及国企，加拿大人则抱着更谨慎的态度。

2016年调查用了两种不同的方案，测试加拿大人对亚洲投资的支持度。一半受访者的问题是"如果他国国有企业、银行或投资基金要购买加拿大一家主要企业的控股权，你怎么想？"另一半的问题是"如果他国一家私企想在加拿大投资，你会赞成还是反对？"两个问题列出的国家名单完全一致。

支持他国"私人投资"的比例远远高于"国企投资"，相差大约40个百分点。例如，赞成澳大利亚私人投资的占比84%，赞成国企投资的只有44%。不管国企投资来自哪个国家，赞成的人都不占多数。

受访者对中国和马来西亚投资的看法相似，过半（51%）的受访者欢迎中国私人投资，只有11%的人欢迎国企投资。对马来西亚的投资看法类似，55%的受访者欢迎私人投资，13%欢迎国企投资（见图12、13）。

近来加拿大对中国和马来西亚投资多有报道，尤其是BC省。马来西亚国有能源企业与加拿大石油在进行一项长期谈判，计划将天然气运送到亚洲市场。中国投资近年成为热门话题，特别是在房地产行业。

问卷设计了两个问题，以进一步了解相关信息。首先，简要说明支持和反对向亚洲出售天然气的理由，然后让他们选择：1. 加拿大不应该向亚洲出售天然气；2. 加拿大应该向亚洲出售天然气。大半的人（56%）认为"加拿大应该向亚洲出售天然气"，大约四分之一（28%）的人认为"加拿大不应该向亚洲出售天然气"。加拿大人广泛支持向亚洲出售天然气，支持力度最大的是年纪偏大、教育程度较高、收入较高的男性受访者群体。

受访者还被问及对中国投资加拿大房地产的看法。调查采用了

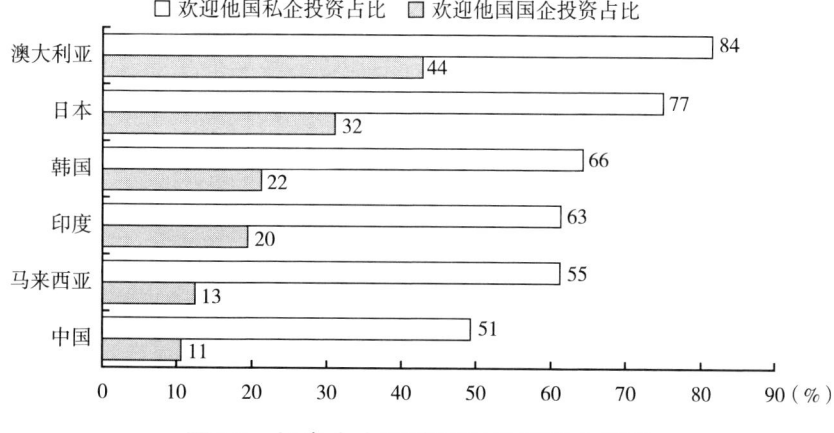

图 12　加拿大人普遍反对外国国企投资

注：①基数：所有受访者（N=1789）。

②Q15：如果他国国有企业、银行或投资基金要购买加拿大一家主要企业的控股权，你怎么想？

		加拿大	北方	不列颠哥伦比亚省	阿尔伯塔省	萨斯喀彻温省	马尼托巴省	安大略省	魁北克省	所有其他剩余地区
澳大利亚	% 支持	84%	86%	82%	83%	84%	77%	87%	84%	82%
	% 反对	7%	12%	8%	10%	8%	9%	7%	7%	5%
日本	% 支持	77%	79%	77%	74%	70%	69%	78%	(81%)	74%
	% 反对	14%	15%	13%	17%	22%	17%	15%	10%	12%
韩国	% 支持	66%	70%	66%	66%	58%	56%	70%	65%	63%
	% 反对	22%	21%	22%	23%	30%	25%	71%	22%	21%
印度	% 支持	63%	71%	65%	60%	60%	53%	65%	65%	62%
	% 反对	25%	20%	25%	29%	29%	28%	26%	23%	23%
马来西亚	% 支持	55%	64%	50%	53%	46%	47%	57%	58%	57%
	% 反对	30%	27%	33%	54%	37%	31%	31%	24%	23%
中国	% 支持	51%	42%	45%	43%	49%	49%	51%	(58%)	(59%)
	% 反对	38%	52%	44%	47%	42%	34%	41%	30%	27%

〔⋯〕表示比其他省份更高
○ 表示比其他省份更低

图 13　加拿大人支持外国私企投资；魁北克省最支持亚洲私企投资

注：①基数：所有受访者（N=1737）。

②Q15：如果他国一家私企想在加拿大投资，你会赞成还是反对？

图14 最支持向亚洲出售天然气的是阿尔伯塔省，最不支持的是保留地

注：①基数：所有受访者（N=3526）。
②Q20：关于向亚洲出售天然气的问题，哪种说法最能反映你的观点？

2015年罗伊研究所对澳大利亚人的调查问卷，"总的来说，你认为加拿大政府允许进入加国的中国房地产投资是太多、合适还是不够？"① 62%的受访者认为太多，19%认为合适，只有2%认为不够。不出所料，BC省选择"允许投资太多"的人比例最高（72%），这无疑是受到温哥华房价高涨的影响（见图15）。

5. 对贸易的看法

加拿大是个自由贸易国家，热衷与亚洲伙伴签订自由贸易协定。与2014年相比，公众对中加自由贸易协定持有更积极的态度。

加拿大总理给贸易部部长的委任书中说道，她的第一要务是增加加拿大和亚洲新兴市场的经济联系，特别是同中国和印度。② 加拿大公众怎么看待国际贸易协定呢？四分之三（75%）的加拿大人表示总体上支持自由贸易协定，与2015年（66%）和2014年（68%）

---

① Lowy Institute Poll 2015, http://www.lowyinstitute.org/publications/lowy-institute-poll-2015.
② Minister of International Trade Mandate Letter, http://pm.gc.ca/eng/minister-international-trade-mandate-letter.

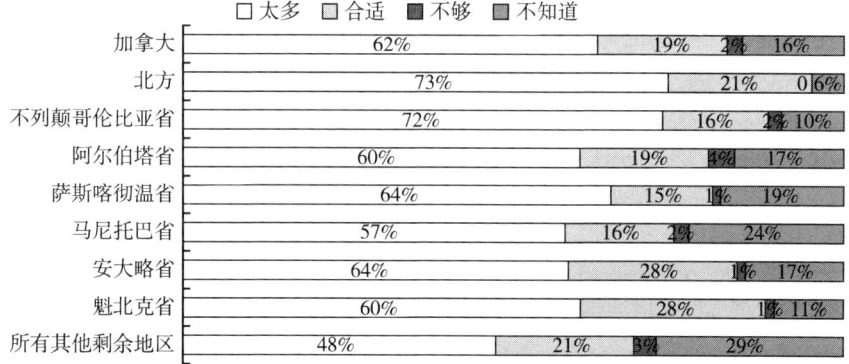

图 15　加拿大人普遍担心中国对加拿大房地产的投资

注：①基数：所有受访者（N=3526）。
②Q13：总的来说，你认为加拿大政府允许进入加国的中国房地产投资是太多、合适还是不够？

相近。

对加拿大与各个国家的自由贸易协定，支持率一如既往。对中国的看法分歧较大，表示支持和反对中加自由贸易协定的均占46%。尽管存在分歧，对此持积极态度的人数却有所增加，2014年反对的占50%，支持的只有36%（见图16、图17）。

6. 促进人权

只要能支持改善亚太地区的人权状况，加拿大人愿意牺牲国内的经济利益。

关于加拿大在促进人权方面扮演的角色，最近媒体多有报道。小特鲁多总理谈到中加自由贸易协定的可能性时说，中国需要加强人权和管治。[①]

加拿大人关注人权，并将促进人权视为加拿大外交政策的重要部

---

① National Post, "China must get better on human rights before Canada will sign a trade deal: Trudeau", http://news.nationalpost.com/news/canada/canadian-politics/china-must-get-better-on-human-rights-before-canada-will-sign-a-trade-deal-trudeau.

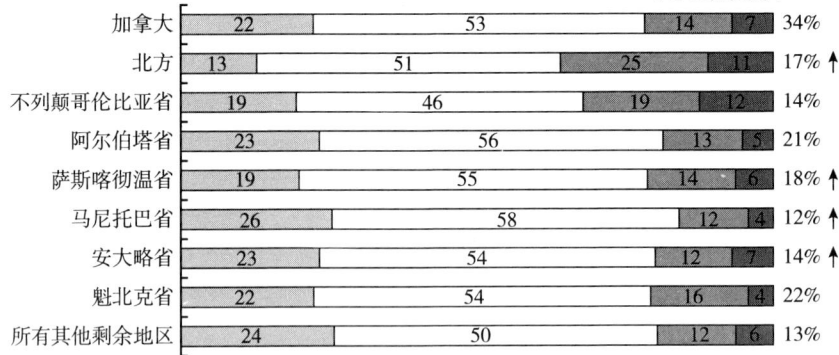

图 16　加拿大人越来越支持自由贸易协定

注：①基数：所有受访者。2014 年（N = 3478），2016 年（N = 3526）

②Q16：总体来说，你是否支持加拿大与其他国家的自由贸易协定？箭头表示统计意义上的年度变化。本图不包括回答"不知道"的受访者，因此总比例不足 100%。

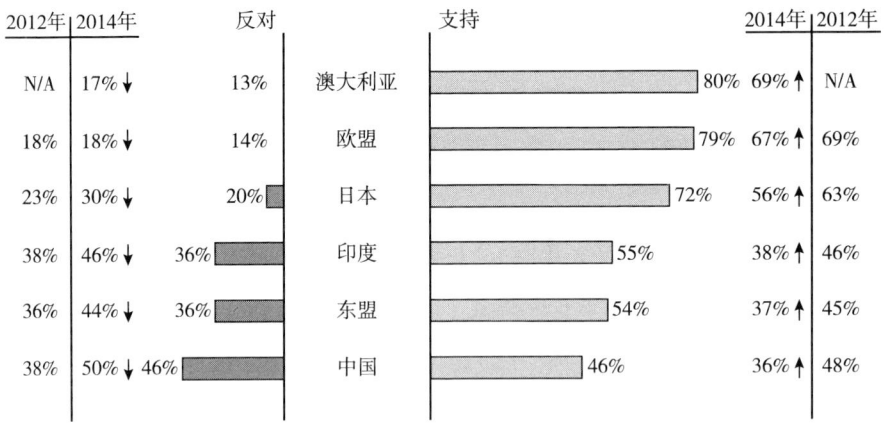

图 17　支持自由贸易协定的加拿大人在增加

注：①基数：所有受访者。2012 年（N = 3129），2014 年（N = 3478），2016 年（N = 3526）。

②Q17：你是否支持加拿大政府与下列国家或区域组织达成自由贸易协定？

③NA：没有可用的数据。箭头表示统计意义上的年度变化。

分。对以下说法,"我们不能接受因为人权问题而停止与亚洲国家或在亚洲国家的生意",多数(51%)受访者表示不同意。此外,大部分人(59%)同意"促进亚洲民主应该成为加拿大政府的首要任务"。总而言之,加拿大人表达了提高国外政治权利的意愿,即使损害经济关系也在所不惜。

对人权的关注常常影响加拿大人对其他国家的立场。大约三分之一(35%)的受访者同意"中国的人权状况比10年前好",低于2014年的39%,与2010年的47%相比更有明显下降。对印度的看法稍微乐观,41%的人同意"印度的人权状况比10年前好",只有30%的人不同意(见图18)。

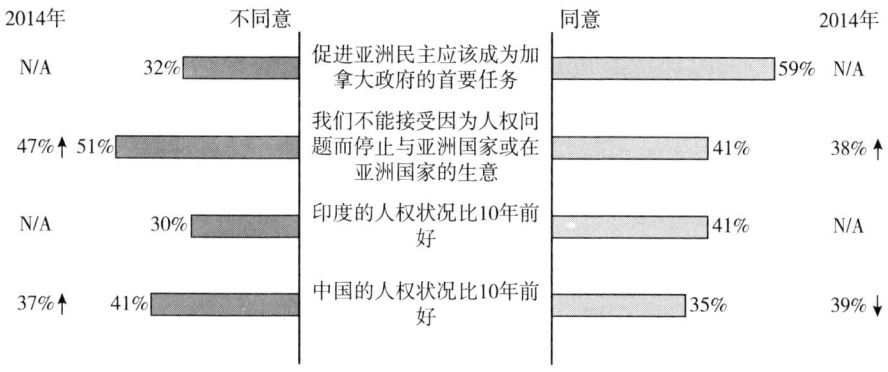

图18 加拿大人同意促进亚洲民主应该成为加拿大政府的主要任务

注:①基数:所有受访者。2014年(N=3487),2016年(N=3526)。
②Q24:你是否同意下列加拿大在人权方面与亚洲国家的关系?
③NA:没有可用的数据。

有人提出,加拿大等国和中国对"人权"的概念有不同的理解,因此在人权问题上并不能保持一致。加拿大人注重言论自由和政治集会等政治权利,而中国官员则强调发展和物质生活保障。例如,2016年夏天,一名加拿大记者问及政治权利,中国外交部部长王毅反驳说:"你知道中国让6亿以上人口摆脱了贫困吗?"[1]

为了探究可能存在的错位,我们为受访者列了一个人权清单,让他们选出自认为"基本的"权利。清单以英国平等和人权委员会2009年的调查问卷为基础,稍作修改。[2]

89%加拿大人选择的基本人权是"能自由表达自己的观点",77%的受访者选择"有充足的生活保障,如食物、医疗保健和住房"。加拿大人认为与人权紧密相连的是言论自由和选举等政治权利,而不是社会经济权利。

加拿大人关注中国的政治趋势,也同样担忧中国崛起在加拿大造成的影响。受访者被问及是否同意"中国在加拿大日益增长的经济存在直接威胁到加拿大人的价值观和生活方式",46%的受访者同意,48%不同意,分歧较大。

7. 加拿大-亚洲安全事务

加拿大人认为亚太地区安全前景黯淡,他们仍然不愿参与亚太安全事务。

东亚和东南亚偶尔出现紧张的安全态势,最近关于南海岛礁归属的国际仲裁规则让问题更加突出。随着中国的经济力量和军事力量增强,与邻国的争端也在增加。不过到目前为止,还没有升级为公开冲突。

加拿大人认为亚太安全问题在增加,但他们更愿保持距离。65%的受访者同意"中国增长的军事力量对亚太地区是种威胁",比2014年的60%稍有上升。他们对亚太地区的大国关系表示悲观,46%的受访者同意"在未来10年内,亚太地区可能爆发国际军事冲突",

---

[1] iPolitics, "For the record: Chinese foreign minister lashes out over human rights question," http://ipolitics.ca/2016/06/01/for-the-record-chinese-foreign-minister-loses-it-over-human-rights-question.

[2] Equality and Human Rights Commission, Public perceptions of human rights, http://www.equalityhumanrights.com/en/publication-download/public-perceptions-human-rights.

不同意的只有30%。

大半受访者（54%）同意"亚洲的军事冲突会直接影响加拿大安全"，然而只有41%的人同意"加拿大应该更多地参与亚洲的地区安全事务"，比2014年（31%）多，但还是比不同意（42%）参与的人少（见图19）。

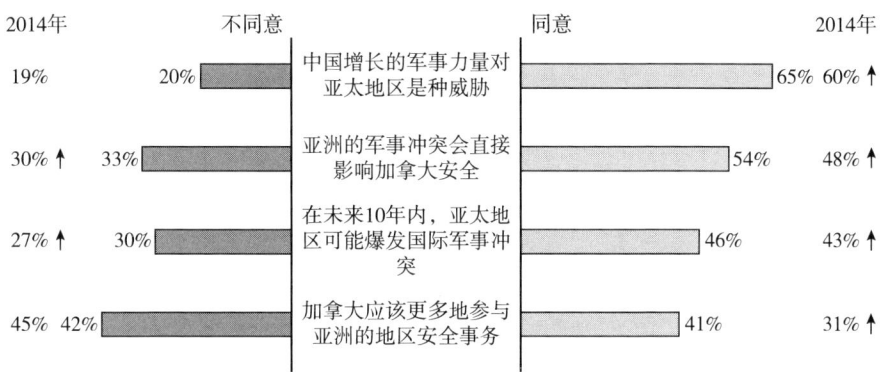

图 19　加拿大人越来越担心亚太地区的军事冲突

注：①基数：所有受访者。2014年（N=3474），2016年（N=3526）。
②Q28：你是否同意下列关于加拿大与亚洲国家关系的说法？

四　对加拿大的启示

2016年支持与亚洲国家进行经济接触的比例有所反弹。两年前支持率处于历史最低水平，不管原因如何，这种状况得到了改善。加拿大人将亚洲列为优先考虑的对象，政府给新联邦部长们的委任书也表明，要重视印度和中国，与公众的看法一致。

尽管有人不赞成中加贸易和其他关系甚至感到愤怒，也有美国政治家提出的TPP倡议，亚太基金会的数据却显示加拿大没有保护主义反击的迹象。加拿大人支持贸易协定，普遍寻求机会发展国外经济伙伴关系。

然而加拿大人支持贸易并不表示他们只对商务感兴趣，他们也广泛支持将促进人权列入加拿大政府对亚洲的外交政策。

2016年调查结果反映出，加拿大公众希望政府能胜任多重任务，解决一系列核心政策问题。他们也准备发展与亚洲的成熟关系，这种关系复杂而微妙，还要考虑到加拿大人的价值观和国家利益。

Abstract

The Annual Report on the Development of Canada (2017) is a bluebook detailing studies related to Canada's national conditions during the period from 2016 to 2017. Planned and hosted by professor Tang Xiaosong, the director of CCS (Center for Canadian Studies), the Report included works by a large number of experts from a variety of institutions, such as the Guangdong University of Foreign Studies, Carleton University, Wheelock College, University of Macau, East China Normal University, and the Shanghai International Studies University.

The period from 2016 to 2017 witnessed Justin Trudeau's first year in office, and Canada has been undergoing political, social and societal changes under his policy of 'true reform'. Thus, it is of great importance for the Chinese government, think tanks, enterprises and researchers to make an in-depth observation on Canada's internal and external affairs, as well as its comprehensive national conditions. In terms of internal affairs, the new Trudeau administration continued its fiscal policy of deficit spending, which, despite overwhelming public support for the Prime Minister, will lead to difficulties in achieving short term fiscal balance, and thus resulting in negative political influences as well as attacks from opposition parties. When it comes to external affairs, the new administration placed great emphasis on practicing multilateralism and internationalism on the world stage, with widely acknowledged achievements in coping with the issues of climate change and refugees, and greater effort devoted to enhancing the country's relationship with the United Nations. In managing Canada's bilateral ties with other countries,

the federal government has adopted a two way approach. On one hand, it invested great effort in maintaining traditional relationships with the United States and the European Union by emphasized communications with the Trump administration, and by signing a FTA with the EU. On the other hand, with Canada joining the Asian Investment Bank and agreements with China on free trade and extradition on the way, China – Canada relations is becoming an important aspect of Canada's foreign affairs. It can be expected that relationship between the two countries will enter a new, more positive 'normal' in the near future.

The Annual Report on the Development of Canada (2017) included 5 parts, covering researches and forecasts on a series of hotspot areas such as Canada's internal and external affairs, foreign affairs, economy, culture and education, social policies, and etc. The Report, which centers on a series of key issues including Canadian political development, foreign policy and Canada – China relations, is not only a theoretical innovation in the field of policy research, but a step forward in terms of its methodology and area of study, and thus may serve as an important enrichment to existing theoretical studies, policy analysis and strategic evaluations on Canada by Chinese researchers.

This Report may serve as a reference for domestic governments of all levels, think tanks, enterprises and other sectors of the society.

Contents

I General Report

B. 1 Review and Prospect of Canada's Development
       Situation in 2016　　　　　　　　　　*Huang Zhong* / 001

Abstract: Despite some uncertainties, Canada's economic prospects in 2016 were promising. The new Liberal government was unchallenged in their dominance over state policies, and social justice was improving alongside national security (though not without threats) and national image. When it comes to internal affairs, Justin Trudeau was seeking to achieve inclusive economic growth through the adoption of milder monetary policies, large scale infrastructure constructions and reforms. In terms of external relations, the Trudeau government placed great emphasis on developing trade ties with China and the EU, while somewhat distancing itself from the Trump administration. Multilateral cooperation in anti-terrorism operations were strengthened, and a positive attitude was taken towards foreign aids and coping with the challenges of climate change. Canada has being making stable progress and benefiting from its pragmatic diplomatic style throughout 2016, and these trends are likely to last in the near future.

Keywords: Canada; Economy; Society; Politics; Social Diplomacy

加拿大蓝皮书

Ⅱ Study Reports

B.2 Canadian Party and Political Situation in 2016

Tang Xiaosong / 031

Abstract: 2016 was proved to be a grim test for the Canadian liberal government in its campaign for "real change", which involves full-scale policy adjustments at the cost and risk of the Justin Trudeau and his administration. Generally speaking, Justin Trudeau's first year in office began with a especially long "honeymoon period", during which the public remained generally supportive of the new government despite a series of major incidents that impairs the popularity of the federal government, the Liberal Party, and Justin Trudeau himself. Meanwhile, with Steven Harper resigning from office and the Conservative Party becoming the Official Opposition, the 2017 Conservative leadership election has captured a great deal of attention. Andrew Scheer emerged from a dozen candidates as Justin Trudeau's new opponent. At the same time, smaller parties unable to compete in the parliamentary elections were also seeking to expand their regional influence by setting up establishing coalition governments and other means.

Keywords: The Liberal Party; Justin Trudeau; The Conservative Party; Andrew Scheer

B. 3　Canadian Economic Situation in 2016　　　　Lin Jue / 048

Abstract: In 2016 Canada's real GDP growth surged over the previous year, mainly due to the contribution of household final consumption expenditure growth. Also, the annual economic growth has many unstable factors, such as the decline in investment and foreign trade, including business gross fixed capital formation in non-residential structures, machinery and equipment, intellectual property products, leading to a reduction in the total amount of fixed capital formation; service exports and imports increased, but the commodity exports and imports decreased; the unemployment rate has been fallen, but in some provinces, the unemployment rate is still as high as two digits. These factors were caused by the overall economic growth of the year, but the magnitude is not high. In order to overcome the weakness of economic growth, Canada has implemented trade diversification strategy and domestic tax reform measures, including the establishment of a free trade zone with China. The author believes that the diversification strategy in Canada's trade will help to reduce the impact of the economic fluctuations and recessions of the major trading partner to the Canada's economy. Once the idea of establishing a free trade zone with China is implemented, it will make Canada's resources and technological advantages to play, with China's vast consumer market, and will promote the development of the Canadian economy.

Keywords: Canada; Economic Development; Diversification Strategy

B. 4　Canadian Diplomatic Situation in 2016　　　　Liu Dan / 069

Abstract: Canada's foreign policy in the year 2016, Justin Trudeau's first year in office, was marked by multilateralism and internationalism, both of which reflected Trudeau's policy statements during his election campaigns, as well as Canada's overall policy shift towards the so called 'Asia-pacific pivot'. Under the leadership of its new government, Canada is entering a new age of all-round diplomacy marked by three tendencies: (1) the tendency of improving Canada's international image by carrying out Mr. Trudeau's election promises, especially those concerning refugees and climate changes; (2) the tendency of furthering relationship with traditional allies, including the United States and European countries; and (3) the tendency of strengthening the 'Asia-pacific pivot' by furthering economic ties with China, emphasizing trade relations, joining the Asian Infrastructure Investment Bank, and initiating feasibility study on a potential FTA with China. Canada's strengthening international influence may serve to provide a more substantial foundation for the future development of China-Canada relations.

Keywords: Justin Trudeau; All-round Diplomacy; The United States; EU; China

Ⅲ Special Reports

B.5 The Canadian Economy 2016　　　*Geoffrey McCormack / 085*

Abstract: The Canadian economy weathered the Great Recession of 2008 -09 better than its peers owing to a long period of robust profitability and capital accumulation preceding the crisis. Since 2014, however, business profitability has declined and corporate debt levels have risen, despite growing corporate cash hoards. Households, too, have experienced growing debts. These trends pose an increasing risk to the country's financial system and broader economy. The epicenter of this instability is the oil and gas sector. The global slump and the oversupply of fossil fuels occasioned falling oil prices and these have impacted negatively the profitability of the oil industry. The result has been sluggish economic growth. In light of this, the Canadian state under the Trudeau administration has intensified its efforts to get crude oil to market. It has also pursued multilateral engagements with the international community to boost economic growth, which included the signing of the Comprehensive Economic and Trade Agreement with the EU and by announcing its intention to join the Asian Infrastructure Investment Bank. At the same time, the Trudeau government is committed to increasing infrastructure spending domestically, following election promises. The Bank of Canada, too, has kept interest rates low to stoke economic activity. In the context of slow growth and cheap money, however, there is a growing risk of a housing market bubble. The federal government has attempted to offset this risk by tightening mortgage lending rules. For all of the above reasons, the future of the Canadian economy is uncertain in spite of the attempts of the Trudeau administration.

Keywords: Canada; Economy; Trudeau

B. 6 Trudeau Government's Financial Budget and
Social Policy Reform *Liu Yuzhen* / 131

Abstract: In March 2016, Trudeau government issued his first budget report and put forward a series of social policy plans. This article introduces the budget 2016, examines the social policy reform, and discusses the implementation and social effects of the policy plans. To prompt Canada's economic growth and reduce unemployment, Trudeau

government plans to enlarge the public expenditure and invest on social programs, such as tax reduction and Canada Child Benefit. The implementation of these social policies has benefited most Canadians and fostered economic resilience to a certain extent. But these social policies will enlarge the financial deficit and produce pressure for the government to control debts in the future.

Keywords: Trudeau; Budget; Social policy

B. 7　The Practice and Future Trend of Multilateral Diplomacy in the Justine Trudeau's Administration　*Fan Bin* / 142

Abstract: Since the Justin Trudeau's administration, Canada proclaimed "we are back on the world stage" and engaged in international affairs through active multilateral diplomacy. From extensive engagement, intensive activity to adaptive adjustment, Trudeau's multilateral diplomacy in the main form of summit diplomacy, not only promotes Canadian values but also sets the "green" priority in Canadian foreign agenda. However, the Trudeau's administration may face more challenges and opportunities in the future. The new U. S. administration restricts the space of Canada's multilateral activities. Canada will consolidate the multilateral relationship with the Atlantic allies. Asia-Pacific will become the key point in the expansion of Canada's multilateral diplomacy. Furthermore, Canada will devote to bringing homegrown solutions to the global challenges in the field of climate change and refugee issues.

Keywords: Canada; Trudeau's Administration; Multilateral Diplomacy

B. 8　Comments on Anti-Terrorism Strategy of Canada
　　　—The Rebalance of National Security Interests and Civil Liberties
　　　　　　　　　　　　　　　　　　　　　　Liu Jiangyun / 158

Abstract: The "Anti-Terrorism Act 2015" adopted by the Harper administration once sparked an intense debate on how to balance national security interests and civil liberties across Canada. Prime Minister Justin Trudeau, after taking office, fulfilled the campaign's commitment to start the national consultation on national security policy, promote the establishment of Bipartisan Oversight Committee, and launch the reform of international anti-terrorism policy. To a certain extent, Trudeau administration has achieved a rebalance of anti-terrorism. However, subject to severe domestic and international anti-terrorism situation, Canadian anti-terrorism policy is still at the risk of policy flip-flops.

Keywords: Canada; Anti-Terrorism Strategy; Civil Right

B. 9　Canada's Policy and Standpoint on South China Sea
　　　　　　　　　　　　　　　　　　　　　　　　Qian Hao / 174

Abstract: Until the 1960s, Canada had being following the United States closely in its policies towards the Asia-Pacific since the Second World War. The foreign policy debates of the Pierre Trudeau period, however, brought about the "Third Option", which prompted Canada to play a more active role in the Asia-Pacific under its more liberal ideals. After the Cold War, with sovereignty controversies in the South China Sea and disputes arising from economic development becoming the major source of

security concerns and regional conflicts in the Asia-Pacific, Canada seeks to tackle existing challenges through means unlike those deployed by the United States. By promoting the development of multilateral institutions and two-way diplomacy, Canada is seeking to relief regional tension, establish balance of power, and formulate a mode of regional governance marked by co-existence and co-development, so that Canada may strengthen its economic ties with China and other East-Asia or Asia-Pacific countries, as well as its international image as a peace-loving nation.

Keywords: Canada; Policy Towards the South China Sea

Ⅳ China-Canada Relation

B. 10 China-Canada Relationship in Trump's Administration

Jeremy Paltiel / 190

Abstract: On October 19, 2015, Justin Trudeau, the Canadian Liberal leader, was elected as the new Canadian prime minister. In August 2016, during his visit to China, he said that China-Canada bilateral relations are particularly important, and Canada can help China to participate in international affairs with a more positive stance. At the same time, China is also important for Canada to return to the international arena. In view of this, he expressed a strong desire to work with China to create a new era of "positive cooperation". Although most of the Canadians are skeptical and uncertain about strengthening cooperation with China, however, as Trump was elected as the president of the United States, the gap between the the United States and Canada has been highlighted. Based on this, Canada's have softened their attitude toward

China gradually. Therefore, in the long run, China-Canada relations will have further development.

Keywords: Canada; Justin Trudeau; Donald Trump; China-Canada relations

B.11　Research on Exchanges and Cooperation of Education
　　　　in Canada　　　　　　　　　　　　*Zheng Chunsheng* / 203

Abstract: The paper combed through the international exchanges and cooperation of education between Canada and developed countries such as France, the United States, Japan and South Korea, as well as other developing countries in the Asia-Pacific region such as India, Indonesia, Malaysia. It focused on analyzing the performance and achievements of the international exchanges and cooperation in education between Canada and China. At the end of the paper, the trend of the international exchanges and cooperation of education between these two countries is predicted and corresponding proposals are put forward.

Keywords: Canada; Education; Exchanges; Cooperation

V　Survey Report

B.12　2016 National Opinion Poll: Canadian Views on Asia
　　　　　　　　　　　　　　　　　　　　Eva Busza, Iris Jin / 224

Abstract: Canadians feel more connected and positive toward Asia than they did two years ago, and are more optimistic about future relations with the region, the Asia Pacific Foundation of Canada's 2016 National Opinion Poll: Canadian Views on Asia finds. Canadians have warmed to China since 2014. Nearly half of Canadians (49%) see the growing importance of China as more of an opportunity than a threat, while one-quarter (24%) say the Canada-China relationship is improving. Furthermore, 50 per cent of Canadians say they could probably be persuaded to support a closer economic relationship with China if more information was available.

Keywords: Canada; Canada-China Relationships; China

社会科学文献出版社　　　**皮书系列**

❖ 皮书起源 ❖

"皮书"起源于十七、十八世纪的英国,主要指官方或社会组织正式发表的重要文件或报告,多以"白皮书"命名。在中国,"皮书"这一概念被社会广泛接受,并被成功运作、发展成为一种全新的出版形态,则源于中国社会科学院社会科学文献出版社。

❖ 皮书定义 ❖

皮书是对中国与世界发展状况和热点问题进行年度监测,以专业的角度、专家的视野和实证研究方法,针对某一领域或区域现状与发展态势展开分析和预测,具备原创性、实证性、专业性、连续性、前沿性、时效性等特点的公开出版物,由一系列权威研究报告组成。

❖ 皮书作者 ❖

皮书系列的作者以中国社会科学院、著名高校、地方社会科学院的研究人员为主,多为国内一流研究机构的权威专家学者,他们的看法和观点代表了学界对中国与世界的现实和未来最高水平的解读与分析。

❖ 皮书荣誉 ❖

皮书系列已成为社会科学文献出版社的著名图书品牌和中国社会科学院的知名学术品牌。2016年,皮书系列正式列入"十三五"国家重点出版规划项目;2012~2016年,重点皮书列入中国社会科学院承担的国家哲学社会科学创新工程项目;2017年,55种院外皮书使用"中国社会科学院创新工程学术出版项目"标识。

中国皮书网

发布皮书研创资讯,传播皮书精彩内容
引领皮书出版潮流,打造皮书服务平台

栏目设置

关于皮书:何谓皮书、皮书分类、皮书大事记、皮书荣誉、
　　　　　皮书出版第一人、皮书编辑部

最新资讯:通知公告、新闻动态、媒体聚焦、网站专题、视频直播、下载专区

皮书研创:皮书规范、皮书选题、皮书出版、皮书研究、研创团队

皮书评奖评价:指标体系、皮书评价、皮书评奖

互动专区:皮书说、皮书智库、皮书微博、数据库微博

所获荣誉

2008年、2011年,中国皮书网均在全国新闻出版业网站荣誉评选中获得"最具商业价值网站"称号;

2012年,获得"出版业网站百强"称号。

网库合一

2014年,中国皮书网与皮书数据库端口合一,实现资源共享。更多详情请登录www.pishu.cn。

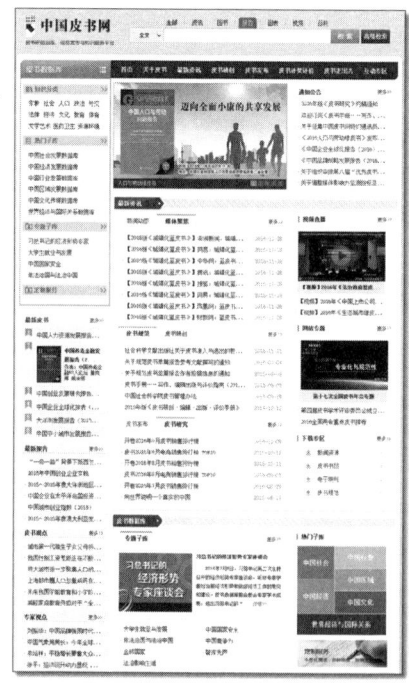

权威报告·热点资讯·特色资源

皮书数据库
ANNUAL REPORT(YEARBOOK) DATABASE

当代中国与世界发展高端智库平台

所获荣誉

- 2016年,入选"国家'十三五'电子出版物出版规划骨干工程"
- 2015年,荣获"搜索中国正能量 点赞2015""创新中国科技创新奖"
- 2013年,荣获"中国出版政府奖·网络出版物奖"提名奖
- 连续多年荣获中国数字出版博览会"数字出版·优秀品牌"奖

成为会员

通过网址www.pishu.com.cn或使用手机扫描二维码进入皮书数据库网站,进行手机号码验证或邮箱验证即可成为皮书数据库会员(建议通过手机号码快速验证注册)。

会员福利

- 使用手机号码首次注册会员可直接获得100元体验金,不需充值即可购买和查看数据库内容(仅限使用手机号码快速注册)。
- 已注册用户购书后可免费获赠100元皮书数据库充值卡。刮开充值卡涂层获取充值密码,登录并进入"会员中心"—"在线充值"—"充值卡充值",充值成功后即可购买和查看数据库内容。

数据库服务热线:400-008-6695
数据库服务QQ:2475522410
数据库服务邮箱:database@ssap.cn
图书销售热线:010-59367070/7028
图书服务QQ:1265056568
图书服务邮箱:duzhe@ssap.cn

卡号:721797861456
密码:

子库介绍
Sub-Database Introduction

中国经济发展数据库

涵盖宏观经济、农业经济、工业经济、产业经济、财政金融、交通旅游、商业贸易、劳动经济、企业经济、房地产经济、城市经济、区域经济等领域，为用户实时了解经济运行态势、把握经济发展规律、洞察经济形势、做出经济决策提供参考和依据。

中国社会发展数据库

全面整合国内外有关中国社会发展的统计数据、深度分析报告、专家解读和热点资讯构建而成的专业学术数据库。涉及宗教、社会、人口、政治、外交、法律、文化、教育、体育、文学艺术、医药卫生、资源环境等多个领域。

中国行业发展数据库

以中国国民经济行业分类为依据，跟踪分析国民经济各行业市场运行状况和政策导向，提供行业发展最前沿的资讯，为用户投资、从业及各种经济决策提供理论基础和实践指导。内容涵盖农业，能源与矿产业，交通运输业，制造业，金融业，房地产业，租赁和商务服务业，科学研究，环境和公共设施管理，居民服务业，教育，卫生和社会保障，文化、体育和娱乐等100余个行业。

中国区域发展数据库

对特定区域内的经济、社会、文化、法治、资源环境等领域的现状与发展情况进行分析和预测。涵盖中部、西部、东北、西北等地区，长三角、珠三角、黄三角、京津冀、环渤海、合肥经济圈、长株潭城市群、关中—天水经济区、海峡经济区等区域经济体和城市圈，北京、上海、浙江、河南、陕西等34个省份及中国台湾地区。

中国文化传媒数据库

包括文化事业、文化产业、宗教、群众文化、图书馆事业、博物馆事业、档案事业、语言文字、文学、历史地理、新闻传播、广播电视、出版事业、艺术、电影、娱乐等多个子库。

世界经济与国际关系数据库

以皮书系列中涉及世界经济与国际关系的研究成果为基础，全面整合国内外有关世界经济与国际关系的统计数据、深度分析报告、专家解读和热点资讯构建而成的专业学术数据库。包括世界经济、国际政治、世界文化与科技、全球性问题、国际组织与国际法、区域研究等多个子库。

法律声明

"皮书系列"（含蓝皮书、绿皮书、黄皮书）之品牌由社会科学文献出版社最早使用并持续至今，现已被中国图书市场所熟知。"皮书系列"的 LOGO（ ）与"经济蓝皮书""社会蓝皮书"均已在中华人民共和国国家工商行政管理总局商标局登记注册。"皮书系列"图书的注册商标专用权及封面设计、版式设计的著作权均为社会科学文献出版社所有。未经社会科学文献出版社书面授权许可，任何使用与"皮书系列"图书注册商标、封面设计、版式设计相同或者近似的文字、图形或其组合的行为均系侵权行为。

经作者授权，本书的专有出版权及信息网络传播权为社会科学文献出版社享有。未经社会科学文献出版社书面授权许可，任何就本书内容的复制、发行或以数字形式进行网络传播的行为均系侵权行为。

社会科学文献出版社将通过法律途径追究上述侵权行为的法律责任，维护自身合法权益。

欢迎社会各界人士对侵犯社会科学文献出版社上述权利的侵权行为进行举报。电话：010-59367121，电子邮箱：fawubu@ssap.cn。

社会科学文献出版社